· 经 典 润 泽 生 命 ·

三十六计

插图版

于江山◎主编
陈书凯◎编译

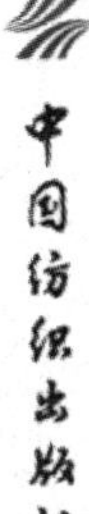

内 容 提 要

《三十六计》是根据我国古代卓越的军事思想和丰富的斗争经验总结而成的兵书。本书在忠于原书原解的基础上，力求使译文通俗易懂，对每条计策都以新的视角和立意作了精辟的解析，并分别从政治、军事、商战的角度精选了丰富的中外谋略案例，以此加深读者对计谋的感受和思悟。读者如能将书中的计谋灵活运用于现实生活中，就一定能在竞争日益激烈的现代社会中纵横捭阖、游刃有余。

图书在版编目（CIP）数据

三十六计：插图版 / 陈书凯编译. —北京：中国纺织出版社，2015.1（2022.3 重印）
（国学今读）
ISBN 978-7-5180-1238-1

Ⅰ. ①三… Ⅱ. ①陈… Ⅲ. ①兵法—中国—古代 ②《三十六计》—译文 Ⅳ. ① E892.2

中国版本图书馆 CIP 数据核字（2014）第 269813 号

责任编辑：张永俊　　责任印制：储志伟

中国纺织出版社出版发行
地址：北京市朝阳区百子湾东里A407号楼　邮政编码：100124
销售电话：010—67004422　传真：010—87155801
http：//www.c-textilep.com
E-mail：faxing@c-textilep.com
中国纺织出版社天猫旗舰店
官方微博http://weibo.com/2119887771
佳兴达印刷（天津）有限公司印刷　各地新华书店经销
2015年1月第1版　2022 年 3 月第 3 次印刷
开本：710×1000　1/16　印张：19
字数：273千字　定价：57.00 元

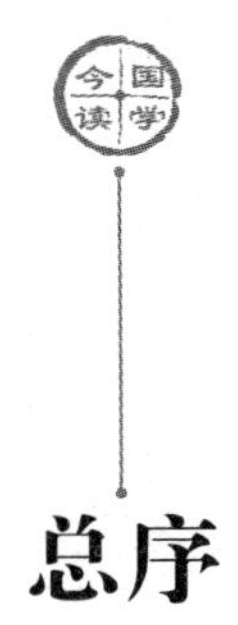

总序

国学的本来与未来

对于中华民族来说，迄今为止的大事因缘，莫过于国家的命运——诞生、跋涉、传衍和弘扬，当然也包括国破家败与绝处逢生。从这个意义上讲，国学的命运也就是中华民族的命运。

国学潮之所以汗漫于21世纪初叶的中国，是因为其内生的属性契合了民族复兴的强烈诉求。这一波潮涌不是返祖而是进化，承载着一系列厚本厚生、资治化民、与时偕行的历史使命，其目标麾指人类文明的又一巅峰。

红尘滚滚的世俗显然对国学大潮的浪迭涛涌缺乏理性的应对预案。于是在价值多元的当下社会，国学便被推向了纷纭披拂的“春秋战国”。红艳艳的国学大旗随风飘扬起来，却鲜有人去理性思索其背后的动因。

今天我们传承着国学的本来，于是就有了这套插图版的国学经典系列。

我们知道国学经典浩如烟海，“累世不能通其学，当年不能究其礼”。所以我们选择了一个力所能及的方向和规模。当然也可以做得更大，但我们宁愿选择做得更精。我们像双手掬捧着祖先的遗惠，虔诚而勤勉地加以拂拭、点饰、悟析和解读，力图让这些千年经典焕发出时代的清辉。从这十几本入选经典中，我们不难看到国学经典为我们提供的精神资源和思维向度：

一、生生不息的变易之道；

二、居安思危的忧患意识；

三、安贫乐道的幸福观；

四、自强不息的进取观；

五、厚德载物的道德观；

六、民为邦本的政治哲学；

七、和而不同的和谐理念；

八、阴阳互生的发展观；

九、义利统一的价值观；

十、天人合一的宇宙观；

十一、知行合一的学统；

十二、资治化民的宗旨和践行。

而这些，都已化成了中华民族的文化基因，成为中华民族伟大复兴的精神渊薮。

至于国学的未来，我们认为：就是践履国学智慧的大众化、现代化和生活化。这同时是我们推广国学的最终目标，当然也是我们推出本书系的重要宗旨。能以本书系的出版来助推国学潮的澎湃，是我们莫大的荣幸。

参与这项工程的诸多同人的敬业精神不止一次让我感动倾情。我一直认为我们这一书系在众多同类出版物中毫不愧恧，因为在统稿的过程中我读出了底蕴、良知和用心。没有什么能比得上这样强大的支撑了。所以我满怀欣悦地向读者推荐我们的插图版经典读本。这是一套继往开来的书系，伴随着国学的本来走向未来。

于江山　甲午之秋

朝秦暮楚地　巴山夜雨中

导言

中华民族是一个充满智慧的民族，华夏五千年文明史为人类的知识宝库留下了极其珍贵的财富，《三十六计》便是宝库中的瑰奇。这部大约产生丁明末清初甚至更晚些时候的兵书，一直以手抄本形式流传，直到 20 世纪 40 年代才被人发现而翻印出来。

追根溯源，“三十六计”一语，先于成书之年，语源可考自南朝宋大将檀道济（？—436），《南齐书·王敬则传》记载有：“檀公三十六策，走是上计，汝父子唯应急走耳。”意为败局已定，无可挽回，唯有退却，方是上策。此后人们便沿用此语，宋代惠洪《冷斋夜话》：“三十六计，走为上计。”及明末清初，引用此语的人更多。于是有心人搜集罗列了民间流传的一些计策、成语、典故等，再加上自己杜撰的一些计名，拼凑成了三十六条计策，编撰成《三十六计》。

后来又有人根据自己的理解，为每一计写出解语，也就是正文中的“按语”，于是就有了我们今天所见到的《三十六计》。

所谓“三十六计”就是对战的策略，六六三十六，数中有术，术中有数。阴阳燮理，机在其中。机不可设，设则不中。《三十六计》全书中，每六计为一套，依次分别是胜战计、敌战计、攻战计、混战计、并战计、败战计。每套都有开始和结尾，顺序相接，作战谋略，尽在其中。

第一计　瞒天过海：此计是一种示假隐真的疑兵法，主要用于战役的伪装。“天”即喻皇帝也，原意为瞒着皇帝，让他平稳渡海。瞒天过海用在兵法上，就是把秘密之计隐藏在公开的行动中，以达到出其不意的效果。

第二计　围魏救赵：“围魏救赵”是中国历史上一个十分成功的战例，它主张对敌方避实就虚，善于抓住敌方的弱点，使敌人受到牵制，从而用最少的代价取得最完满的成功，此乃转化敌我主动与被动地位的迂回战略。

第三计　借刀杀人：此计就是借助别人的力量去消灭自己的敌人，以达到保全自己的目的。

第四计　以逸待劳：这是一条养精蓄锐、以守为攻、疲劳敌人的策略。此计策说明强敌当前，不一定只用直接进攻的方法，而是积极防御，慢慢消耗敌人的有生力量，使敌人由强变弱，再等待时机一举消灭敌人。

第五计　趁火打劫：运用此计的关键是趁敌人遭遇困难、力量薄弱无力还击时加以打击，这样就可以就势取胜。这也是乘危取利、攻其不备之策，也叫落井下石或火上浇油之策。

第六计　声东击西：就是故意制造假象，引诱敌人作出错误判断，然后出其不意地采取行动，一举歼灭敌人。

第七计　无中生有：此计的妙处，就在于真中有假，假中有真，使敌人判断失误，从而出其不意地把敌人击败。这就是没有条件创造条件达到目的之计谋。

第八计　暗度陈仓：此计是一种以迂为直、以明隐暗、以正隐奇的战术。就是以虚拟的正面攻击来迷惑敌人，当敌人集结力量固守时，又悄悄派出部队迂回到敌人后方，乘虚而入，使敌人措手不及而失败。

第九计　隔岸观火：就是在敌人内部有矛盾时，我们不必急于进攻，而是安静地等待敌人内讧，让他们互相仇恨，互相争斗，最后自取灭亡，这样我方不用一兵一卒，就可以达到预期效果。

第十计　笑里藏刀：“笑里藏刀”的意思是表面装出十分友好、充满诚意，使对方信以为真，放松警惕，但实际上却暗中策划，积极准备，一有机会就立刻行动，使对方措手不及。此乃一种刚中柔外的伪装策略。

第十一计　李代桃僵：此计用在兵法上，是说当战局发展到必然会使己方有所损失时，就要以放弃局部的利益来保全大局的利益。这也是丢卒保车、弃子争先之策。

第十二计　顺手牵羊：这是一条乘敌之隙、补己之短的谋略。为了削弱敌人的力量，不断发展和壮大自己，要善于利用敌方的弱点和失误，捕捉战机，手疾眼快，果断采取行动，顺手捞一把，以削弱敌人的力量。

第十三计　打草惊蛇：此计是一条间接的侦察谋略。它提醒我们对于可疑的事情要了解清楚，等明了以后再行动，否则会一败涂地。

第十四计　借尸还魂：原意是说已经消亡的、不存在的东西，又借助某种形式得以复活。作为一个军事计谋，则是说要善于抓住一切机会，甚至看上去是毫无用处的东西也可加以利用，争取主动，扩大成果。

第十五计　调虎离山：此计是一种调动敌人的策略，把“虎”调开，使敌人部署上出现漏洞，自己则乘虚而入，这样就可以轻易取得胜利。

第十六计　欲擒故纵：在敌我交手时，如果逼得敌人走投无路，他就会反扑。而故意放他一条生路，反而会削弱他的气势，瓦解他的斗志。我方就可以寻找适当时机，征服敌人。该计妙处正在于此。

第十七计　抛砖引玉：此计是指用相类似的事物去迷惑、诱骗敌人，引敌人入圈套，然后乘机击败敌人。

第十八计　擒贼擒王：本计认为攻打敌军主力，捉住敌人首领，这样就能瓦解敌人的整体力量。敌军一旦失去指挥，就会不战而溃。

第十九计　釜底抽薪：此计是当两军对垒时，一方不直接针对敌人的锋芒与敌人抗衡。而是另想办法，从根本上削弱敌方的气势，这样就可以以弱胜强。

第二十计　混水摸鱼：“混水摸鱼”意即乘乱取胜的意思。中国古代军事家运用这一计策时，大都是先设法把水搅浑，然后利用敌人互相混战之机，把他们一一消灭掉。

第二十一计　金蝉脱壳：“金蝉脱壳”的本义是蝉在蜕变时，本体脱离皮壳而走，留着蝉蜕还挂在枝头。此计用于军事，是指通过伪装摆脱敌人，以实现我方的战略目标的谋略。

第二十二计　关门捉贼：此计是说对弱小的敌人要采取四面包围的策略，这样就可以全歼敌人。当然，这个计策如果运用得好，甚至可以围歼比自己强大的敌人。

第二十三计　远交近攻：此计是当实现军事目标的企图受到地理条件的限制时，先攻取就近的敌人，而与远隔的敌人取得暂时的联合。等攻取了近敌之后，再一一击破远敌。

第二十四计　假道伐虢："假道"即借路之意。对于处在敌我两个强国中的弱国，当敌方逼迫它屈服时，我方立刻出兵援救，借机把军事力量渗透进去，控制其局面，再乘机发动突然袭击，就可轻而易举取得胜利。也可理解为先利用甲做跳板去消灭乙，达到目的后，回过头来连甲一起消灭。

第二十五计　偷梁换柱：运用此计的关键是要暗中抽换敌人的主力，然后乘机控制或吞并敌人。

第二十六计　指桑骂槐："指桑骂槐"的意思是故意利用某些人的过失，通过对这些人的惩罚，去警诫那些不服从自己指挥的人。杀鸡儆猴、敲山震虎均属此列。

第二十七计　假痴不癫：此计重点在一个"假"字。"假"的意思是伪装。装聋作哑，软弱忍让，使敌人放松警惕。等时机成熟，再出其不意地向敌人发起进攻，敌人猝不及防，必然失败。

第二十八计　上屋抽梯：此计用在军事上，是指利用小利引诱敌人，以便将敌人围歼的策略。

第二十九计　树上开花："树上开花"是指树上本来没有花，但可以借用假花点缀在上面，让人真假难辨。此计用在军事上，是指当自己的力量薄弱时，可以借别人的势力或某种因素，使自己看起来强大，以

此虚张声势，慑服敌人。

第三十计　反客为主："反客为主"的意思是在日常生活中，主人不去招待客人，反而受客人招待。用在军事上，就是乘支持盟军的机会，把自己的力量安插进去，然后有计划地逐步控制盟军。

第三十一计　美人计："美人计"的实质是对兵力强大的敌人，要先制服他的主帅；对足智多谋的主帅，要设法腐蚀他的意志。只要让敌人的将帅斗志衰退，士兵士气消沉，那么敌军就没有战斗力了。因此，针对敌人的弱点渗透瓦解，就可以更容易消灭敌人。

第三十二计　空城计：此计是一种心理战术，它不是通过实力来战胜敌人，而是通过研究敌人主帅的心理活动，以谋胜敌。运用此计就要故意示其空隙，让敌人犹豫不定，在敌众我寡的紧急时刻，运用这种策略就更加奇妙莫测。

第三十三计　反间计：本计实质是巧妙地利用敌方间谍反过来为己方服务。

第三十四计　苦肉计："苦肉计"是一种特殊的离间计。运用这条计，"自害"是真，"他害"是假，以真乱假。己方要做成内部矛盾激化的假象，再派人装作受迫害，借机打入敌人内部进行间谍活动，以达到操纵敌人、打击敌人的目的。

第三十五计　连环计：多计并用，计计相连，一计累敌，一计攻敌，这样任何强敌，都会攻无不破。

第三十六计　走为上：在敌我力量悬殊的情况下，己方采取有计划的主动撤退，暂时避开敌人锋芒，而后再寻找机会。以退为进，以弱胜强乃此计之要旨。

《三十六计》虽说是一部军事著作，但其蕴含的深刻智慧在政治及商战等领域也得到了广泛的应用，自20世纪60年代以来，该书在国内外都受到了强烈关注和推崇。缘于此，捧读在读者手上的这本《三十六计》，在我们的精心策划下新鲜出炉了。

本书在忠于原书原解的基础上，力求使译文通俗易懂，对每条计策都作了详细的智慧解析，并分别从政治、军事、商战角度精选了丰富的中外谋略案例，以此加深读者对计谋的感受和思悟。严密的逻辑结构，精彩的谋略案例，融知识性、哲理性、故事性和趣味性于一体，不仅能开阔视野，更能启迪智慧、增长才干。如能将书中计谋灵活运用于现实生活，那么你将能在竞争日益激烈与关系日益错综复杂的当代世界纵横捭阖、游刃有余。

鉴于编者水平有限，书中必定存在纰漏，敬请读者朋友批评指正。

编译者

2014年7月

目录

第四套　混战计

第五套　并战计

第六套　败战计

第一套　胜战计

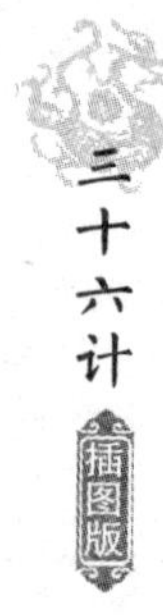

第一计　瞒天过海

【原文】

备周则意怠，常见则不疑。阴在阳之内，不在阳之对。太阳，太阴。

【译文】

防备周密时，更容易思想麻痹，意志松懈；对于司空见惯的事情，人们就不会产生疑惑。密谋往往隐藏在公开的事物里，而并不与公开事物相对立。最公开的事物中往往隐藏着最隐秘的阴谋。

【按语】

阴谋作为，不能于背时秘处行之。夜半行窃，僻巷杀人，愚俗之行，非谋士之所为也。如开皇九年，大举伐陈。先是，弼请缘江防人，每交代之际，必集历阳，大列旗帜，营幕蔽野。陈人以为大兵至，悉发国中士马，既而知防人交代，其众复散。后以为常，不复设备。及若弼以大军济江，陈人弗之觉也。因袭南徐州，拔之。

【译文】

施行秘密的谋略，不一定要在无人的地方进行。在深更半夜行窃，钻进僻静的巷子里杀人，都是愚蠢、鄙俗之人常干的勾当，真正的智谋之士对此是不屑一顾的。开皇九年，隋兵大举南下伐陈。大规模进攻之前，隋将贺若弼奏请统兵驻防江岸，每次移防时，他都把部队调往历阳城集中，并且大张旗鼓，营帐蔽野，声势浩大。第一次时，陈国以为隋将大举进兵，便调集全国兵卒准备迎战。后来发现隋军只是在移防，陈国便把军队遣回各地。隋军后来屡次移动部队，陈国便习以为常，不再戒备。贺若弼趁机挥师渡江，陈国居然未曾察觉。隋军因此攻下南徐州。

【计谋精解】

“瞒天过海”，实际上是利用人们对待社会现象的思维定式，对司空见惯的现象常常熟视无睹、深信不疑的心理，以假乱真。具体而言，也就是在外表上装作就要采取行动，使对方保持警戒之心，但实际上却不采取任何行动。如此反复伪装，使对方误以为这仅仅是虚张声势，而慢慢怠于警戒。这时即刻抓住对方的疏忽，乘虚而入，置对方于死地。

此计的关键在于“瞒”。瞒得过则万事大吉，瞒不过则弄巧成拙。但是，“瞒”不是最终目的，而是“过海”的必要手段。

本计可以理解为以下含义：

（一）以假乱真蒙骗敌人。这是一种被优先采用的策略。就是向敌人出示一定的假象，而把真的行动或意图掩护或隐蔽起来。此法之所以被广泛采用，是因为虚假的东西很容易制造，而且付出极小的代价就能收到很好的蒙骗效果。

（二）隐藏行迹自由行动。敌人总是根据我们的行踪来判断我们的意图，根据我们的行踪来对我们施以干扰或攻击。如果我们把行踪隐藏起来，那么对方就无法判断我们的行动方向和位置。我们就可趁此有利的形势“为所欲为”，而不受任何干涉。

（三）以公开行动混淆视听。将秘密的行动掩盖在公开的行动之下，把敌人的注意力转移到公开的行动上来，而使其忽略在这种公开行动中隐藏的秘密行动。在大多数情况下，我们很难做到不露出蛛丝马迹，所以我们以公开行动抛头露面，会使敌人失去警觉，这更利于我们实施计谋。

当敌人运用瞒天过海之计时，我们可采取如下防范措施加以应对：

（一）透过现象看本质。敌人无论把事情做得怎样隐蔽，总难免会露出一定的破绽，正所谓“若要人不知，除非己莫为”。我们可依据敌人露出的破绽，顺藤摸瓜，见微知著，确定敌人的真实企图。绝不可被敌人一些表面的现象所迷惑，因为对方为了隐蔽自己，总要戴上假面具，一旦发现敌人遮遮掩掩、鬼鬼祟祟，我们就要提高警惕，寻根究底，揭开敌人的虚伪面纱。

（二）及早发现，及时反馈。敌人无论把事情做得多么隐秘，总会露出蛛丝马迹，一旦发现敌人有了新动向或策略行为发生了变化，要及时进行全

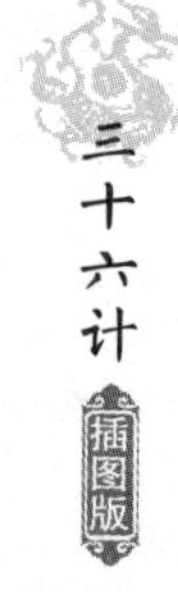

面的信息反馈。绝不能熟视无睹，听而不闻，视而不见。在这里“及时”是十分重要的，如果发现过晚或是反应迟缓，都会给对方以可乘之机，导致最后失去有利战机，追悔莫及。

（三）严密防备，决不懈怠。俗话说：“害人之心不可有，防人之心不可无。”特别是对我们的敌人，更要提高防备意识，做到常备不懈，以防不测。敌人善于以假乱真，善于蒙骗，把敌人牢牢置于我们严密的监视和控制下，是预防被敌人蒙骗的最有效措施。

（四）穷追到底，使敌人的企图无法得逞。一旦发现敌人正在“渡海”或者已经“渡过大海”，也绝不要轻易放他们逃走，只要有一丝追上的希望，就不要放弃，直到追上为止。追赶敌人要讲究方法，不可死追硬追，要选择捷径。另外，要把敌人“过海”之后的企图扼杀在萌芽状态。

政治谋略

丁宝桢斩杀宦官安德海

清朝时，咸丰皇帝死后，东太后和西太后共同帮助同治皇帝处理朝政。东太后地位较高，西太后善于权谋，两人面和心不和。

这天，山东巡抚丁宝桢正在书房读书，只见德州知府匆匆跑来求见，而且哭得泪珠横飞。丁宝桢见状，忙问缘故。知府哭哭啼啼地说，安德海曾到他府上索要白银五千两，而且限他三天之内交出，否则性命难保。

丁宝桢明白：安德海的确不好惹，他在西太后那里可是最得宠的一个太监，贪赃枉法，无恶不作。但由于他的特殊身份，一般人都惹不起他。丁宝桢决定趁机把这个宦官除掉。

原来安德海私下里得到了西太后的恩准，出宫搜刮民财，但是他并没有皇上的圣旨，也没有太后的手谕。而大清祖训规定：内监不许私自离开京城四十里，违者由地方官就地正法。丁宝桢巧妙地抓住了这一条。因为东太后素来与西太后有矛盾，若是知道了此事，定会降旨斩杀安德海，而西太后明知自己有错，所以也不敢太张扬。

于是，丁宝桢立即命知府去抓安德海，同时将此事禀报了东太后。不久安德海就被抓来了，他见到丁宝桢便破口大骂，因为他以为西太后拯救他的懿旨不久就会到。可是安德海怎么也没想到，东太后的懿旨来得更快。

丁宝桢拿着东太后的懿旨念道："安德海私自出宫，出京城四十里，依祖训，就地正法。"安德海一听，两腿顿时软了下来。

丁宝桢大喝一声："来人啊！推出去斩了。"

正在此时，忽听有人在门外高喊："西太后懿旨到！"丁宝桢知道西太后的懿旨肯定是来救这个太监的。放了安德海，得罪东太后；不放，西太后更不好惹。他想了想，命令道："前门接旨，后门斩首。"说完命人将安德海推出后门。等丁宝桢跑到前门跪听懿旨，安德海的人头已经落地了。

丁宝桢不仅刚正不阿，而且足智多谋。他以大清祖训和东太后的势力为后盾，巧妙斩杀了作恶多端、背倚西太后的安德海，而且不留余地，不禁让人拍手称快。

宋太祖造伪书愚民保位

唐朝人李淳风与袁天罡曾写过一本预言奇书《推背图》，据说能推算出上下几百年的大事，也能推算出帝王是谁。这在群雄并起的五代十国大动乱时期，引起了《推背图》兴盛之风。宋太祖赵匡胤平定中原登上帝位之后，开始颁布诏令禁止此类书籍在社会上流行。

但此书流传甚久，根本不可能一下子消除。宰相赵普也主张不可能把违犯此诏令的人都抓来严惩。为了有效地降低推背之风所带来的危害，宋太祖想出一条妙计：他令赵普取来旧存的刻本，亲加检验后，对于其中没有应验的内容，打乱顺序重写一遍。然后秘密令人把这些伪书投放到民间与原来的《推背图》一起通行。于是，传习"推背"之学的人也搞不清楚书中的内容到底先后顺序如何。他们无法辨别书中内容的真伪，再加上内容烦琐，就丢

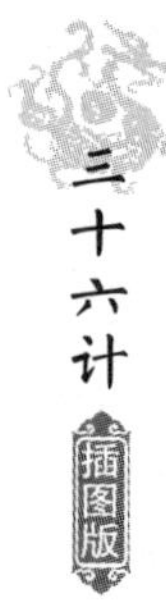

弃了旧本而不再收藏。宋太祖以假乱真，最终瞒天过海，达到了自己的政治目的。

军事谋略

苏军施障眼法破敌防线

1945 年 3 月，第二次世界大战已接近尾声，德国法西斯在东、西两线受到苏联红军和英美联军的沉重打击，陷入绝境。为了彻底击败负隅顽抗的德军，占领德国首都，与英美盟军会师，苏联最高统帅部决定发动柏林战役。柏林战役动用了苏联大规模的武装力量，共有 4 个方面军和 10 支舰队参加。围歼德军残余主力和包围、突入柏林的任务，由朱可夫元帅指挥的白俄罗斯第一方面军和科涅夫元帅指挥的乌克兰第一方面军共同完成。

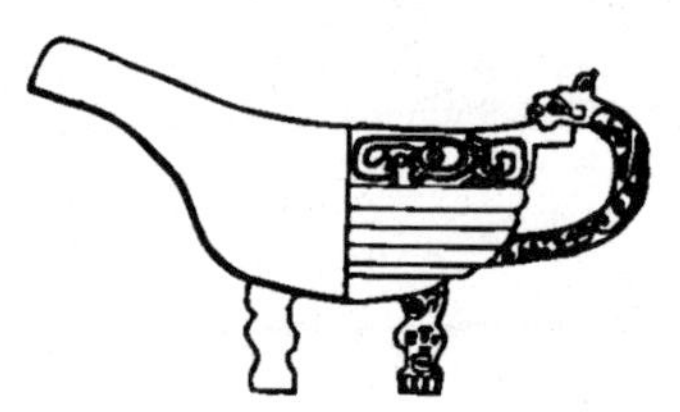

4 月 14 日，柏林战役打响。白俄罗斯第一方面军挺进到奥得河畔。奥得河是一个关键的战略要地，德军在这里建立了两道坚固的防御带。朱可夫元帅决定对奥得河防御区实施坚决、迅速、集中的突破，为此调集了强大的兵力与火力。同时，为了使进攻更具突然性，加强突击的奇效，更有力地摧毁敌军的抵抗，朱可夫采取了巧妙的战术措施。进攻开始前，苏军实施了战斗侦察，先头部队越过敌军雷区，弄清了敌军主防部位。4 月 16 日夜晚 3 点，进攻正式开始，苏军从空中和地面向敌军阵地猛烈轰击。20 分钟后，轰击停止。就在轰击停止的一瞬间，苏军的 143 部强大功率的探照灯突然同时打开。光束强烈地射向德军，整个战场亮如白昼。这一前所未见的冲击方法使德军顿时惊慌失措，乱作一团。一时之间，德军搞不清楚这是什么新式武器，更弄不明白苏军下一步要做什么。剧烈刺目、迎面而来的灯光使处于黑夜里的德军几乎全成了瞎子。他们看不清苏军的位置，不知道要向哪里还击。同时，炫目的强光也使德军看不清自己阵地的情况，军官找不到士兵，下级找不到上级，炮兵搞错了武器结构的位置。而德军阵地则在苏军眼底暴露无遗，使苏军毫无遮拦地尽情打击。苏军步兵和坦克兵未费多大力气，就冲入德军阵地近两公里。

在朱可夫元帅指挥大军向奥得河德军阵地突击的同时，科涅夫元帅领导的乌克兰第一方面军在尼斯河畔也向德军发动了突击。德军在尼斯河沿岸构筑了两道防御阵地，企图以此阻挡苏军的攻击。16日凌晨，科涅夫指挥先头部队渡过尼斯河对敌发起冲击，查明了敌军沿河岸的阵地。天亮后，炮火准备和航空火力准备开始。同时，苏军阵地上大量烟雾冲天而起。浓烟缓缓向河对岸德军阵地飘去。很快，尼斯河和德军阵地被浓重的烟幕所笼罩。德军被苏军施放的烟雾弄得眼前混沌一片，既看不清对岸苏军的情况，也看不见自己阵地上军队和装备的情况，顿时丧失了视野。苏军乘机强渡尼斯河。工程兵迅速开始架设载重舟桥，步兵则利用就便器材渡河。几个小时后，舟桥和可以通过炮车、坦克车的低水桥全部架设完毕。苏军步兵、坦克兵、炮兵顺利越过尼斯河。这时，席天卷地的烟幕还未散去，德军明明知道苏军在强渡过河，但他们无法判明苏军强渡尼斯河的突破地段在哪里，因而更无法瞄准射击，这样，眼睁睁让苏军渡过大河，突入自己阵地。苏军当天晚上就突破德军第一道防御带，并揳入第二道防御带近两公里。

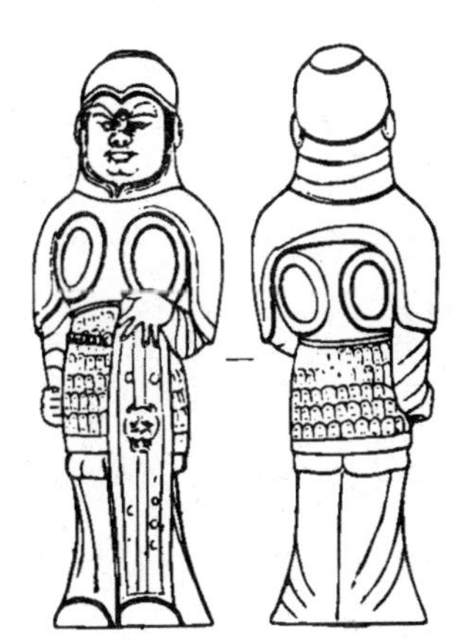

在战场上，为了更好地保护自己，有效地打击敌人，必须使用各种各样、千变万化的方式让敌人成为瞎子、聋子，看不见、摸不着自己，而使敌人暴露在自己面前陷入被动挨打的境地。

商战谋略

初东明绝地逢生夺商机

1981年，初东明就任郑州化学试剂厂厂长。他上任之时，工厂产品滞销，困难重重，濒临破产。初东明没有被困难吓倒，他四方打探有利信息，

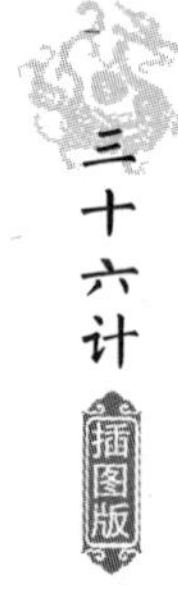

希望厂子能绝地逢生。几经周折，他了解到一条非常重要的信息：国家商业部所属有关部门进口了一批价值 9000 万元的油漆，但这批油漆都是按照欧洲地中海区域的特点配制的，在中国不适用，必须重新配制，否则全部报废。商业部连连向国内十多家工厂求援，可是谁也不敢接这种差事，商业部为此一筹莫展。

初东明经过认真分析认为：油漆市场前景看好，他们作为化学试剂厂完全有条件揽下这笔业务。可是他的这种想法遭到了厂里其他几位领导的反对，他们都认为这其中的风险太大了。初东明认准了这其中蕴藏着的巨大商机，于是他力排众议，果断地接下了这笔业务。厂里的职工不知道新厂长葫芦里到底卖的是什么药，他们也不知道这其中的风险有多大，但是只要有一线生机他们都会努力去做。经过全厂职工一个多月的苦战，油漆终于按照中国市场的需要调制完毕，油漆一上市，马上销售一空，当月创产值 40 万元，厂子随之扭亏为盈。

有时，让员工知道要做什么，而不知道为什么要这样做，是十分必要的。每一种商业行为都存在着一定的风险，如果把全部的计划和盘托出，势必会造成员工心理的恐慌，从而直接影响到工作的开展。初东明厂长在厂子危难之际，果断把握商机，但他并未告诉职工其中的风险，而只是给他们以希望和鼓励，工厂在他的带领下终于走出了困境。

第二计　围魏救赵

【原文】

共敌不如分敌，敌阳不如敌阴。

【译文】

进攻兵力集中、实力强大的敌军，不如使敌军分散减弱了再攻击。攻击敌军的强盛部位，不如攻击敌军的薄弱部分更有效。

【按语】

治兵如治水：锐者避其锋，如导流；弱者塞其虚，如筑堰。故当齐救赵时，孙子谓田忌曰："夫解杂乱纠纷者不控拳，救斗者不搏击，批亢捣虚，形格势禁，则自为解耳。"

【译文】

用兵作战，如同治理洪水一样：对于来势凶猛的敌人，避开其锋芒，如同治理洪水要导流一样；对于来势虚弱的敌人，就要堵住他歼灭他，这就好比治理洪水要修筑堤坝一样。所以齐国派田忌为将援救赵国之时，军师孙膑对田忌说："要想解开纷繁杂乱的丝线，不能用拳头去捶打；要解开打架斗殴者，自己就不能动手参加，避开势头击其要害，使对方的形势受挫而不能发展，赵都之围自然而然也就解决了。"

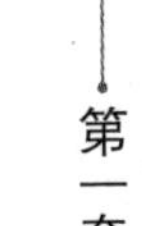

【计谋精解】

围魏救赵是中国历史上运用得最成功的军事谋略之一，因而被历朝历代屡屡采用。此计运用在政治斗争中则表现为围攻第三者，解救陷入困境的人。延伸开来，也可以指借一件事情解救另一件事情。它还被广泛应用到了各个领域，并都取得了明显的成效。

此计适用于敌我力量对比悬殊的情况，对于来势凶猛的敌人，不管三七二十一与敌死拼，必然会碰得头破血流。在这种不利于我方的情势下应当避其锋芒，采用分导引流的办法，或者攻击敌人的薄弱之处牵制它，或者袭击敌人的要害部位威胁它，或者绕到敌人背后打击它。敌人被这么一折腾，必然会丢弃到手的肥肉，转主动进攻为被动防御。

在运用此计时，必须明确"围魏"是手段，而"救赵"是目的，不论"围"的方式有什么不同，但目的只有一个，那就是"救赵"。如果"救赵"这一目的不能实现，那么"围魏"则毫无意义。

我们在运用本计时，应注意以下几个方面的问题：

（一）巧妙地选择突破口。突破口的选择是此计谋得以成功运用的关键，在选择突破口时，必须注意是否至少具备两个条件，一是它是否比"赵"容易进攻，从相对容易的地方下手，能取得事半功倍的效果。因为从容易的地方突破不但能鼓舞士气，而且能形成破竹之势，如果难易程度相差不多时，则应选择对全局影响较大的地方入手。二是“魏”一定是敌人的必救之处，否则“围魏”便是徒劳的，无法实现“救赵”的愿望。

（二）要采取迂回进攻的策略。我们应该清楚地认识到不是所有的事情都可以“一竿子捅到底”，有些事情，如果直接去办，会遇到很多困难，如果绕一绕弯或增加一些中间环节，就可以把困难避开或者把困难化解。

（三）要避敌锋芒，直捅敌人要害。面对强大的敌人，如果不分青红皂白，向敌人横冲直撞，其结果无疑是头破血流。对于气势强大的敌人，要巧妙地选择进攻的部位，比如主动地避开敌人的实处，攻击其虚处。这样不但自己可以免受重创，而且可以保全实力进攻敌人的要害部位。

当敌人运用此计谋时，我们应采取以下防范策略加以应对：

（一）要迅速攻取眼前的目标，不可迟误，以防留下后患。对于到手的肥肉要迅疾吃掉，以防被狼叼走。所谓“夫兵久而利国者，未之有也”说的就是这个意思。因此对于“赵国”，我们应该迅速攻取之，以防被救走。

（二）提高警惕，以防身后遭袭击。当我们正在忙于追逐一个目标时，往往无暇顾及身后的祸患，这时就给敌人造成了可乘之机，正所谓“螳螂捕蝉，黄雀在后”。我们在做事情时，要“眼观六路，耳听八方”，以防敌人突袭。

（三）要分清轻重缓急，不可眉毛胡子一把抓。哲学上有主要矛盾和次要矛盾之分，它要求我们在处理问题时要抓住主要矛盾，不可不分轻重同等看待，况且也不可能做到所有的问题都兼顾，在不可两全的情况下，我们要分清轻重缓急，有重点地突击，否则，什么事也做不成。

政治谋略

日本介入南海争端

“围魏救赵”策略在我国古代军事领域中的运用非常普遍，在现代国际政治和国际关系中，也不乏这一策略的影子。

近年来，日本不断对中国钓鱼岛采取单方面举措，特别是对钓鱼岛实施所谓“国有化”，严重侵犯中国主权。针对日本的厚颜无耻和动作频频，中国政府态度强硬且鲜明，抱着寸土不让的决心，毫不示弱。日本政府的妄图受阻，感受到了来自中国的压力。

正在日本因钓鱼岛之争陷入困境时，菲律宾军政高层突然开始炒作所谓的中国舰船“逼近仁爱礁”及南海“后院威胁论”，中国与菲律宾因南海问题关系骤然紧张。对此，并非主权声索国的日本表现得格外亢奋并积极介入，不仅出资帮助菲律宾强化南海警备，而且还将帮助训练菲律宾沿海警备部队，安倍政府甚至高调允诺军事援助菲律宾以助其对抗中国。日本究竟安的是什么心？

不难看出，日本打的小算盘是，既然钓鱼岛之争已致日本陷入困境，那么就去南海助菲律宾挑衅中国，希望通过插手中菲争端，对中国形成牵制之势，使中国政府疲于应对多个事端，从而减弱在钓鱼岛问题上的关注。日本甚至可能借此来获取在钓鱼岛问题上与中国谈判的筹码。

日本政府介入南海争端颇有“围魏救赵”之意。然而，不管日本是“围魏救赵”，还是声东击西、混水摸鱼、趁火打劫，他们的卑劣行径背后的意图，就如“司马昭之心，路人皆知”，中国人民是不会让其得逞的。

军事谋略

围魏救赵

公元前353年，魏国攻打赵国，魏王以庞涓为将，率兵八万伐赵，很快就兵临赵国首都邯郸城下，赵国抵挡不住，向齐国求救。齐威王任命田忌为大将，孙膑为军师，率兵八万救赵。当时田忌主张直接进军邯郸与魏军主力

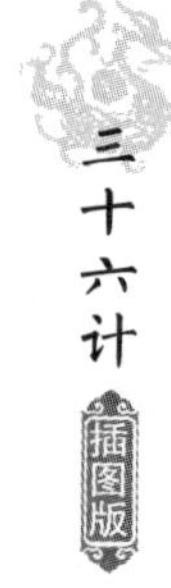

决战，配合赵国里应外合夹击魏军。可是，孙膑认为不可与魏军直接交战。田忌不解，孙膑解释说魏国现在将所有的精兵强将都调集到了邯郸城下，国内只剩下些老弱病残之士，如果直接派兵攻打魏国国都大梁，庞涓必然率军回救，而自动撤离邯郸。这样，不仅解了邯郸之围，而且还可乘机狠狠打击魏军回救的疲劳之师，田忌采纳了孙膑的建议，率军直扑大梁。庞涓得知这一消息，心急如焚，立即回师救援。魏军长期攻城作战，此时又长途回奔，人困马乏，疲劳不堪。而回师途中又遭齐军伏击，几乎全军覆没。这就是历史上有名的“围魏救赵”。

孙膑通过围魏而达到了救赵的目的，为什么呢？因为孙膑此计做到了“攻其所必救”，试想，对于魏国来讲是攻下别人的城池重要，还是保住自己的国都重要？毋庸置疑，当然是后者重要。所以庞涓急令回师救援，却又遭受伏击，几乎全军覆没。孙膑此计，近乎完美。

商战谋略

变形金刚以迂为直打入中国市场

商战中，出于各种原因，很多时候无法直接达到经营目的，在这种情况下就需要采取“以迂为直，以患为利”的策略。这种策略看似迂回曲折，其实它最终仍然是为了更有效、更准确地达到经营的目的。

很多人都熟悉孩子们的玩具——变形金刚，它那造型各异、变化多端的形象连大人们都觉得新奇可爱。变形金刚是由美国玩具巨头“孩儿宝”公司生产的儿童玩具。20 世纪 80 年代初，“孩儿宝”投放美国市场后，一下子就赢得了孩子们的喜爱，成为美国玩具市场的畅销产品，“孩儿宝”公司也因此发了财。可是到了 1986 年，“孩儿宝”变形金刚却渐渐变得滞销。于是公司决定开拓新的产品市场，最后选中拥有 3 亿儿童的中国市场作为主攻目标。他们先对中国市场进行了一番调查，发现中国父母很注重对子女进行智力投资，而变形金刚又是一种智力玩具，因此断定它在中国大中城市拥有广阔的市场。确定了目标市场，“孩儿宝”开始实施它的一系列推销战术。他们首先将自拍的变形金刚动画片无偿赠送给我国一些大城市的电视台播放。每晚6：30准时播出，数以万计的小朋友坐在电视机前，欣赏着那奇形怪异、变化多端的变形金刚画面，这在他们头脑中留下了深刻的印象，变形金刚成了他们形影不离的屏幕伙伴。“孩儿宝”公司见时机成熟，立刻让变形金刚走下了屏幕——把大量多姿多彩、活灵活现的变形金刚投放到中国市场上。就这样变形金刚一举打入了中国市场，而且获得了空前的成功。

“孩儿宝”准备开拓中国市场，但他们并没有急于投放产品，而是采取了“以迂为直”的战术，首先让变形金刚的形象深深地刻在中国儿童的脑海里，然后趁势出击，结果大获全胜。

盛田昭夫的“间隙理论”

大宅壮一称索尼公司是电器业中的土拨鼠，但是索尼公司不断地实验开发新产品，却都无法长期独占市场，其主要原因是当索尼生产了录音机，其他公司也会跟上，而索尼更进一步研究制造晶体管收音机，其他公司也会纷纷仿造、生产、销售，与索尼争夺市场。

尽管索尼公司不断地研究开发新产品，但是，一旦三菱、松下这些大厂商也加入生产行列，索尼这家小公司的市场就很容易被搅乱甚至被吞没了。这就是为什么小企业的产品无论多么优良，都无法长期独占市场，而被大组织并吞的原因。

处在这些大厂商的重重包围之下，盛田昭夫不断地谋求着生存之道，最后终于发展出一套“间隙理论”，也就是在这些无数的大厂商包围之中，还存在一些空隙，也就是仍有一小部分的市场尚未被占领，只要看准这些空隙，立即行动，再联合无数的小空隙，必定可以组成一个大的市场。

索尼公司在国内市场竞争之际，用这种“间隙理论”向国外发展，在世界各地成立销售据点，组成一个销售网。到1961年，全球登记销售SONY商品的国家有一百多个。索尼公司用这种“围魏救赵”的方法，确保了一个庞大的销售网点。从此，索尼逐渐成为世界一流的电器公司。

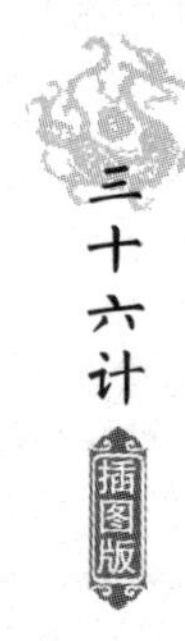

第三计　借刀杀人

【原文】

敌已明，友未定，引友杀敌，不自出力。以《损》推演。

【译文】

敌人的情况已经很明了，盟友的态度尚不明朗，这时应诱使盟友去攻打敌人，而无须自己出力。这是从《损卦》卦义的逻辑推演出来的。

【按语】

敌象已露，而另一势力更张，将有所为，便应借此力以毁敌人。如：郑桓公将袭郐，先问郐之豪杰、良臣、辨智、果敢之士，尽书姓名，择郐之良田赂之，为官爵之名而书之，因为设坛场郭门之外而埋之，衅之以鸡豭，若盟状。郐君以为内难也，而尽杀其良臣。桓公袭郐，遂取之。诸葛亮之和吴拒魏；及关羽围樊、襄，曹欲徙都，懿及蒋济说曹曰："刘备、孙权外亲内疏，关羽得志，权必不愿也。可遣人劝蹑其后，许割江南以封权，则樊围自解。"曹从之，羽遂见擒。

【译文】

打击的目标已经显露出来，而与此同时另一股强大的势力正在发展，而且将有所行动，这时便应借此势力，摧毁敌人。比如，郑桓公将要攻打郐国，先探问郐国的豪杰、良臣、辨智、英勇果敢之士，将这些人的名单一一列出，公开张贴布告，说要选择郐国的良田赠送给他们，封给他们各种名称的官爵，并在城郊设起祭坛，把名单埋在地下，用公鸡、公猪做祭品，装作盟誓的样子。郐国国君以为国内这些豪杰、良臣要勾结郑国作乱，便按照以上公布的名单把他们一个个杀掉了。桓公看到郐国豪杰、良臣都已除尽，便马上攻打郐国，并占领了郐国。又如，诸葛亮与吴国结盟，共拒魏国；当关羽围攻魏国属地襄阳、樊阳时，曹操想迁都，司马懿及蒋济劝说曹操道：

"刘备、孙权表面上是亲戚，内心里却隔阂很深。关羽得志，孙权内心是不甘愿的，因此，可以派人跟随孙权身后（做说客），答应割让江南的土地封给孙权，这样，樊城的包围就会自然解开。"曹操听从此计，关羽终于兵败麦城，束手被擒了。

【计谋精解】

借刀杀人，是为了保存自己的实力而巧妙地利用矛盾的谋略。当敌方动向已明，就千方百计诱导态度暧昧的友方迅速出兵攻击敌方，来实现自己的意图，达到自己的目的，这样成功时，自己不用付出任何代价；失败时，自己不用承担任何责任。其中的"杀人"不能仅理解为损人利己之事，而应从广义上理解为达到某种目的。借刀杀人，巧在一个借字，但"借刀"必须有条件，或陈明利害，或许以重利。

本计的主要特点是：通过利用矛盾，借敌方内部的力量，或者是盟友的力量，削弱或消灭敌对势力。而其关键所在，则是善于捕捉和利用敌方的矛盾，包括敌方内部的矛盾以及敌方与盟友的矛盾，想方设法使这些矛盾扩大、激化，直至引起敌方自相争斗，或者是引起敌方与盟友的争斗，以达到削弱或消灭敌方实力的目的。

因此，在军事上，此计的运用多是与使用间谍相联系的。现代商战中，有些人为谋取私利刻意制造他人的过失以图掩饰自己过错的例子也屡见不鲜，其所用策略也可称为借刀杀人。

此计包含以下几种含义：

（一）巧用外力为己所用。借用别人的手和力量，自己不用动手不用出力，不花任何代价，顺利实现自己的目标。

（二）争取第三方加入，并利用其刀杀人。借人之刀去杀人，刀之主人必然也就被诱迫入伙，即使不是心甘情愿地入伙，也必然逃不脱杀人的干系，自然也就被拉下了水。

（三）血染他人刀，自己一身净。借刀杀人，可以不露任何痕迹，不抛头露面，也就可以不承担任何责任，既落得两手干净，又实现了自己的目标。

当敌人采用借刀杀人之计时，我们可采取如下防范对策：

（一）谨防成为敌人猎捕的对象。对于这一目标我们要做好三点：一是

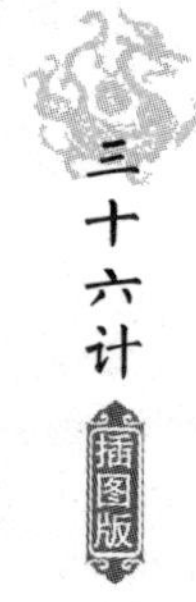

防患于未然，俗话说“害人之心不可有，防人之心不可无”，要时时警惕来自各方面的攻击；二是揭露敌人的险恶用心，一旦发现自己成为“被杀之人”，要及时对“借刀之人”进行揭露，指出他的阴险用心，使被借之刀醒悟，悬崖勒马；三是分化敌人，还击敌人。如果敌人已经结成联盟，要千方百计把他们拆散，不使他们互相借刀对付自己，必要时要对危害自己的行为予以坚决果断的打击，削弱其嚣张气焰。

（二）谨防成为敌人所借之“刀”。对于这一目标我们要注意三点：一是不跟风不盲从，要分辨是非，不可脑子一热就去干，要知道这样做是很危险的，很容易被人利用；二是要清楚自己为何要“杀人”，是不是被人利用了，当这些问题没搞清楚之前，一定不可盲目行动；三是要善于比较利害得失，不为别人做嫁衣。如果“杀人”对自己没多大的价值，而对敌人意义重大，这就说明被敌人利用了，一旦醒悟应及早回头，不能再让敌人利用下去。

智慧典例

政治谋略

朱元璋坐收渔翁之利

1357 年冬，朱元璋的爱将俞廷玉被陈友谅手下的勇将赵普胜杀害。朱元璋决定借陈友谅之手除掉赵普胜。

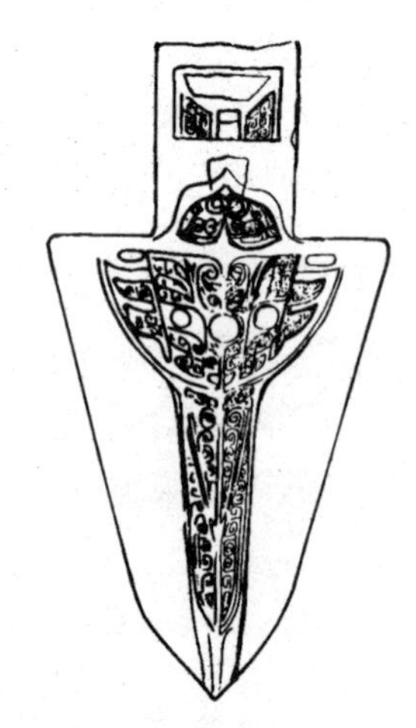

于是他派出一名说客，潜入安兴城，结交赵普胜的门客赵盟。说客极尽所能，与赵盟拉近关系。一天，说客故意将朱元璋写给赵盟的信交给赵普胜，赵普胜阅罢心中大疑，遂疏远了赵盟。赵盟坐卧不安，与说客一起逃至应天归顺了朱元璋。朱元璋格外优待赵盟，赐给他重金，让他回陈友谅军中散布谣言，中伤赵普胜，说其有谋反之心。

陈友谅听到传闻，半信半疑，遂派使臣去赵普胜营中探听虚实。赵普胜是一介武夫，对使臣傲慢无礼，自恃战功，对陈友谅颇有微词。使臣回报，陈友谅怒火中烧，亲率重兵来到安兴城。赵普胜尚蒙在鼓里，慌忙前去迎接，却被陈友谅的亲兵一举拿下，赵普胜还未来得及辩解，就已经身首异处。

朱元璋巧妙地用计离间陈友谅和赵普胜的关系，然后借陈友谅之手，杀死了毫无防备的赵普胜。赵普胜在不知所以然的情况下就变成了屈死鬼，而陈友谅还为自己及时“剪除”了叛逆而暗自庆幸呢！两人，一个失去了性命，一个失去了大将，均损失惨重。而朱元璋却在一旁坐收了渔翁之利。

史思明借力壮己谋仕途

史思明，本名窣干。据史书记载，他从小就瘦弱不堪，头发几乎全部脱落，而且驼背弯腰，单肩上耸，相貌极其丑陋。长大以后，他的相貌才变得好看一些，并以作战勇猛、足智多谋而闻名远近。

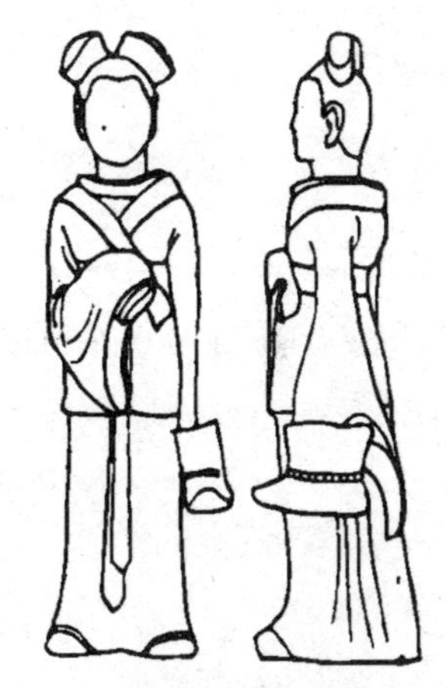

公元 736 年，史思明因欠官府债款走投无路，逃至北边的奚族地区，被一向排外的奚族人捉住。奚族人想杀死这个外地人，可史思明装出一本正经的样子说：“我是大唐王朝派来与奚王和亲的使者，你们杀了我，就惹下了灭族的大祸。”奚王信以为真，于是以贵宾的礼节接待他。

奚王畏惧唐朝的势力，决定派 100 人随史思明去朝拜大唐皇帝。史思明对奚王说：“你派去的人虽然不少，但我看多是浅薄之徒，这样的人怎能去见大唐皇帝呢？我听人说，你手下有一个才华超群的琐高，何不让他去呢？”奚王听从了史思明的意见，让琐高和他手下的 300 人跟随史思明去朝拜大唐皇帝。

这一行人快到卢平的时候，史思明先派人见卢平守将裴休子，煞有介事地报告说：“奚族人派来的精锐将士马上就要到了，他们嘴上说是朝拜天子，实际是来偷袭卢平，你应该做好准备，不等他们动手就干掉他们。”

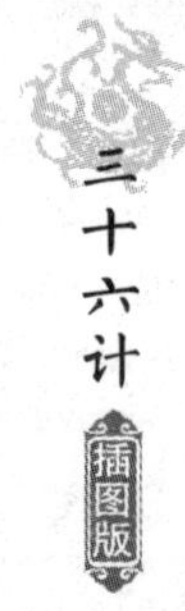

裴休子相信了史思明的话，在奚族人进入卢平后，将琐高手下的300人杀了个一干二净，单单留下琐高。

史思明把琐高押送到幽州节度使张守珪那里。张守珪见奚族人中最有才能的琐高被捉来了，非常高兴，认为史思明为唐朝立了大功，当即在给朝廷的奏折中对史思明大加赞赏。从此，史思明得到张守珪的器重。

在张守珪的保荐下，唐玄宗召见了史思明，还赐座给他，同他交谈，称他是世间奇才，并授予他大将军、北平太守的职务。

史思明在与奚族人的斗争过程中，沉着冷静，急中生智，利用卢平守将裴休子杀死奚族士兵，献上才华出众的琐高，令节度使张守珪刮目相看。世界上的事情就是这样不可思议，史思明借刀杀人之举竟使他官运亨通。

军事谋略

周瑜用计借刀杀蔡瑁、张允

赤壁大战前夕，曹操亲率百万大军，驻扎在长江北岸，准备渡江伐吴。曹操所率北军不习水战，但由荆州降曹的蔡瑁和张允，久居江东，谙习水战，被曹操封为水军都督，为曹操训练水军。

东吴都督周瑜仅率五万兵力与曹军隔江对峙，心中不免打鼓。周瑜与部下计议，必先设计除掉蔡瑁和张允，才能破曹。这时，有部下传报“故人蒋干相访”。蒋干，字子翼，是曹操手下的谋士，自幼和周瑜同窗。周瑜闻报，已经猜出蒋干是来为曹操当说客的。于是心生一计，连忙吩咐众将依计而行，随后带着众人亲出帐门迎接。

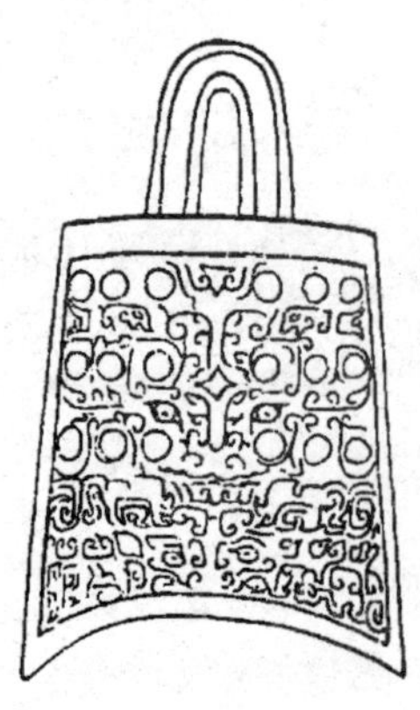

二人相见，寒暄一番，周瑜挽着蒋干手臂同入大帐，设盛宴款待蒋干，请文武官员都来作陪。席上，周瑜解下佩剑交给一员大将，命他掌剑监酒，吩咐道：“蒋干和我是同窗契友，虽从江北到此，却不是曹操的说客，诸位不要心疑。今日宴席之上，只准共叙朋友旧交，有人提起两家战事，即席斩首！”蒋干听了，面色如土，哪敢多言！周瑜又对蒋干说道：“我自领兵以来，滴酒不饮，今日故友相会，正是：江上遇良友，军中会故知。定要喝个一醉方休！”说罢，传令奏起军中得胜之乐，开怀畅饮。

酒至半酣，周瑜举杯祝酒道：“在座各位，都是江东豪杰，今日之会，可称作群英会！真是同窗契友会‘群英’，江东豪杰逞威风！”

宴罢，周瑜假醉，蒋干将其扶回帐中。周瑜说要和蒋干同榻而眠。说着，蒙蒙眬眬地睡去。蒋干心中有事，想起在曹操面前已夸下海口，这下该如何交代，听听外面鼓打二更，哪里还睡得着？他见周瑜鼾声如雷，便摸到桌前，拿起一叠文书偷看起来。正翻着，忽见里面有一封书信，细看却是曹操的水军都督蔡瑁、张允写给周瑜的降书。蒋干看罢，大吃一惊，慌忙把信藏在衣内。再要翻其他文书，却听周瑜说着梦话：“子翼，我数日之内，定叫你看曹操首级！”蒋干口中含糊答应着，连忙吹了灯，匆匆睡下。

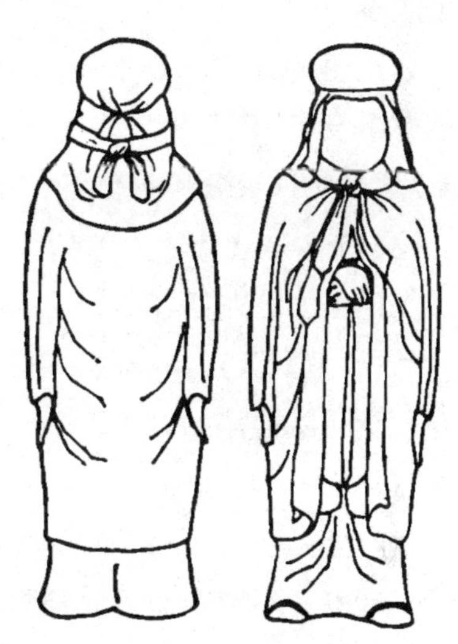

清晨，有人入帐叫醒周瑜，说道：“江北有人来……”周瑜急忙止住他，看看蒋干，蒋干只装熟睡。周瑜和那人轻轻走出帐外，又听那人低声说道：“蔡瑁、张允说，现在还不能下手……”声音越来越低。蒋干心中着急，可又不敢乱动。不一会儿，周瑜回来躺下睡了。蒋干等周瑜睡熟，偷偷地爬起来，径直走出军营，守营军士也不阻拦。他来到江边，寻着小船，飞一般驰过长江，回见曹操。

其实，这一切都是周瑜定下计谋。他要借曹操之手杀掉蔡瑁、张允。蒋干回到曹营，虽未说服周瑜，却得到了这一“机密”，自以为有功劳。曹操也果然上当，斩了蔡瑁、张允。等到事后曹操省悟过来，已经晚了，只好另换了两个水军都督。结果，赤壁一战，曹操水军一败涂地。

商战谋略

威尔逊逆市而上获巨利

20 世纪 40 年代，一种新式影印机在美国全录公司诞生了。公司的创始人威尔逊获得生产该影印机的专利权。这种命名为“全录 91 型”的新式影印机第一批出厂时，成本仅为 2400 美元，威尔逊竟将售价定为 29500 美元，超出成本 10 倍。

公司里的知情同事们不禁倒吸了一口冷气，大家禁不住问威尔逊：“你是想做暴发户吗？”

“那当然！只要不是傻瓜，谁都想当暴发户呀！”

“我看你是想暴利想疯了。否则，请你想想，这样高的价格卖得出去吗？卖不出去的东西还有什么利润可图？”

“放心吧，我正常得很，我的脑袋比谁都清醒。”面对一连串的质问，威尔逊一概回以神秘的微笑。

“那……”

“请允许我打断你的话。听我说，我不仅知道这样高的价格可能会使影印机一台也卖不掉，而且我还知道，这个定价已经超出了现行法律允许的范围。等着瞧吧，我们的这项宝贝很可能被禁止出售。”

“那还得了！就算有跟你一样的疯子来买我们的宝贝，你又有什么法宝可以获得法律的许可呢？”

“什么法宝也没有。即使有，我也不用。我要的就是法律不允许出售，允许了也不卖。做到这两点，巨额利润就稳稳到手了。”

“什么？不准卖，而且要卖不出去我们反倒能获得巨利？”

“是的，我本来就不准备出售影印机的机体，而是卖影印机的服务！从服务中取得利润。”威尔逊胸有成竹地说。

不出威尔逊所料，这种新型影印机果然因定价过高被禁止出售。但是由于在展售期间人们已经了解了它独特的性能，消费者莫不渴望能使用这种奇特的机器。加上威尔逊早已获得了生产专利权，“只此一家，别无分店”。所以当威尔逊把新型影印机以出租服务的形式重新推出时，顾客顿时蜂拥而来。

尽管租金不低，但受到目前售价过高的潜意识影响，顾客仍然认为值得。

没有多久，威尔逊追求巨利的目的果然达到了。

表面上是法律禁止了威尔逊的产品出售，实际上是威尔逊借法律这把“刀”，封死了消费者的购买之门，把他们逼向威尔逊为其准备的租借之路；同时威尔逊还利用超乎平常的高定价，斩断了消费者廉价租用的念头。

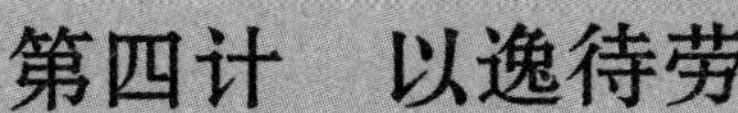

第四计　以逸待劳

【原文】

困敌之势，不以战；损刚益柔。

【译文】

耗损敌人的力量，迫使敌人陷于危难，不一定要用直接进攻的方式，完全可以采用静守不战的战略。因为这自然是减弱了强势而增强了弱势。

【按语】

此即致敌之法也。兵书云：“凡先处战地而待敌者佚，后处战地而趋战者劳。故善战者，致人而不致于人。”兵书论敌，此为论势。则其旨非择地以待敌，而在以简驭繁、以不变应变、以小变应大变、以不动应动、以小动应大动、以枢应环也。如管仲寓军令于内政，实而备之；孙膑于马陵道伏击庞涓；李牧守雁门，久而不战，而实备之，战而大破匈奴。

【译文】

这是采用人为手段调动敌人的计策。兵书上说：“凡是先到战场等待敌人者，他就显得安逸而有精力；而后赶到阵地仓促应战者，必然显得疲

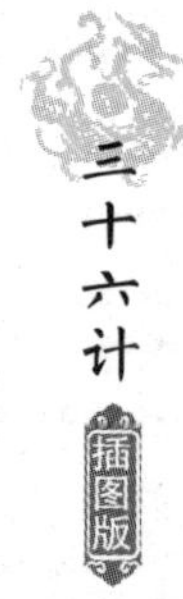

劳困顿，被动应战。因此，善于用兵的人，总是能够调动敌人而不为敌人所调动。”兵书讲的是战争中的劳逸形势，这里讨论的是如何挖掘主动权。并非仅仅指选好地形来等待敌人；而是泛指以简便控制繁难、以不变应万变、以小变应大变、以静制动、以小变动对待大的变动，抓住关键以控制周围局面。例如春秋时代，齐国的相国管仲，寓军事于内政，寓兵于民，这是“实而备之”的施政大战略，做到有备无患，以逸待劳；孙膑在马陵道伏击庞涓，是守株待兔，以逸待劳；战国时，赵国大将李牧戍守北方的雁门，备战已久而不轻起战端，他是在养精蓄锐，一旦奋起，便一战而大破匈奴。

【计谋精解】

以逸待劳，是指在敌方气焰高涨，或当我方已占据有利地势时，为了避开敌人的锋芒，增强自己的力量，首先主动采取守势，一边积极防御，一边养精蓄锐，并因势利导地控制敌人，调动其在预设的战场上四处奔命，待敌人疲惫不堪、锐气削减、敌我态势发生变化时，抓住战机迅速调动兵力，一举击败敌人。

此计强调：让敌方处于困难局面，不一定只用进攻之法。关键在于掌握主动权，待机而动，以不变应万变，以静对动，积极调动敌人，创造战机，不让敌人调动自己，而要努力牵着敌人的鼻子走。所以，不可把以逸待劳的“待”理解为消极被动地等待。在现代商战中，“以逸待劳”表现为一种以不变应万变，以小变对待大变的谋略。

以逸待劳之计可以理解为以下含义：

（一）积蓄力量等待时机。应清楚地认识到要攻击敌人，自己首先要有足够的力量，在自己的力量尚不足以击败敌人时，避免过早地同敌人直接交战，而应主动退守，抓紧时机，扩充力量，使我由弱变强。另外，时机不成熟时要善于等待时机，可以采取退避三舍、虚于应付、慢火煎鱼、故意拖延等办法与敌人巧妙周旋，时机一到，转守为攻，一鼓作气消灭敌人。时机不成熟不动如山岳，时机一到动如脱兔。

（二）与敌周旋以守为攻。在敌人力量比较强大，气势比较凶猛之时，为了减少不必要的牺牲，而采取调动敌人四处奔命的方法，使其体力疲惫，士气低落，进而削弱其力量。还应该清楚地认识到在战争中，有时防守是为了准备更大的进攻，有时防守本身就是一种特殊的进攻方式，这时的“不战”便是战，“战”便是不战。所谓“此时无声胜有声”。在特殊情况下，积极主动自守的不战策略，对敌人力量的消耗，斗志的消磨，甚至比打斗更有效。

应采取如下防范对策来应对以逸待劳之计：

（一）抢先进入战场，先入为主。赶在敌人前面进入战场，有充分的时间进行休整，进行战前准备，能全面熟悉环境，掌握战争的主动权，这是战争取胜的关键。

（二）以简驭繁，灵活应变。在战争中应舍掉不必要的行动，加强关键的程序；控制多余的消耗，把好钢用在刀刃上；以精干灵活的机动部队与庞大拖累的部队进行周旋。提纲挈领，纲举目张。此外还要灵活应变，以不变应变、以不动应动、以小变应大变。我们若以小动、小变来应付敌人的大动、大变，我们就会相对地付出较少的代价，而敌人就要付出较大的代价。

（三）削弱敌力，养精蓄锐。利用疲劳战术，削弱敌人的力量，使自己的力量相对增强，还要积极利用这个时机，暗中养精蓄锐，使自己的力量有绝对的增强，永占优势地位。

政治谋略

李绛不战收魏博

“以逸待劳”之计在政治领域的运用，主要是指以简易的方法驾驭纷繁复杂的局面，以不变应付变化，以小变应付大变，以静制动。

安史之乱以后，唐朝形成了藩镇割据的局面，许多手握兵权的节度使征伐自专，父死子继，目无朝廷。唐宪宗元和七年（812）七月，魏博节度使田季安精神失常，任意杀戮，导致军政废乱，其妻元氏召集诸将废掉了田季安，立年仅 11 岁的儿子田怀谏为副大使，接管军政；随后又命深得人心的

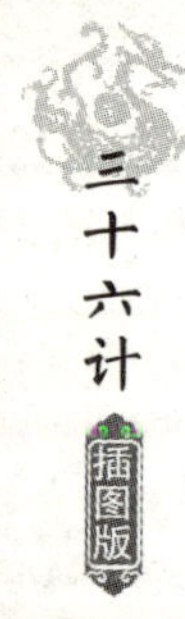

大将田兴担任步射都知兵马使，辅佐田怀谏。

宰相李吉甫因为元氏擅自封立子弟而请求唐宪宗发兵讨伐魏博，宰相李绛则提出了一个非常有远见的看法："臣观察两河藩镇，其驭将之策历来是分散兵权，使诸将势均力敌、相互制约；加之刑罚严苛，所以诸将互相猜忌，谁也不敢轻举妄动。此法虽善，但必须有一位严明主帅，局面方可控制，而今田怀谏只是一个乳臭未干的毛孩子，军政大权必定人人觊觎，诸将权力不均，必起内讧。其往日分兵之策，恰成今日祸乱之源！田氏最终不是被杀，就是被囚，何须朝廷出兵？再者，部将弑主自代，最为诸藩所恶，自代之将若不依附朝廷以求存，必为相邻诸藩碾为齑粉。故臣以为不必用兵，可坐待魏博自归。"

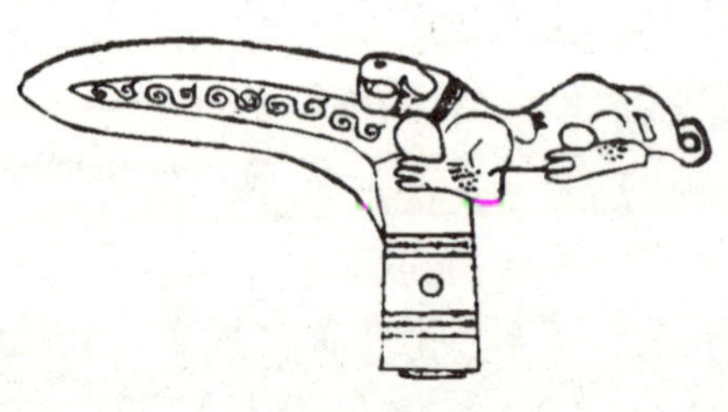

过了不久，田氏家奴蒋士则等人果然欺负田怀谏年幼无知，窃夺了军政大权。蒋士则小人得志，全凭个人好恶，肆意任免诸将，终于触犯众怒。诸将遂拥立田兴为留后（唐代节度使、观察使缺位时设置的代理职称），杀了蒋士则，将田怀谏迁出帅府。

随后，在李绛的一再坚持和催促下，唐宪宗降诏任命田兴为魏博节度使。原本惴惴不安的田兴简直可以说是受宠若惊，因为历来自立为留后的藩将运气最好的也不过是被朝廷追认而已。田兴万万没有料到，宪宗皇帝此番出手竟然如此阔绰，让他一步到位成了节度使！拜受诏命的那一刻，田兴千恩万谢、感激涕零，士兵们则欢声雷动。

数日后，李绛进一步向唐宪宗提出："魏博五十年不曾得到圣上的教化，一旦来归，如果不给予重赏，则无法收其军心，也不能使四邻羡慕。请从府库中拨付一百五十万贯钱赏赐给他们！"

宦官们忍不住跳了起来，纷纷对皇帝说：

“给得太多了！其他藩镇要是都学他们，还拿什么给？”宪宗也很心疼，于是把宦官们的意见告诉李绛。

李绛说：“田兴不贪图自己专有土地之利，也不怕四邻为患，归顺朝廷，陛下为何心疼这点小钱？假使国家出动十五万大军去攻打魏博六州，即使一年就可以收复，其所耗费的钱又何止这么多？”皇上一听，觉得很有道理，于是龙颜大悦，如数加以赏赐，并给魏博百姓免除了一年的赋税和徭役。军民受到赏赐，欢呼声震天。自此之后，魏博即被朝廷掌控了。

军事谋略

铁木真与札木合一决高低

铁木真成为蒙古各部的首领之后，招携怀远，举贤任能，势力一天天地强大起来。曾与铁木真结为盟友的札木合心怀不满，寻机要与铁木真一比高低。

铁木真的叔父拙赤居住在撒阿里川一带，他经常令部属到野外放牧马群。一次，他的一群马被人劫走，放马人急忙通报拙赤。拙赤极为愤怒，只身一人前去追赶。傍晚时分，拙赤追上劫马者，用箭把为首的那个人射倒，然后乘乱将马群赶回。

原来，拙赤射中的那个人正是札木合的弟弟。札木合闻讯悲恨交加，遂联合塔塔儿部、泰赤乌部等13部，合兵3万，杀奔铁木真的营地。

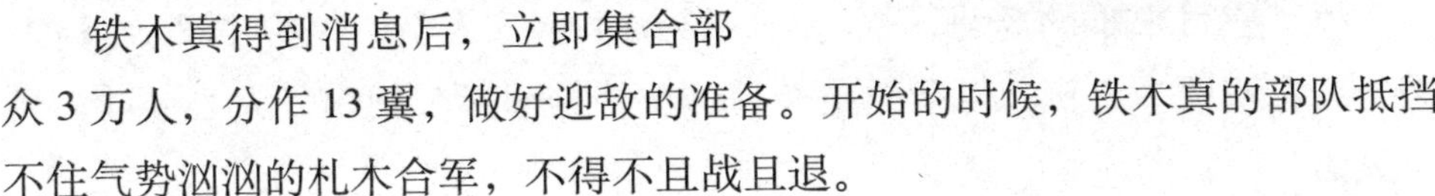

铁木真得到消息后，立即集合部众3万人，分作13翼，做好迎敌的准备。开始的时候，铁木真的部队抵挡不住气势汹汹的札木合军，不得不且战且退。

在军务会议上，博尔术对铁木真说：“敌军气焰方盛，意在速战速决，我军应以逸待劳，等敌军力衰之时再出击掩杀，定获全胜。”铁木真采纳了博尔术的意见，集众固守。札木合几次遣军进攻，都被铁木真的弓箭手一一射退。

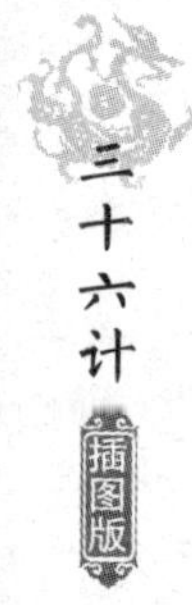

本来，草原兴兵，不带军粮，专靠沿途抢掠或猎获飞禽走兽。札木合远道而来，军粮渐少，又无从抢夺，士兵只得四处觅野物，整日不在军营当中。博尔术见敌军相率出游，东一队，西一群，势如散沙，立即入帐禀报铁木真。铁木真认为时机已到，遂命各部奋力杀出。

此时的札木合正在帐中休息，得知铁木真发动进攻，慌忙吹号角集合部队，可是他的士兵大多数出外捕猎，来不及归回。札木合手下的 12 个主将因敌不过排山倒海而来的铁木真军，纷纷落荒而逃。札木合见大势已去，骑快马从帐后逃走。已养足精力的铁木真军，像砍瓜切菜一样，将在帐营中的札木合部队数千人全部消灭。

这场战斗结束后，铁木真在蒙古草原的声威日振，附近的部落纷纷前来归附。

商战谋略

老福特的A型车重占上风

20 世纪 20 年代初是美国汽车工业全面起飞的时期。以廉价的 T 型车名扬美国的福特汽车公司却面临一次打击。当时各大汽车公司纷纷推出色彩鲜艳的流线型汽车，满足了消费者的不同喜好，销路大增。福特汽车公司生产的汽车却仍旧保持传统的黑色和外形，相形之下，显得单调而呆板，销路因而受阻。

面对这些强有力的挑战和危机，一些代理商和公司管理人员不断提出要求生产时髦汽车的建议，福特一概置之不理。

为了应付艰难的局势，福特公司裁减了部分人员，停掉了部分设备，甚至将夜班改为日班，以节约电费。这些措施引起公司内外人心浮动，风言风语。

一向了解与支持丈夫的福特夫人也因此大惑不解，对丈夫产生了疑问。

“这是我的‘锦囊妙计’，先不告诉你，等办妥了再说。”福特笑着回答夫人。

“但公司里怨声四起，会不会……”

“亲爱的，绝对不会。”福特信心十足地说：“你知道，我们公司的人，我按兵不动，他们一定猜出我另有安排。”

“好吧，我相信你。”深知丈夫倔强个性的夫人半信半疑地说。

过了一段时间，公司负责生产的主管也按捺不住了。

“请你们放心吧！”福特平静地说：“T 型车为我们第一次起飞立下了汗马功劳，在消费者心中早已留下了明确而深刻的印象，我们为什么要舍近求远，用别的花色和外形去混淆他们对福特车的印象呢？你看还能用别的什么办法使我们重占上风吗？”

“嗯，这……除此之外，我还是想不出别的办法。”

“难道把我们的 T 型车喷上花色，跟其他厂牌的流线型车相比？”

“说实在的，不管什么颜色，都不能和人家的流线型车相比。”

“既然如此，我们又何必多此一举？”

“除非我们有新款车种上市，否则外面就会谣传说我们快倒闭了。”

“让他们说好了，谣言越多对我们越有利，我们将一鸣惊人。”福特诡谲地一笑。

“你的意思是，我们公司正在设计一种新型车？我没弄错你的意思吧！”主管听出了福特的弦外之音。

“你错了。新型车不是正在设计，而是已在设计部门定型了。”福特安慰主管。“请原谅，你工作很忙，我不便拿此事来打扰你。”

“没什么。我关心的是，新型车是不是比别人的更新更好看？”

“除此之外，你忘了我们公司经营策略最重要的一点吗？”福特的微笑又神秘起来，“嗯，请告诉我，用废船钢再重炼的工作情况进展如何？”

“已顺利地炼成了各种牌号钢。”主管回答福特后仍紧钉住原来的问题。“但是我认为设计新颖、美观的车型比什么都重要。”

“你应该从价格方面去想，”福特忍不住大笑起来。“我们的新型车一定要比其他厂牌的车都便宜。废船钢重炼的成功，将为我们做到这一点提供有力的保证。”

这是老福特一生中最得意的杰作，购买废船拆卸后，将废船钢重炼汽车用钢材，此一创举大大降低了以钢材为主要原料的汽车成本，为即将推出的 A 型车奠定了胜利的基础。

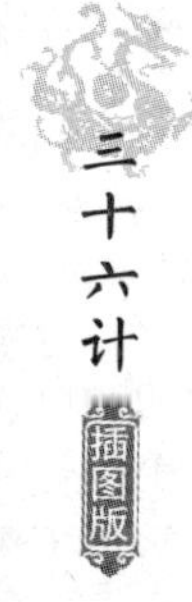

"对！我们的T型车不也是以价廉物美取胜的吗？"主管也兴奋起来。

"让别人去为颜色、外形绞尽脑汁吧，让他们认为这样就可以打垮我们吧，我们的A型车将和T型车一样，会再把他们远远地抛在后面！"

1927年年底，色彩华丽、典雅轻便，尤其是价格低廉的A型车上市了。A型车是以T型车为基础改进而成的，轻便大方、古朴典雅，使人感到既新颖又熟悉。不但追求时髦的年轻人喜欢，酷爱T型车的老顾客也能接受。高达六十英里的时速、低廉的价格更为其增添了巨大的吸引力。

A型车的上市，就如同老福特的预料一样，成就了福特公司业绩上的第二次起飞。福特公司由于T型车的开发，早已确定了它在美国汽车工业中的地位。

这次对各公司以色彩、外形为武器发起的挑战，福特并不直接应战，而是养精蓄锐，扬长避短，抓住品质、价格这两个关键作充分准备，一旦成熟，就使对手们由强转弱，由优变劣了。这就是老福特的"锦囊妙计"——以逸待劳。

第五计　趁火打劫

【原文】

敌之害大，就势取利，刚决柔也。

【译文】

敌人的内部矛盾尖锐，我方正好可以乘此有利时机出兵攻打他们，以取得决定性的胜利。这是从《周易》夬卦彖辞"刚决柔也"一语中悟出的道理。

【按语】

敌害在内，则劫其地；敌害在外，则劫其民；内外交害，则劫其国。如越王乘吴国内蟹稻不遗种而谋攻之，后卒乘吴北会诸侯于黄池之际，国内空虚，因而捣之，大获全胜。

【译文】

敌人遭遇内乱，就乘机占领其土地；敌人遭受外患，就乘机掠夺其民财；敌人内忧外患，就乘机占领其国家。例如：越王勾践乘吴国国内遭遇大旱灾，连螃蟹和稻谷的种子都没有的困境下，乘机策划进攻吴国。后来终于等到吴王夫差率领精锐部队北上到黄池与诸侯会盟，国内空虚的大好机会，大举进攻吴国，不费吹灰之力，大获全胜。

【计谋精解】

趁火打劫的原意是：趁人家家里失火，一片混乱，无暇自顾的时候，去抢人家的财物，乘人之危捞一把，这可是不道德的行为。此计用在军事上指的是：当敌方遇到麻烦或危难，因而穷于应付，自顾不暇的时候，也正是其防卫能力最弱的时候，要充分利用这个由敌人自己为我们提供的可乘之机，向敌人发起突然进攻，制服对手。《孙子・始计篇》云："乱而取之。"唐朝杜牧解释孙子此句说："敌有昏乱，可以乘而取之。"说的就是这个道理。

趁火打劫可以理解为以下含义：

（一）乘人之危，抱薪救火。在敌人发生危难之时，向敌人发起主动进攻，夺取利益，往往很容易获得成功，也可称为乘间取利，乘人之隙。对方后院"起火"，我方装出"救火"的姿态前去凑热闹，这样既不会被对方拒绝，也不会引起对方的注意。在"救火"过程中，我方便暗中捞取好处，或在暗角再点"新火"，再给他制造更多的困难，这样就可以轻易地把敌人置于死地。也可称为火上浇油或落井下石。

（二）助纣为虐，入伙分利。火是别人放的，别人在趁火打劫，这时我方乘机插手，助上一臂之力，事成之后，论功分肥。

当对方采取趁火打劫之计时，我们应采取如下防范对策：

（一）关好门户，不给敌人可乘之机。趁火打劫者一般都是乘隙取利，乘乱取利，如果我们关好门户，防止外人乘机进入，那样敌人也就找不到可乘之"隙"了；如果我们虽遇危难，仍然临危不乱，井然有序，敌人也就无可乘之"乱"了。敌人可乘之机就是我们"家里着火"。根除了"失火"的火源，使我们这里不发生火灾，那么，敌人就无可乘之机了，这是最根本的防范措施。

（二）重点防卫，一致对外，使敌人无利可图。遇到危难，损失是很难

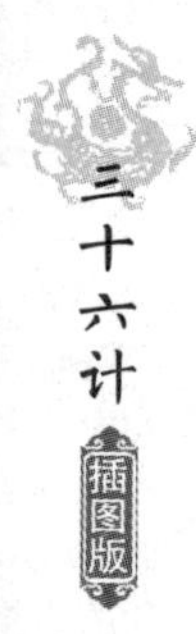

免的，但要尽量减少大的损失。如果敌人乘我们内乱之时来进攻的话，那么，自己内部发生矛盾的双方要清醒地认识到，“鹬蚌相争，渔人得利”的道理。立即捐弃前嫌，一致对外，这样才能对双方有利。

智慧典例　政治谋略

袁绍用计夺冀州

东汉末年，天下大乱，董卓挟天子以专权。关东诸侯共推渤海太守袁绍为盟主，联合起兵讨伐董卓。然而，讨董联军攻占洛阳后，各路诸侯便各怀鬼胎，迁延时日，不肯与董卓的军队交锋，以保存自己的实力。一场讨伐不了了之，各路军马纷纷散去。

当时，洛阳城几乎化为废墟，袁绍觉得在洛阳逗留无益，便于次年率军退屯河内（今河南武陟县西南），观望形势发展。渤海郡属冀州，因而袁绍在名义上应算冀州牧韩馥的部下，韩馥经常派人运送粮草接济袁绍。当时冀州民殷人盛，兵优粮足，袁绍于是和部下暗中算计起来。

初平二年（191），谋士逢纪向袁绍献计说：“大丈夫当纵横天下，怎能光靠人接济为生！冀州乃钱粮广盛之地，韩馥却是才庸智浅之人，将军何不取之！”

得到袁绍赞同后，逢纪进一步具体谋划说：“可暗中派人送信给北平太守公孙瓒，约其共攻冀州，平分其地。他必定欣然起兵攻冀州。面对公孙瓒的进攻，韩馥这样的无谋之辈肯定会请您协助守冀州。您便可趁势行事，冀州唾手可得。”

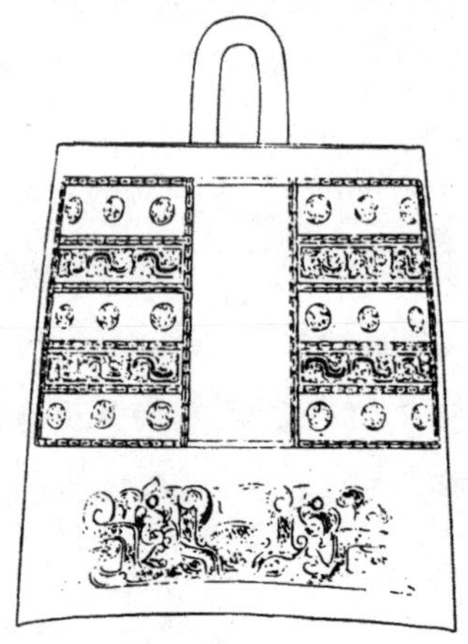

袁绍闻言大喜，随即写信给公孙瓒。公孙瓒应约发兵，打着讨董的旗号，实际上却杀奔冀州而来。袁绍接着又遣能言善辩之人，将公孙瓒发兵攻冀州的消息密报韩馥。韩馥大惊，忙召集谋士荀谌、辛评二人商议对策。荀谌说：“公孙瓒率领燕、代之众，长驱而来，锐不可当。今袁绍智谋过人，手下名将众多，将军可请其同治州事，公孙瓒自然不敢来犯。”韩馥认为有道理，便遣人去请袁绍。长史耿武谏曰：“袁绍孤客穷军，仰我鼻息，譬如婴儿在股掌之上，绝其乳哺立可饿死。怎能将州权委托给他？这等于引虎入羊群啊！”忠厚的韩馥答道：“我本是袁家先世的故吏，才能又不如袁绍，让贤是自古以来的美德，现在我决计请袁绍与我一同治理冀州，诸位不要再反对！”耿武等人见韩馥固执己见，不听忠告，只好叹息而出。

没过几日，袁绍应韩馥之邀率领大队人马来到冀州。忠于韩馥的耿武、闵纯不愿冀州落入袁绍之手，便伏于城外，欲刺杀袁绍，结果被袁绍大将颜良、文丑斩杀。袁绍入据冀州后，即以韩馥为奋威将军，并以自己的亲信部下田丰、沮授、许攸、逢纪分掌州事，架空韩馥，逐渐篡夺韩馥之权，终将冀州据为己有。至此，韩馥悔之已晚，只好弃下家小，只身投靠陈留太守张邈去了。

如果袁绍以武力夺取冀州，不仅要损失大量将士，而且会在道义上受到谴责。于是袁绍采纳逢纪的计策，故意给韩馥制造“危机”，继而乘人之危，趁火打劫，兵不血刃地占据了冀州。

军事谋略

沙俄乘虚而入恫迫清王朝割土

1840年鸦片战争之后，中国开始沦为受帝国主义侵略和掠夺的半封建、半殖民地社会。随着英国殖民主义者入侵得逞，1856年至1860年，英国联合法国又发动了第二次鸦片战争。昏庸腐朽的清王朝于1858年签订了丧权辱国的中英、中法《天津条约》。1860年，英、法再度出兵攻占舟山、大

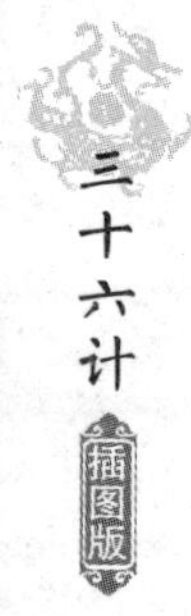

连、烟台，封锁渤海湾，继而又攻占塘沽、大沽、天津，并一度占领北京城，强迫清政府又新签订了《北京条约》，规定中国除允许外国公使驻京，准许内地自由传教，增辟牛庄、登州、台南、淡水、潮州、琼州、汉口、九江、南京、镇江、天津等通商口岸外，还改订了关税，割让九龙给英国，赔偿英、法军费白银各800万两。

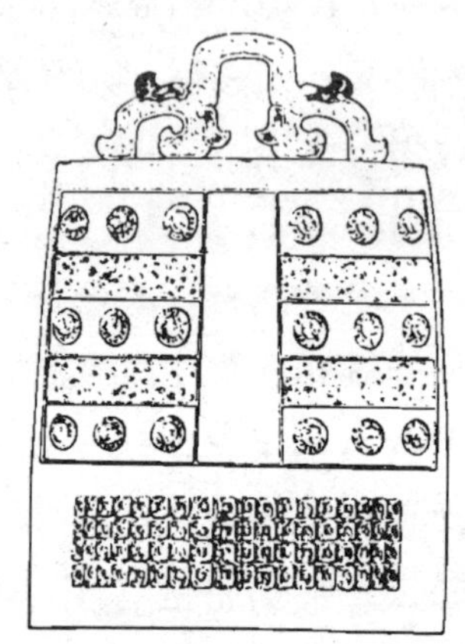

当时，清王朝正在对内用兵，大规模镇压太平天国运动，且屡屡失利，又遭到英、法等帝国主义野蛮入侵，处于内忧外患、捉襟见肘的危急时刻。其间，早已觊觎中国领土主权的沙皇便利用清王朝的昏庸腐朽和国内危机，特别是利用第二次鸦片战争的有利时机，乘虚而入，趁火打劫，采取一系列步骤，以实现其扩张主义的野心。

1858年5月28日，沙俄乘英、法进攻天津、威胁北京之时，东西伯利亚总督穆拉维约夫带兵从俄境出发，顺黑龙江而下，直抵瑷珲，造成兵临城下之势，用武力迫使清政府签订了《中俄瑷珲条约》，规定俄国割去黑龙江以北、外兴安岭以南60多万平方公里的中国领土，并把乌苏里江以东的中国领土划为中俄共管。

同年6月13日，沙俄又以“调停”第二次鸦片战争“有功”为名，诱使清王朝与之签订了《中俄天津条约》，规定向俄国增开上海、宁波、福州、厦门、广州、台南、琼州七个口岸通商，若他国再有在沿海增开口岸，准许俄国一律照办；俄国可以在中国各通商口岸设立领事馆，并派兵船在这些口岸停泊；允许俄国传教士入内地自由传教；中俄两国派员查勘“从前未经定明边界”（实际上是要借此侵占中国领土）；日后中国若给予其他国家以通商等特权，俄国一律享受。

1860年11月14日，沙俄再次利用英、法联军攻占北京的军事压力，强迫清政府与其签订《中俄北京条约》，将乌苏里江以东约40万平方公里的

中国领土，强行划归俄国；将巴尔喀什湖以东、以南和斋桑淖尔南北44万多平方公里的中国领土割让给俄国；开放喀什噶尔（今喀什市）为商埠；俄国在库伦（乌兰巴托）、喀什噶尔设领事馆。

就这样，在第二次鸦片战争期间，沙俄以武力恫吓与政治诱骗两种手段交互运用，趁火打劫，兵不血刃地侵占了中国上百万平方公里的领土，并得到与英法等帝国主义国家以武力侵华所得的同样多的各种特权。

商战谋略

微软收购诺基亚

2013年9月，IT界发生了一件引发全球关注的收购案，那就是微软公司收购了诺基亚的全部手机业务。昔日2G时代的手机霸主，如今已寄人篱下，这不知会引起多少人的叹息。

诺基亚是一家主要从事生产移动通信产品的跨国公司。自1996年以来，诺基亚手机连续14年占据世界市场份额第一。在2003至2006年全盛时期，诺基亚完成了击垮爱立信，收购西门子、摩托罗拉等巨头的经典战绩。2010年第二季度，诺基亚在移动终端市场的份额约为35.0%，领先当时其他手机市场占有率20.6%。在中国，诺基亚手机也是无人不知无人不晓，可以说，有手机的地方就有诺基亚。

然而，IT行业没有永远的王者。2010年，乔布斯的苹果帝国悄然崛起，并且在随后的几年里，迅速风靡全世界。而诺基亚手机由于其操作系统和功能、款式没有跟上用户的需求，被苹果手机迅速击败。如今，苹果产品在某些中国用户心中，已俨然成了身份和品位的象征。

就在同一时期，三星手机也开始崛起，并成为市场占有率第一的智能手机。诺基亚面对多重夹击，自然是奄奄一息，几乎快销声匿迹。

正是在这个背景下，作为IT巨头的微软公司，在诺基亚的市值几乎是上市以来最低谷的时候，以71.7亿美元的价格收购了诺基亚的全部手机业务。从此，微软可以使用3万项实用专利和专利申请，可以从诺基亚处获得8500项专利。此外，微软可以使用诺基亚的专利授权及第三方资源，包括

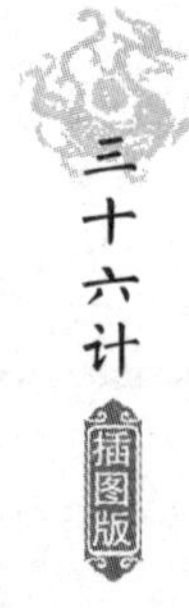

IBM、摩托罗拉等。微软可以将这些资源与此前同三星、苹果、LG的项目相结合，从而减少每部 Windows Phone 8 手机的专利费。

微软收购诺基亚，不仅可以获得无数专利，防范苹果和谷歌公司的挑战，还可以帮助微软巩固欧洲市场，并推动诺基亚在中国市场的逆袭。由此看来，这场收购，不像雪中送炭，更像趁火打劫。

第六计　声东击西

【原文】

敌志乱萃，不虞，坤下兑上之象。利其不自主而取之。

【译文】

敌人神志慌乱时，必然会出现意料不到的空隙，就像处于高山地面的沼泽，溃决之势已成，必须利用敌人这种不能自主地把握前进方向的时机，对敌人发起进攻。

【按语】

西汉，七国反，周亚夫坚壁不战。吴兵奔壁之东南陬，亚夫便备西北。已而，吴王精兵果攻西北，遂不得入。此敌志不乱，能自主也。汉末，朱隽围黄巾于宛，张围结垒，起土山以临城内，鸣鼓攻其西南，黄巾悉众赴之。隽自将精兵五千，掩其东北，遂乘虚而入。此敌志乱萃，不虞也。然则声东击西之策，须视敌志乱否为定。乱，则胜；不乱，将自取败亡。险策也。

【译文】

西汉景帝时，七国叛乱。周亚夫固守城堡，拒不出战。吴王刘濞带兵佯攻守城东南角，周亚夫识破了敌人声东击西的计谋，在西北方向加强防备，不久吴王刘濞的精兵果然进攻西北面，因而没有攻进。这是统帅的神志不乱，能够镇定自若、沉着应战的结果。西汉末年，朱隽包围了宛城（今南阳）的黄巾军。他在城外堆起一座土山观察城内形势；当他吹响鼓角，进攻西南角时，黄巾军立即集结到西南面进行抵抗，面对这种形势，朱隽亲自率领 5000 精兵，突然袭击城东北角，得以乘虚而攻入。这就是敌人神志慌乱，不能正确预料和判断战场形势的结果。因而运用声东击西的计策，必须观察敌人是否真能被迷惑而定。敌人慌乱无主时，运用这一计谋就能取胜；敌人不慌乱而有准备时，运用这一计谋将自取灭亡。因而，这是一个十分冒险的计谋。

【计谋精解】

声东击西说的是出奇制胜，其用意在于转移敌人的目标，使其疏于防范，然后再乘其不备，发动突然进攻。声东击西，是以制造假象、佯动误敌来伪装攻击方向的谋略。通过巧妙地制造假象，促使敌人的指挥意志发生混乱，我方乘机攻其不备，一举击败敌人。

此计的用法很多，一般在我方处于进攻态势的情况下使用。保证此计成功的关键是我方的企图和行动要绝对保密，这样才能时刻争取主动，否则只会陷于被动，无法实现自己的目标。

声东击西之计可以理解为以下含义：

（一）忽东忽西牵制敌人。就是指我方的进攻方向很不固定，忽而出东，忽而出西；一会儿在这，一会儿在那，把敌方弄得团团转，无法确定我方的主攻方向和真实意图，只好处处被动设防。时间一长必然只有招架之功，而无还手之力，我方即可利用时机大获全胜。

（二）即打即离迷惑敌人。就是指我方时而前来挑战，时而远远离开；敌方以为我方要打，我方却没有打；敌方以为我方不打，我方却突然发动袭击。弄得敌人摸不着头脑，无法做好战前准备，失败也就在所难免了。

（三）发动佯攻欺骗敌人。就是指我方故意向甲地发动佯攻，吸引敌人的注意力，等到敌人把兵力调到甲地时，我方突然在乙地发起猛攻。敌人知道上当时，为时已晚。

（四）避强击弱打击敌人。就是指在我方忽东忽西的进攻下，敌人无法正确布置主力。这样，我方就避开了敌之锋芒，乘机猛攻敌之薄弱环节，敌人无力应对，只好妥协，就范。

应采取如下防范对策来应对声东击西之计：

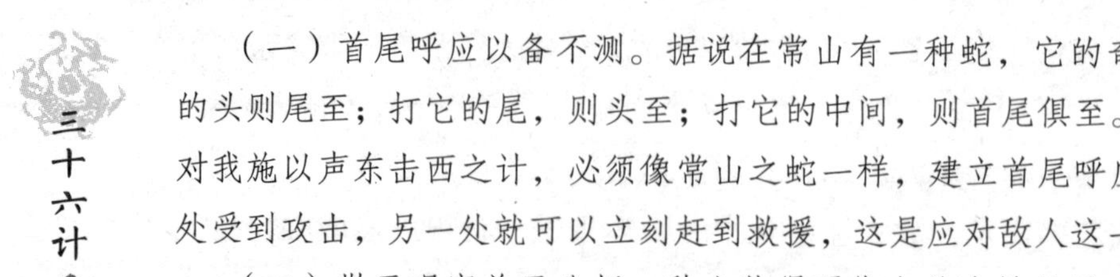

（一）首尾呼应以备不测。据说在常山有一种蛇，它的奇异之处是打它的头则尾至；打它的尾，则头至；打它的中间，则首尾俱至。为了防止敌人对我施以声东击西之计，必须像常山之蛇一样，建立首尾呼应之阵。这样一处受到攻击，另一处就可以立刻赶到救援，这是应对敌人这一阴谋的良方。

（二）勤于观察善于分析。敌人装得再像也总有蛛丝马迹会露出来，就看我们是不是勤于观察善于分析，如果是这样总是可以发现破绽的。

（三）换位思考以防被诈。我们要经常站在敌人的立场上进行思考，设想我是对方我会采取怎样的行动，然后看敌人的所作所为与自己所设想的是否相同，如果完全相悖，那么就应该防范敌人，以免被诈。

智慧典例　政治谋略

唐伯虎装疯卖癫巧脱身

唐朝书画家唐伯虎，与祝允明、徐祯卿、文徵明齐名，时人称之为“吴中四才子”。

关于他一生的风流韵事传说有很多，这位江南才子，不但善于周旋于红粉翠绣之间，而且能够在险恶的政治斗争中，运用计谋保全自己。

明孝宗弘治年间，宁王朱宸濠妄想起兵谋反，他特地在南昌城南建立了一座阳春书院，并且用重金到处招聘人才，打算发展自己的势力，为起兵篡位做准备。

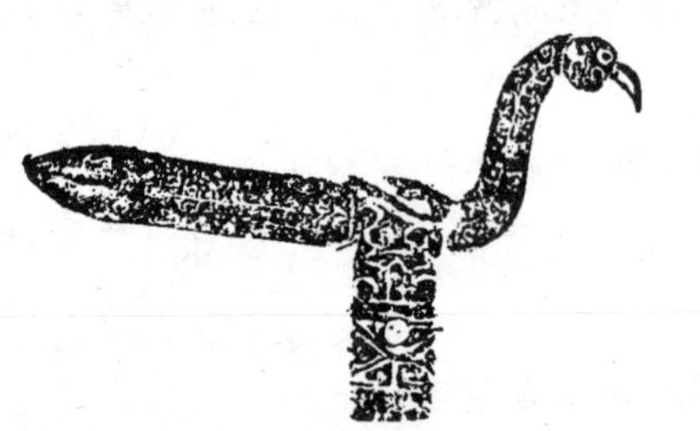

宁王久闻唐伯虎的才名，早想延揽到帐下为己所用，于是特地派人带重金到苏州去礼聘他。

唐伯虎不知是计，还以为宁王求贤若渴，当下应聘来到了宁王府。到南昌以后，朱宸濠对他倒也不错，处处以上宾礼节相待，并拨出一栋别墅让他居住。

唐伯虎在南昌住了半年以后，渐渐觉察出气氛有点不对味儿，因为和朱宸濠平时来往的都是些江湖义士，各方豪强，他们常常聚在一起密谋着什么。

唐伯虎看出他们心怀不轨，有意图谋反的迹象。他感到宁王府是个火坑，必须想方设法脱险，但怎样才能脱身呢？

唐伯虎想出了一条妙计，他效仿孙膑装疯卖痴起来。

宁王派人给他送来东西，他借酒撒泼，将东西全部打翻在地，并对前来侍候他的几个婢女大发淫威，又是暴打又是追逐，吓得婢女们谁也不敢靠近他。

宁王见他一会儿哭，一会儿笑，以为他是在装疯，就偕同王妃一起前去探个虚实。唐伯虎老远看他们来了，就脱光衣服赤身裸体地在那里跳舞。

朱宸濠恼羞成怒地说："谁说唐伯虎是一位贤士，我看他不过是一个疯子，色情狂而已！"立即下令把唐伯虎赶出宁王府，永不叙用。这样，唐伯虎平平安安地回到老家苏州去了。

事情果然不出唐伯虎所料，宁王起兵谋反，被巡抚王守仁镇压，将他的老巢南昌攻下，平定了叛乱。

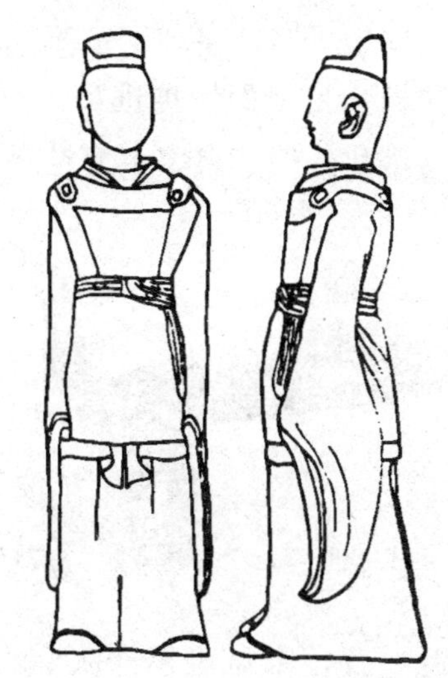

事发后，那些被他待为上宾的名士们，都被列为逆党诛杀，无一幸免。只有唐伯虎佯装癫狂脱身而去，所以才没有受到株连。他在苏城桃花坞筑室安居，终于安享天年。

唐伯虎是一位极为聪慧而有才能的人，他的一生，表面上狂放洒脱，放荡不羁，其实政治上的不得志和怀才不遇一直郁积在他的心底。在南昌目睹了宁王的所作所为以后，他很快判断宁王将有异志，于是巧妙地设计脱身，保全自己。他知道如果辞官回乡的话，宁王一定不会答应，弄不好还会怀疑自己，招来杀身之祸。于是借酒装傻，见东西就砸，见女人就追，采用这些表面上"声东"的假象，令宁王加倍反感，直至最终下了逐客令，达到了自己避免成为政治斗争牺牲品的"击西"目的。

班超示假于敌平莎车

东汉时期，班超出使西域，目的是团结西域诸国共同对抗匈奴。为了使西域诸国便于共同对抗匈奴，必须先打通南北通道。地处大漠西缘的莎车国煽动周边小国，归附匈奴，反对汉朝。班超决定首先平定莎车。莎车国王向北边的龟兹求援，龟兹王亲率5万人马，援救莎车。班超联合于阗等国，兵力只有两万五千人，敌众我寡，难以力克，必须智取。班超遂定下声东击西之计，迷惑敌人。他派人在军中散布对自己的不满言论，制造打不赢龟兹，有撤退的迹象，并且特别让莎车俘虏听得一清二楚。这天黄昏，班超命于阗大军向东撤退，自己率部向西撤退，表面上显得慌乱，故意让俘虏趁机脱逃，俘虏逃回莎车营中，急忙报告汉军慌忙撤退的消息。龟兹王大喜，误认班超惧怕自己而慌忙逃窜，想趁此机会，追杀班超。他立刻下令兵分两路，追击逃敌。他亲自率1万精兵向西追杀班超。班超胸有成竹，趁夜幕笼罩大漠，撤退仅10里地，部队即就地隐蔽。龟兹王求胜心切，率领追兵从班超隐蔽处飞驰而过。班超立即集合部队，与事先约定的东路人马，迅速回师，杀向莎车。班超的部队如从天而降，莎车猝不及防，迅速瓦解。莎车王惊魂未定，逃走不及，只得请降，龟兹王气势汹汹，追赶一夜，未见班超部队踪影，又听得莎车已被平定、人马伤亡惨重的报告，知道大势已去，只有收拾残部，悻悻然返回龟兹。

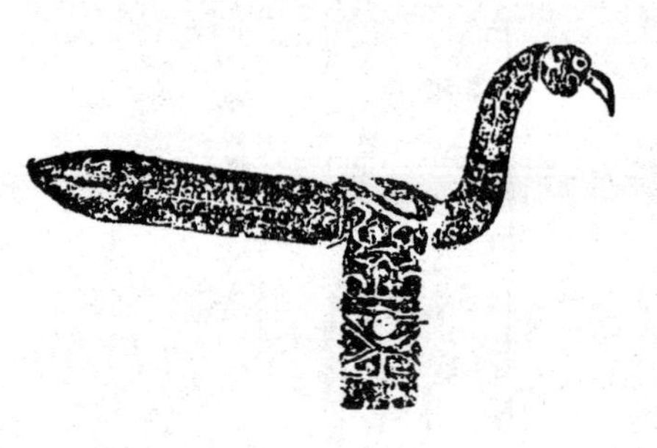

耿明妙计一战得双城

东汉时期，刘秀称帝之后，曾派建威将军耿明去讨伐张步。为了抵挡耿明，张步命令弟弟张蓝带精兵两万驻守西安，又派诸太守一万余人守临淄，两地相距不远，互成犄角之势。

耿明大军到后，发现西安城小而坚固，守城的兵将全是精锐，临淄为大城，守军松懈，很易攻破。

耿明心中有数，即命令全军攻打西安，攻打时间是第五天。张蓝听到消息后也日夜练兵，严加防卫。

第五天的半夜，耿明集合全军，命令攻打临淄。将士们皆吃一惊，不少人认为攻打西安早已准备，总比攻打临淄方便些，都想不通。耿明说："不然，西安守军已知我军前去进攻，日夜防安，自顾不暇，根本顾不上救别人；临淄军根本想不到我军能突然而至，防不胜防，不难攻破。我军先攻下临淄，致使西安孤立，隔断了西安与张步的联系，张蓝只得弃城而逃，可以一举两得。如果先打西安，一时攻城不下，会增加我军伤亡。其次，即使攻下西安，敌军张蓝会率兵退守临淄，两军会合，也不好对付。最后，我军深入敌境作战，不宜久战。拖上十几日，我军粮草会供应困难。"

众人猛醒，一个个争先恐后，要做打临淄的先锋。

果然，临淄并无准备，兵临城下，才如梦方醒，不到半天城池就被攻下。张蓝听说后，果然弃城而逃；耿明不费一兵一卒，又得一城。耿明"声东击西"一计，共得两城。

商战谋略

稻盛妙施奇招占市场

1962 年，京都窑业公司的稻盛和夫只身前往美国。此行的目的，并不是要开拓美国市场，而是为了打进日本本土的市场。

三年来，稻盛和松风工业公司的一名职员，共同创建经营京都窑业公

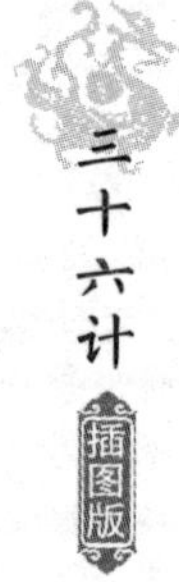

司，他们拼命工作，终于使公司业绩蒸蒸日上，这对一个不到 100 个职员的无名小公司来说，实在不是一件容易的事情。

唯一使他们烦恼的是，经常有一些款数大的订单，大得使他们不敢冒险轻易接受。因为超过正常的进度而大幅度扩充人才和工厂，反而容易造成人事与资金的状况恶化，甚至有倒闭的危险。

所以稻盛决定暂时不接这种大订单，而努力奔走推销公司的产品，积极说服各个厂商试用。但是，当时美国制品占有大半的市场，大的电器公司只信任美国的制品，根本不采用日本厂商生产的东西。面对这种局面，稻盛灵机一动，既然日本市场犹如铜墙铁壁般难以打入，不如以奇招取胜。这一招就是使京都窑业公司的制品变成美国产品。

他的做法就是使美国的电机工厂使用自己公司的产品，然后再输入到日本，以引起日本厂商的注意。届时，再来开拓日本市场就容易多了。

而美国厂商不同于日本的厂商，他们不拘泥于传统，崇尚合理及自由，不管卖方是谁，只要产品精良，经得起他们的测试，就可以采用。

话虽如此，但是想在美国推销产品也不是一件容易的事。稻盛从西海岸到东海岸，一家一家地拜访，访遍所有电机、电子制造厂商，却一再遭到失败，但稻盛并不气馁，终于在拜访数十家之后，碰到得克萨斯州的路缅公司。

这个公司为了生产阿波罗火箭的电阻器，正在找寻材料，经过非常严格的测试后，京都窑业的产品终于击败西德和美国许多有名大工厂的制品，而获得采用。

这是一个转折点，也正是稻盛所希望的。京都窑业公司的产品获得路缅公司的好评被采用后，许多美国的大厂商也陆续与他接触，采用了他们的产品，这一切终于使稻盛如愿以偿，将产品输出到美国，使它成为美国产品后再运回日本，就这样在旦夕之间打响了知名度，而获得日本厂商的信赖和承认。

产品欲进日本，先去美国，稻盛的这一记奇招，使得公司产品打入铜墙铁壁般的日本市场，这正是“声东击西”的最佳运用。

第二套　敌战计

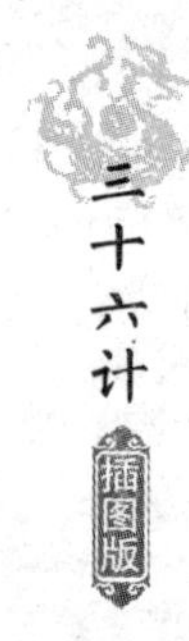
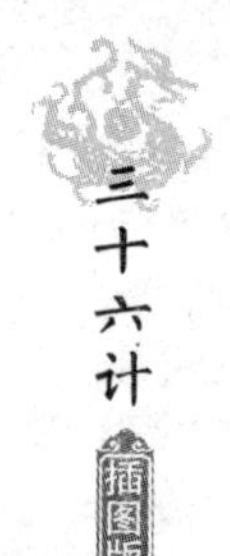

第七计　无中生有

【原文】

诳也，非诳也，实其所诳也。少阴，太阴，太阳。

【译文】

人为地制造假象迷惑敌人，但又并非完全是虚假的，在假象中又有真实行动。以假象来掩盖真实，给敌人造成错觉，并给以出其不意的攻击，最后把虚假态势发展至极端，巧妙地最终转化为真实，而不是弄假到底。

【按语】

无而示有，诳也。诳不可久而易觉，故无不可以终无。无中生有，则由诳而真、由虚而实矣，无不可以败敌，生有则败敌矣。如令狐潮围雍丘，张巡缚蒿为人千余，披黑衣，夜缒城下；潮兵争射之，得箭数十万。其后复夜缒人，潮兵笑，不设备；乃以死士五百砍潮营，焚垒幕，追奔十余里。

【译文】

没有，而装作有，就叫诳骗。诳骗不能长久使用，因为长久使用容易被对方发觉，所以空无不能长久空无。“无中生有”，就是把诳骗变成事实，由空虚变成实在。空无本身不可以战败敌人，只有人为地制造出虚假的实在，才可以战败敌人。例如：唐朝叛将令狐潮围困雍丘城，此城守将张巡扎束1000多个草人，并给它们穿上黑色的衣服，乘夜黑用绳索从城墙上往下吊；令狐潮的士兵争先恐后地用箭射击，因此张巡一夜之间获得几十万支箭。后来，张巡在黑夜把真人吊下城去，令狐潮的兵士看着好笑，以为又是草人，不再射击与提防；于是张巡乘机吊下五百名敢死队员，突然冲进令狐潮的军营，烧毁营棚帐篷无数，并且把令狐潮的军队一直追杀了十多里远。

【计谋精解】

无中生有，就是真真假假，虚虚实实，真中有假，假中有真，以假乱真，以真代假。虚实互交，扰乱敌人，使敌方造成判断出错，行动失误。“无”是假的现象，目的就是掩盖真的意图。无中生有的妙处在于使敌人防不胜防，其关键在于掌握敌人的心理。

此计可分三步走：第一步，示敌以假，让敌人误以为真；第二步，让敌方识破我方之假，掉以轻心；第三步，我方变假为真，让敌方仍误以为假。这样，敌方思想已被扰乱，主动权就被我方掌握。使用此计有两点应予注意：第一，敌方指挥官性格多疑，过于谨慎的，此计特易奏效。第二，要抓住敌方思想已乱，迷惑不解之机，迅速变虚为实，变假为真，变无为有，出其不意地攻击敌方。

无中生有之计谋可以理解为以下两种含义：

（一）凭空捏造事实，处处散布谣言，把本来不存在的东西说成存在的，把死的说成活的。使对方发生思想混乱，其目的是乘机消灭敌人，获取利益。

（二）以假乱真，把假的东西装扮成真的，最后再把假的巧妙地转换成真的。以此来迷惑敌人，使敌人掉以轻心，乘机打败对方。

应采取以下防范措施来应对敌人的无中生有之计：

（一）不轻易相信敌人的言行。有时敌人的言行是虚假的，他们为了实现自己的企图向我们展示的是虚假的一面，所以我们不可轻易相信他们。我们应该勤于观察和思考，必要时还要作深入的分析和判断，及时拆穿敌人的阴谋。

（二）要提高警惕。对敌人的一言一行都要深入思考，对其反复做的事，尤其应加以提防，特别是敌人被我们拆穿的假象又一再出现，我们更应该提高警惕。因为阴谋往往就隐藏在这些假象背后。

（三）抵制流言蜚语。敌人施用无中生有的一种常用形式就是散布流言蜚语，面对流言蜚语，我们应该冷静地分析，及时地抵制，这样敌人的阴谋就会不攻自破。

智慧典例

政治谋略

孔明妙计促使周曹决战

曹操大军来犯江南，东吴多数文臣主张降曹求和，武将则主张坚决抵抗，吴主孙权犹豫不决。孙权的兄长孙策临终遗言：“外事不决问周瑜。”孙权遣使召周瑜议事，是战是和全由周瑜决定。

这时，诸葛亮来到东吴，他此行的目的是联合东吴抗曹，因为一旦东吴投降曹操，曹操很快就可以凭借自己的实力一统天下，刘备匡扶汉室的夙愿就化为泡影了，所以他此行的责任重大。

起初，诸葛亮想利用鲁肃去说服周瑜共同抗曹，但周瑜说他不愿与曹操作对，他说：“曹操以天子为名，其师不可拒。且其势大，未可轻敌。战则必败，降则易安。”

鲁肃听后愕然，说：“君言差矣！江东基业，已历三世，岂可弃于他人？将军奈何亦从懦夫之议呢？”周瑜回答：“江东六郡，若罹兵革之祸，必有归怨于我，故决计请降耳。”

鲁肃说：“不然。以将军之英雄，东吴之险固，操未必便能得志也。”

两人互相争持不下，诸葛亮只是袖手冷笑。周瑜问之，诸葛亮答道：“亮不笑别人，只笑子敬不识时务耳。”

鲁肃说：“先生如何笑我不识时务？”

诸葛亮答：“公瑾主意欲降操，甚为合理。”

周瑜说：“孔明乃识时务之士，必与吾有同心。”

鲁肃说：“孔明，你也如何说此？”

诸葛亮说：“将军决计降曹，可以保住妻子，可以保全富贵……”

鲁肃大怒：“汝教吾主屈膝受辱于国贼乎！”

诸葛亮说：“愚有一计：并不劳牵羊担酒，纳士献印；亦不须亲自渡江，只须遣一介之使，扁舟送两个人到江上。操一得此两人，百万之众，皆卸甲卷旗而退矣。”

周瑜忙问：“用何二人，可退操兵？”诸葛亮说：“江东去此二人，如大木飘一叶，太仓减一粟耳；而操得之，必大喜而去。”

周瑜急着追问：“需用何二人？”

诸葛亮说：“居隆中时，即闻操于漳河新造一台，名曰铜雀，极其壮丽；广选天下美女以实其中。操本好色之徒，闻江东乔公有二女，长曰大乔，次曰小乔，有沉鱼落雁之容，闭月羞花之貌。操曾发誓曰：‘吾一愿扫平四海，以成帝业；一愿得江东二乔，置之铜雀台，以乐晚年，虽死无恨矣。’今虽引百万之众，虎视江南，其实为此二女也。将军何不去寻乔公，以重金买此二女，差人与曹操，操得二女，称心满意，必班师矣。将军为何不速为之？”

周瑜问：“操欲得二乔，有何证验？”

诸葛亮说：“曹操幼子曹植，字子建，下笔成文。操曾命作一赋，名曰《铜雀台赋》。赋中之意单道他家合为天子，誓取二乔。吾爱其文华美，曾窃记之。”

周瑜道：“试请一诵。”

诸葛亮即时朗诵《铜雀台赋》，诗文很长，其中表现了曹操统一天下后意气风发及登铜雀台愉悦之情。诸葛亮背诵道：“……立双台于左右兮，有玉龙与金凤，揽‘二乔’于东南兮，乐朝夕之与共……”特别加强了声调。

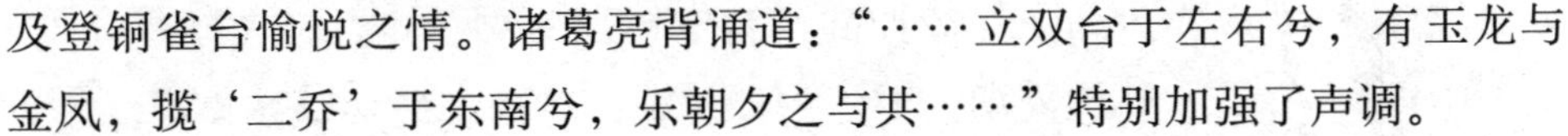

周瑜听罢，勃然大怒，离座指北大骂：“老贼欺吾太甚！”

诸葛亮急忙起身劝止道：“昔单于屡侵疆界，汉天子许以公主和亲，今何惜民间二女乎？”

周瑜道：“公有所不知：大乔是孙伯符将军主妇，小乔乃瑜之妻也。”

诸葛亮佯作惶恐的样子，说：“亮实不知。失口乱言，死罪，死罪！”

周瑜发狠道：“吾与贼势不两立！”

事实上，曹操是造了一座“铜雀台”，而诸葛亮所诵《铜雀台赋》中

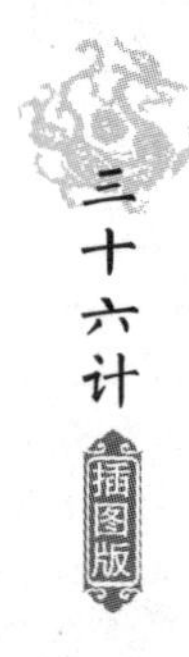

“二乔”原文实际是“二桥”，指的是铜雀台中的两座桥。诸葛亮巧妙地借用两字的谐音而加以曲解，作曹操想夺取孙策和周瑜夫人之佐证，其实他自然也知道“二乔”究竟是何许人。他用此无中生有策略激怒周瑜，绕了圈子达到了此行的目的：促使周瑜下定决心与曹操决战。

军事谋略

度尚无中生有焚营振军心

汉恒帝时，长沙零陵等地叛贼四起，后渐被平息，余贼卜阳、潘鸿等逃进深山潜伏，避实就虚地四出劫掠，蹂躏居民，并与其他残贼勾结，声势颇大。

荆州刺史度尚颇有胆略，招募本地的蛮夷少数民族悍夫，悬赏进讨，大破贼众，连平三寨，获得珍宝无数。卜、潘二贼，仍逃窜出谷间，据险固守，羽党犹盛。

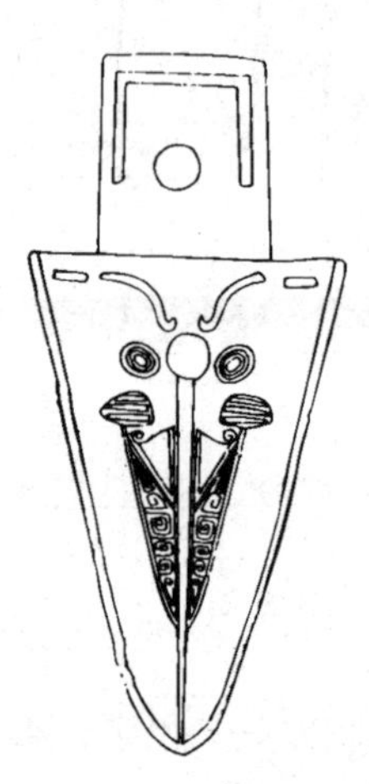

度尚正一鼓作气，乘胜追剿，可是此时的军士都已掳得金银珠宝，毫无斗志了。度尚见此情况，乃想出了一个办法，当众扬言说：“卜阳潘鸿，为多年积贼，能战能守，现退据险地，未易驱除。我等军士经过几场剧烈战斗，已相当疲劳，和贼匪相较，还是彼众我寡，一时不便轻进，我正征调各地兵马到来，并力围击，方可成功。在此期间，各军可以多多休息，还要随时习劳，勤练武功，上山去打打猎，等到各地兵马齐集了，才大举进剿，岂不一劳永逸！”

各军士闻言，无不喜悦，当即成群结队，四出游猎，每天捕获禽兽无数，充入庖厨，以供大嚼，可谓天天牙祭，晚晚消夜。因此群情踊跃，倾营而出，四处弋射。

有一天，度尚趁营内无人，密派亲信，潜至各营放火，顷刻间，全营付之一炬。黄昏时，众军士猎罢回营，无不惊心触目，叫苦连天，几座营盘化为灰烬，每人平日获得的珍珠财宝被烧得一干二净。大家正在涕泪交流，自悔自恨的时候，度尚闻报亲来慰问，故意顿足说："贼人如此可恶，竟敢乘机烧营，本官一时疏忽，定不辞其咎，血债要血偿，此次损失，向贼匪算账去。"最后，他再安慰军士："卜、潘二贼所劫获之财货，足当数世，其金银珠宝堆积如山，只要我们奋力一战，便可全部取来，此次损失还是区区之数，不足介意，明天出发进剿便是了，保证马到成功，亦保证各人有更大收获！大家意见怎样？"

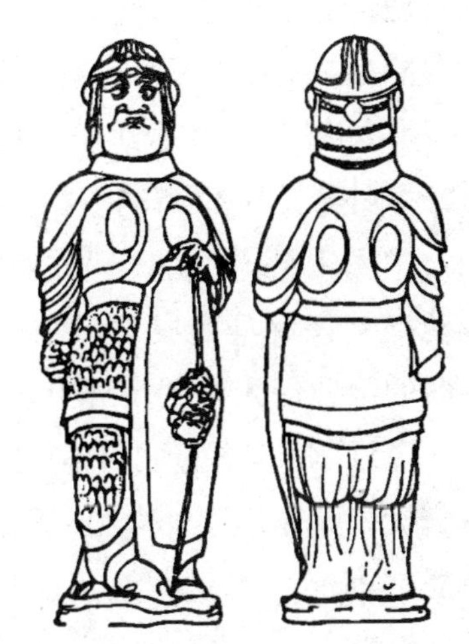

各人皆大声应道："谨听遵命！"

度尚立即厉兵秣马，天刚亮就出发，飞驰抵贼寨，众贼毫无防备，被官兵如削瓜切菜一样，卜、潘二贼被乱刀杀死。因此荆州之匪乱，迅即平息。

商战谋略

"椰菜娃娃"迎合顾客心理招人爱

1984年圣诞节前夕，美国很多玩具商店前通宵达旦地排起了长龙，是什么东西如此吸引顾客，让他们冒着严寒耐心等待？原来，排长队的顾客每人心中有一个美好的愿望："领养"一个身长40多厘米的"椰菜娃娃"回家过圣诞节。

"椰菜娃娃"是一种独具风貌、富有魅力的玩具，它是美国奥尔康公司总经理泽维尔·罗伯茨创造的。通过市场调研，泽维尔·罗伯茨了解到，欧美玩具市场的需求正由"电子型"、"益智型"转向"温情型"，他当机立断，设计了别具一格的"椰菜娃娃"玩具。与以往的洋娃娃不同，以先进电脑技术设计出来的"椰菜娃娃"千人千面，有着不同的发型、发色、容貌，不同的鞋袜、服装、饰物，这就满足了人们对个性化商品的要求。

更为特别的是奥尔康公司每生产一个娃娃，都要在娃娃身上附有出生

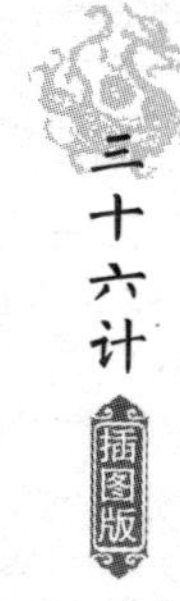

证、姓名、手印、脚印，臂部还盖有“接生人员”的印章。顾客购买时，要庄严地签署“领养证”，以确立“养子与养父母”关系。这大受顾客的欢迎。

除此之外，“椰菜娃娃”的成功，还有其深刻的社会原因。离婚给儿童造成心灵创伤，得不到子女抚养权的一方失去感情的寄托，而“椰菜娃娃”正好填补了这个感情的空白。这使它不仅受到儿童们的欢迎，而且也在成年妇女中畅销。泽维尔·罗伯茨抓住了人们这一购买心理大做文章，他别出心裁地把销售玩具变成了“领养娃娃”，把“椰菜娃娃”变成了人们心目中有生命的婴儿，人们的情感有了寄托，精神得到了慰藉。

泽维尔·罗伯茨并不满足于现状，他巧借东风，经过对顾客心理与需求的分析，又作出了一个创造性的决定：“配套成龙”——销售与“椰菜娃娃”相关的商品，包括娃娃用的床单、尿布、推车、背包，各种玩具，应有尽有，依然深受人们的青睐。

“领养”“椰菜娃娃”的销售地区已扩大到英国、日本和中国香港等国家与地区。泽维尔·罗伯茨正考虑试制不同肤色及特征的“椰菜娃娃”，以让它走遍世界各国，保持奥尔康公司在玩具市场上首屈一指的地位。奥尔康公司靠发挥自己神奇的想象力，利用人们的心理特点，虚构了惹人喜爱的“椰菜娃娃”。当“椰菜娃娃”成了摇钱树后，它又引发了一系列相关产品的诞生。“无中生有”，使得奥尔康公司呈现出了旺盛的生机。

第八计　暗度陈仓

【原文】

示之以动，利其静而有主，益动而巽。

【译文】

故意公开显示佯攻行为，利用敌人已决定固守的大好时机，暗中迂回到敌后进行偷袭，乘虚而入，出奇制胜。

【按语】

奇出于正，无正则不能出奇。不明修栈道，则不能暗度（原文为“渡”）陈仓。昔邓艾屯白水之北；姜维遣廖化屯白水之南，而结营焉。艾谓诸将曰：“维令卒还，吾军少，法当来渡，而不作桥，此维使化持我，令不得还。必自东袭取洮城矣。”艾即夜潜军，径到洮城，维果来渡。而艾先至，据城，得以不破。此则是姜维不善用暗度陈仓之计；而邓艾察知其声东击西之谋也。

【译文】

出奇制胜的用兵之法，来源于正常的用兵原则。假若没有正常的用兵原则，也就没有出奇制胜的用兵之法了。推而言之，如果不去佯修栈道，也就暗度不了陈仓。三国时，邓艾驻军白水的北岸；姜维则派遣廖化在白水的南岸安营扎寨。邓艾对他的几位将领说：“姜维突然将他的军队开回去了。我们的部队人数少，按常理他应该不等架桥就急速过江来进攻我们。而现在我看他们不急不动，这肯定是姜维利用廖化想把我们拖住，使我们离开不得。姜维他自己必定率领大部队向东袭取洮城了。”于是邓艾急速带领部队连夜暗中从小路回军洮城。不出他所料，姜维果然正在那里渡河。由于邓艾领兵抢先一步赶到，全力拒守，洮城才没有被姜维攻破。这是姜维不善于运用“暗度陈仓”之计，而邓艾则识破了他“声东击西”的计谋的战例。

【计谋精解】

暗度陈仓，就是指采取正面佯攻，当敌军被我牵制而集结固守时，我军悄悄派出一支部队迂回到敌后，乘虚而入，进行决定性的突袭。也就是说，它是以正面佯攻、迷惑敌人的手段，来伪装攻击路线或突破点的谋略。

此计与声东击西计有相似之处，都有迷惑人、隐蔽进攻的作用。但暗度陈仓之计的使用更复杂，它特指在双方对峙时，故意树立假目标，明示自己的企图，吸引对方的注意力，而暗中另作新的进攻计划，攻其不备获取胜利。

此计谋应用于商战，引申为：故意暴露自己的行动，用以迷惑麻痹竞争对手或以此吸引顾客，然后暗中准备行动，战胜对手或赢得顾客。

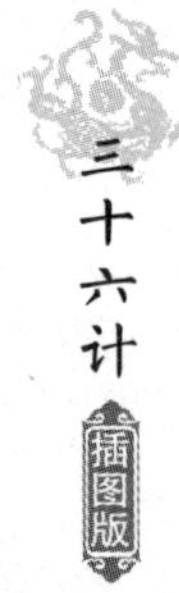

暗度陈仓之计，可以理解为以下三种含义：

（一）迂回进攻。修好栈道之后，全军通过栈道进攻敌人是一条直而近的路，但是修好栈道需要一定的时间，同时在栈道的另一边，敌人已派重兵防守，很难一下攻破。而绕道陈仓虽然多走一些路，但一则可以使行动立即付诸实施，一则可绕过敌人的防御线，这样时间快，阻力小，比出兵栈道效果更好。

（二）一明一暗，以明隐暗。这是一种偷袭战术：一明一暗两套办法同时使用，明的一套大张旗鼓，让敌人知道；暗的一套，“藏于九地之下”，敌人无法发现。明的一套为假，暗的一套为真；用明的一套来掩盖暗的一套，暗的一套才能得以顺利实施。

（三）以正隐奇，出奇制胜。打仗作战，一般都是以正兵当敌，以奇兵取胜。本计就是让敌人错误地认为我们是在按常规的战法作战，而实际我们是在暗中使用奇兵，出奇制胜。公开使用的战法常规，是为了掩护机变灵活的非一般战法。

对暗度陈仓之计，应采取如下防范对策：

（一）布成圆阵以应付各方来敌。《孙子兵法》中有这样一句话：“浑浑沌沌，形圆而不可败也。”意思是说在浑沌不清的情况下打仗，必须把队伍部署得四面八方都能应付自如，使敌无隙可乘，无法战败我们。在任何情况下，都不可摆出只能应付一种情况的阵势，这样的临战状态，必然失败，因为战场上的情况是多变的。如果布成圆阵，既可对付栈道方面来的敌人，也可对付陈仓方面来的敌人。这样，无论在什么情况下，我们都能应付自如。

（二）勤于观察，及早防备。要勤于多方收集情报，观察敌人的近期情况及动向，尽早发现向陈仓移动的部队，并尽早加以防备，使敌人偷袭的企图毁于一旦。

（三）堵死“陈仓”之路。如果我们能赶在敌人到来之前发现“陈仓”之路并立刻堵死它，那么敌人就会无路可走，陷入僵局。

陈宧袖藏三策诡计多端

陈宧字二庵，湖北安陆人。北洋武备学堂出身。曾随锡良在四川、云南办讲武堂。锡良任东三省总督时，陈任第二十镇统制。袁世凯窃国后，陈宧任参谋部次长，成了袁的心腹。

陈宧每有要事，就写出左、中、右三策，每策有具体提纲，并加以说明，左策藏在左袖中，右策藏在右袖中，中策置于靴筒内。每当袁世凯征询时，他总是先洗耳恭听，不露声色，尽心窥测袁的心意。当得知袁世凯的确切想法之后，就拿出与此想法相符的一策奉上，谦卑地说："诚惶诚恐，学生已写出成策在此，敬请恩师纵览。"

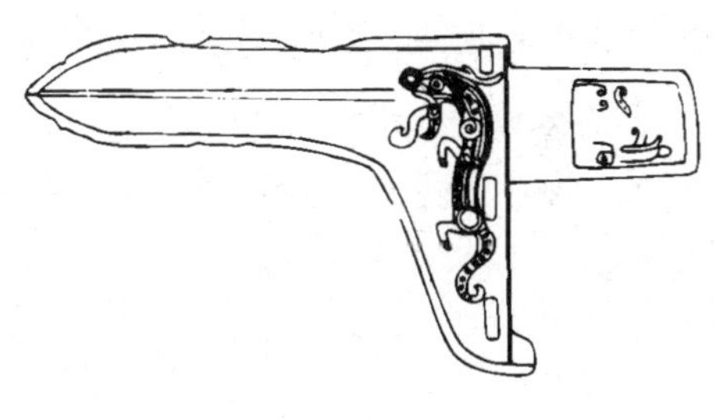

陈宧以三策相机应对，几乎百发百中，每次都使袁世凯惊叹不已，连连称赞："英雄所见略同，所见略同。二庵所见，实合我心！"

陈宧曾向袁世凯献计收买黎元洪，然后断绝黎元洪与革命者的联系，逼黎倒向袁世凯，然后再强迫他入京的计谋，被袁采用，并取得成效。

陈宧用种种手法，得到袁的信任，袁叫"太子"袁克定与陈结为兄弟，袁认陈宧为干儿子。袁世凯认为陈宧才华过人，为"天下奇才"、"足堪大用"。

1915 年，袁世凯命陈宧入川，督办四川军务。临行，陈宧两眼泪汪汪，长跪不起，他知袁要称帝，想借此表明心迹。陈宧说："欲求中国振兴，非复帝制不可。"

此话正中袁世凯下怀，袁听了心里舒畅得

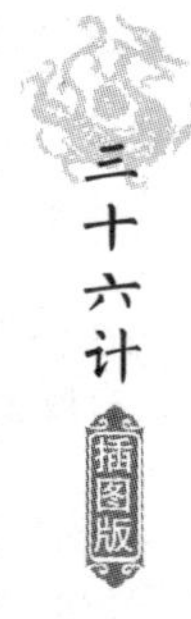

很。但是，袁世凯仍一本正经地表示，自己立志共和，绝无称帝之心！如再胡言乱语，他将“愤然离去”。

陈宧最了解袁世凯的心思，因而顿首不起，也顾不得卫生，一口将袁世凯的靴头狠狠咬住，死死不放，表示“父亲如不答应称帝，孩儿将长咬不放！”

袁世凯深感陈宧忠心可嘉，沉吟道：“儿此等忠心，为父焉有不纳之理？为父再认真考虑此事！”

陈宧善于奉迎，工于心计，为了讨好袁世凯，获得其信任，不惜用各种手段明修其对袁的忠心之“栈道”，实则是在为暗度自己升官加职之“陈仓”。袁世凯每次咨询政要，陈宧都要察言观色，绞尽脑汁，揣测袁世凯的意图，至于是否正确，有无问题，则是一概不管。只要是袁世凯的想法，他就投其所好，曲意逢迎。靠此奸谋，最终当上了参谋总长。

军事谋略

艾森豪威尔导演“尼普顿”登陆

1944 年 6 月 5 日晚，盟军取名为“尼普顿”的登陆行动开始了。这是盟军总司令艾森豪威尔所导演的一出以假乱真的“登陆”戏。在加莱·康坦丁半岛方向上，成千艘装着角反射器的模拟舰艇，拖着涂铝的气球迅速驶来，向着加莱·康坦丁编队而行。模拟舰艇的上空，几十架飞机投撒了大量箔片，这些箔片在两三千米的高空徐徐飘浮，久久不散。这一切，显示在德军雷达荧光屏上，即大批飞机和舰队正铺天盖海地向加莱一带海岸接近。电离层中到处是盟军地面人员在和飞行机组之间的无线电联络信号，谈论着某项大规模战役的行动情况。所有的迹象都表明，盟军将在加莱半岛登陆。

但是这一切都不过是一种欺骗，是瞒天过海、暗度陈仓的现代翻版。令人叫绝的是，德军最高统帅部居然相信是真的，大量的德国海军舰船向着加

莱驶去。与此同时，盟军的真正登陆地点诺曼底方向，5000多艘舰船在数十架电子干扰飞机的掩护下，正朝着既定的登陆海滩开进。

6月6日早晨6点30分，盟军第一支海运部队——美军第四步兵师几乎未遭阻击就在犹他海滩登了陆。三个半小时后，该师仍未遇到德军密集的炮火，也未遇到德军任何反击行动。水陆两栖坦克和大炮安然到达岸上。尽管其他几个登陆点进展并不顺利，但经过激烈的抗争，是日晚终于占领了全部的海滩区。沙滩上的部队，已经超过了50万人，但滑稽的是，希特勒仍然相信，诺曼底的战斗不过是敌人的牵制行动。可是就在奥马哈海滩区激战时，德军冯·伦斯德元帅就曾决定，不管诺曼底是否佯攻，都必须坚决击退。他本来有两个装甲师很快就可以机动过来，但当他准备下命令时，想起希特勒保留了对这两个师的调遣权，而此时元首正在酣睡，他的参谋们拒绝惊动他。当他从睡梦中醒过来，又上了美国假情报的当，坚信巴顿集团军将会在加莱半岛登陆，于是仍然保留着这支部队，以对付所谓更大规模的“加莱登陆”。艾森豪威尔以成功的隐真示假、暗度陈仓之计，终于酿就了希特勒的千古遗憾!

商战谋略

特纳变“三分天下”为“四分天下”

众所周知，电视对于人们的生活是何等的至关重要。因此，电视网络自然是商业巨子们激烈竞争的又一舞台。

在美国有着“三分天下”之称的美国广播公司、全国广播公司和哥伦比亚广播公司这三大公司在电视广播界形成垄断，并相互达成默契，通力合作，一致对外，压制其他竞争者踏入这一领域。面对如此紧紧联合的三大巨头，似乎任何人的挑战都无足轻重。

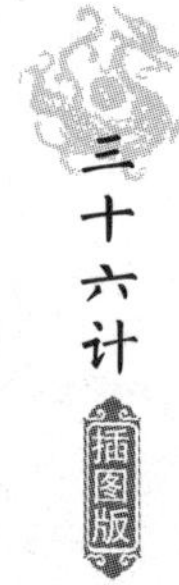

美国泰德·特纳广播公司是一家小公司，在亚特兰大拥有一个小型超高频电视台，通过 17 频道播送电视节目。但它的信号非常微弱，有时甚至在亚特兰大也接收不到。

特纳不久前发现，广播电视领域中还有一片尚未被三大公司控制的绿地，那就是电缆电视台。

特纳深知，以他目前的力量和三大公司挑战必会碰得头破血流，在那个战场上，他几乎连招架的力气都没有。

他为自己制定了“暗度陈仓”的进攻策略，以求出奇制胜。一方面要给对手造成一种假象和错觉：特纳公司实力弱小，只能在不起眼的行当里维持生存，不敢涉足三大公司垄断的行业，使三大公司无视它的存在。另一方面则要不动声色地积蓄力量和资金，要知道，维持一家大型电视台的费用几乎是一个天文数字。

特纳信心十足，开始朝他的目标迈进了。

他找到了一件“外衣”把自己包裹起来：亚特兰大电视台，公开的经营方针是不涉足新闻制作，只传递生活娱乐节目。

这个策略意味着亚特兰大电视台的地位很低下，经济实力也很弱小，更无意与谁一决雌雄。

在美国，区域性的小型电视台有很多，多数也都采用这种办法保护自己，至于三大广播公司，则认为只要牢牢把握新闻制作的权威便完全无后顾之忧。经营那些小型娱乐节目不过是小打小闹，成不了大气候。

特纳的亚特兰大电视台，既然不过如此，那么有谁会对它格外注意呢？三大广播公司的巨头忙得很，这件不值得注意的小事还排不上他们的日程表。

1973 年，亚特兰大市举行勇士棒球赛，特纳以高价买到了棒球赛的转播权。

棒球赛拥有无数的球迷观众，很受欢迎。这一次，亚特兰大人只好将电视机调到 17 频道上，当地的广告商也第一次发现不应轻视这家电视台，对于特纳来说，获得转播权付出的代价是高昂的 50 多万美元，为了租用卫星的脉冲转换器使 17 频道的信号能覆盖全美，还要付出 100 万美元的租金。两项相加，特纳几乎不堪重负。

但特纳醉翁之意不在酒，他是要以棒球赛为契机，建立起电缆系统的亚特兰大勇士网络，开发和占据这一片颇有潜力的空白地带。为了资金，他把手伸向了电缆经营者的口袋，因为无线电视台通过电波向广大用户转送节目，有线电视台则通过电缆。

通过和电缆经营者的多方接触，特纳发现，他们非常欢迎使用他的电缆频道，因为在许多时候，电缆频道都有空闲，他们有球赛实况，也希望有丰富多彩的生活节目和电影提供给电缆用户，他们也很愿意提供转播费用；这对于特纳来说，简直是个福音，通过转播棒球赛，使他经营的娱乐节目有了观众，有了市场。如今费用又有所分担，如此一来，建立“全国性”的电缆服务市场大有希望，特纳真是喜不胜收。时隔不久，特纳就凭借电缆电视终于跻身于广播电视业，实现了暗度陈仓，变美国电视业的“三分天下”为“四分天下”了。

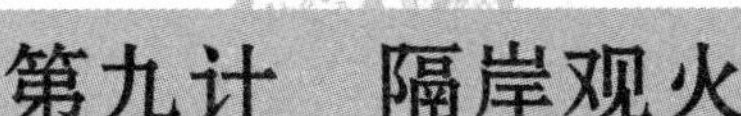

第九计　隔岸观火

【原文】

阳乖序乱，阴以待逆。暴戾恣睢，其势自毙。顺以动豫，豫顺以动。

【译文】

当敌人内部互相争斗、浑然无序时，我方应静观其内部发生变乱。敌人残暴凶恶，自相残杀，必然自取灭亡。顺其自然，就能像《豫》卦中所说的那样，要有所得，就必须顺势而动，不能操之过急。

【按语】

乖气浮张，逼则受击，退而远之，则乱自起。昔袁尚、袁熙奔辽东，尚有数千骑。初，辽东太守公孙康，恃远不服。及曹操破乌丸，或说操遂征之，尚兄弟可擒也。操曰：“吾方使康斩尚、熙首来，不烦兵矣。”九月，操引兵自柳城还，康即斩尚、熙，传其首。诸将问其故，操曰：“彼素畏尚等，

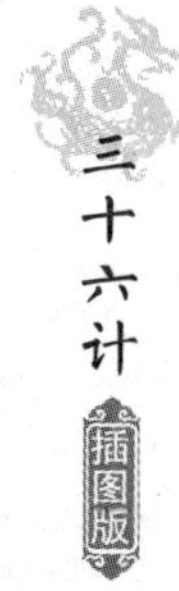

吾急之，则并力；缓之，则相图。其势然也。”或曰：此兵书火攻之道也。按兵书《火攻篇》前段言火攻之法，后段言慎动之理，与隔岸观火之意，亦相吻合。

【译文】

当敌人残酷狠毒、自相倾轧的势头出现时，若直接进逼，必然遭到敌人拼命反击；若是退避得远远的，敌人必然内部自乱。古时候袁尚、袁熙二兄弟败逃辽东时还有几千骑兵。起初，辽东太守公孙康，仗着离曹操遥远，并不臣服曹操。后来曹操击败乌桓，有人建议曹操立刻乘胜去征服公孙康，并顺便擒住袁氏兄弟。然而曹操说：“叫公孙康自动杀掉袁尚、袁熙，把首级亲自送来吧！”到9月间，当曹操率领大军从柳城归还，公孙康果然杀了袁氏兄弟，并把他们的首级送上。众将领向曹操请教其中道理，曹操说：“公孙康向来惧怕袁尚二兄弟，如果我从外部急追紧攻，他们必然会联合起来对付我；相反，如果我镇静地远远回避，他们必然会互相残杀，这种形势是客观必然的。”有人说，这是孙子兵书火攻篇所讲的道理。《孙子·火攻篇第十二》，前面部分阐述火攻的方法，后面部分阐述用兵慎重的道理，这与“隔岸观火”计谋意思恰好吻合。

【计谋精解】

“隔岸观火”意同“坐山观虎斗”，也就是敌人自相倾轧的势头出现时，不宜急于去逼迫他，否则就会反击你。正确的做法是避得远远的，看着敌人自相残杀、自相削弱、自行瓦解。在这里“观”不是单纯消极地看，还要设计让火烧得更旺、更猛烈，甚至趁火打劫，从中捞取好处。

使用本计的正确方法就是要以静观变，随变而动。当两股敌对势力相争时，既不援助，也不鲁莽干涉，静观其变化，直到事情发展到有利于自己的地步时，才及时出击。

另外，运用本计谋必须有两个必要条件，一是要有“火”可观，即敌方内部发生混乱；二是要有“岸”可隔，因为在无“岸”的情况下必然会引火烧身。

“观火”的方式有多样，其主要的方式有：袖手旁观、静而暗观、退而远观、顺而动观。

在运用此计谋时应该注意的问题：

（一）不可急功近利，以免引火烧身。《孙子兵法》上有"昔之善战者，先为不可胜，以待敌之可胜"。意思是说敌人在"火"旺盛的时候，切不可首先趋近取"栗"，否则会引火烧身。应当"隔岸"观察"火"的动向，等机会到来时，再采取行动，这样既保证了自身的安全又能取得成功。

（二）坐山观虎斗，坐收渔翁之利。通常而言，内部矛盾会随着外部矛盾的加剧而缓解，相反，外部矛盾的缓解会导致内部矛盾的加剧。在两虎相斗时，可以坐山静观，让它们互相撕咬，两败俱伤。趁此有利时机采取行动，不费吹灰之力即可取得胜利。

当敌人运用隔岸观火之计时，我们应采取以下防范对策：

（一）要以大局为重，搞好内部团结。不考虑大的共同的利益，而只是为了一点局部的、小集团的利益而同室操戈，这就等于把屠刀交到敌人手中，使亲者痛、仇者快。即使内部发生了矛盾，也应该及时反省，不可把矛盾发展到无法收拾的地步，让敌人坐收渔翁之利。

（二）封锁内部矛盾。内部发生矛盾和分歧是难免的，最重要的是不能把这些情报提供给敌人，使敌人有隙可乘。内部的问题要解决在内部，切不可到处宣扬。在敌人面前我们一定要表现出团结一致、坚不可摧的气势来。

政治计谋

英迪拉守拙观火终获胜

1966 年 1 月，印度总理夏斯特里突然逝世。消息刚一传出，印度政坛各派便纷纷出马，试图角逐新总理的职位。

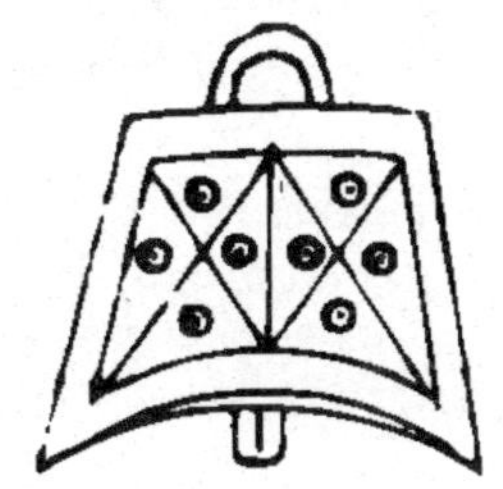

当时，争夺总理位置的有力争主为在国大党内最有资历的德赛和当时的代总理南达。在各派之中，英迪拉虽有其独特优势，但就其政治实力而言，却算不上强大。然而，在这千载难逢的机会面前，英迪拉决不袖手旁观。当夏斯特里的死讯凌晨 3 点传到首都

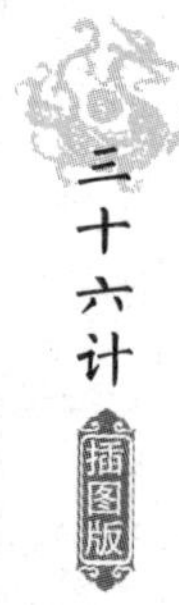

时，英迪拉立即召集她的幕僚们商量对策。英迪拉表示了自己要参加这一角逐的决心，并且自信，只要运筹得当，问鼎完全有可能。然而强手如林，自己实力又有差距，怎么才能实现自己的夙愿呢？在冷静地分析了形势之后，她决定不过早地投入角逐，等到政敌们两败俱伤，各方力量削弱时再予以出击。

主意已定，英迪拉表面上无意问津，跟谁都不争夺，而暗地里她却在观察形势的变化，并寻求支持。形势的发展果如英迪拉所料。德赛虽是党内元老资历很深，在议会中有相当一部分人忠诚于他，然而他却不善于吸取以前的教训，在夏斯特里死后，便以唯一的候选人自居，并且似乎总理之位非他莫属。

他骄横固执，不愿意跟别人分享权力；他对于在 1964 年选举中剥夺他的应得权力的那些人怀恨在心，丝毫没有宽恕之意。德赛的表现大伤人心，尤其伤害了党内辛迪加派的感情。辛迪加派在国大党及政府中势力十分强大，并且擅长幕后操纵。德赛骄横冷漠的表现使他们十分担忧，因为在 1964 年，他们是阻止德赛上台的魁首，如果德赛上台，他们的前途可想而知。因此，他们决心要阻止德赛上台。然而，他们自己却选不出能与德赛抗衡的候选人。至于南达，他在尼赫鲁和夏斯特里的内阁中都是第二号人物，他的思想无懈可击，他想由代总理直接升为正式总理。辛迪加派对他做了衡量，觉得他还不能击败德赛。

英迪拉所盼望的时机终于来到了。各派之争到了白热化程度，而且裂痕很深，很难弥合，这对英迪拉非常有利。由于她在一开始就采取了静观的策略，各派对她比较放心，她几乎没有受到攻击，在公众心中仍保留着完美的形象。看准时机，英迪拉决心马上出击。她像救世主一样来到辛迪加派面前，辛迪加派在她的争取之下，决定支持她参加竞选，因为她现在几乎成了唯一的完美的候选人，她是尼赫鲁的女儿，闻名全国，任何地区或党内任何派系都对她没有特殊恶感。凡是那些由于德赛专横刻毒或思想保守而担心他来当政的人，也都认为联合起来拥戴英迪拉最好。英迪拉得到的支持日益增多，势力日益强大。她凭借自己的政治手腕，把大多数党员都团结在自己周围。德赛的政敌中，那些既不愿支持南达，又不甘心支持恰范（另一位候选人），也不甘心支持辛迪加派的人，似乎颇愿意投英迪拉的票。国大党执政的十个邦的首席部长，经过辛迪加派的疏通，也都公开支持提名英迪拉。他们的联合声明实际上是指示他们那几个邦选举出来的议员们都投英迪拉的票。南达看到十个邦的首席部长都支持英迪拉，知道自己败局已定，马上退出了竞选。只有德赛仍决心要与英迪拉见个高下。

德赛开始在竞争中对英迪拉进行谩骂和攻击，试图激起英迪拉应战，抓住她的破绽予以进攻。然而，英迪拉让他大失所望。她的态度仍如初始时那样谦逊有礼，其风度让公众更加满意。大选终于进行了。果如所料，英迪拉在 526 名党员投票中，共获得 355 票，而德赛仅得 169 票（两张废票）。成千上万的印度人聚集在议会大厦外面，庆贺她全面大胜。

英迪拉成功之处在于她在自己处于弱势地位时善于守拙，隔岸观火。同时，善于在各种政治力量之间周旋，利用其矛盾，寻求对自己的支持。最后终于以弱胜强，登上了最高权力的宝座。

军事计谋

丘吉尔隔岸观火怠于援苏

1941 年 6 月 22 日，法西斯德国军队以“闪电战”进攻苏联，苏德战争终于爆发！

英国首相丘吉尔是一个相当顽固的铁杆反共分子，他既憎恨纳粹，又仇视社会主义和共产主义，他把共产主义视作洪水猛兽。从战争一开始，他就希望苏德之间能互相厮杀，使其两败俱伤，由他坐收渔翁之利，因此，丘吉尔强烈希望苏德尽快开战。但当时英国面临的最大危险和

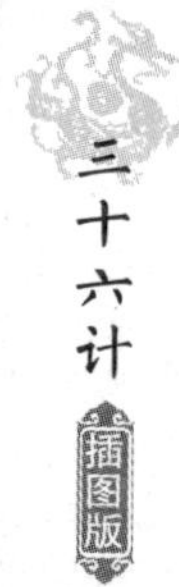

现实敌人是德、意法西斯，其次是苏联。所以，丘吉尔在得悉德、意军队已经开始进攻苏联的确切消息后，如释重负，并于当天发表了一篇颇得世界舆论好评的支持俄国的声明。

7 月 12 日，苏、英两国政府签订了对德战争采取共同行动的协定。然而，丘吉尔却迟迟不采取具体行动。

1941 年和 1942 年是苏联红军和希特勒军队殊死相拼的两年。尽管在 1942 年苏联军队基本遏制住了希特勒的“闪电进攻”，但在苏德战场上，苏联红军承受着 400 多万装备精良的法西斯军队的进攻。为此，斯大林多次向英、美两国提出了在法国北部开辟第二战场，借以牵制法西斯军队，减轻苏联战场压力的方案。这个方案，美国总统罗斯福是同意的，并派陆军总参谋长马歇尔将军前往伦敦同英方会谈，可丘吉尔却很搪塞，持消极态度，借口条件不成熟而故意拖延。

其实，丘吉尔的意图十分明显，就是尽可能地借希特勒之手来打击社会主义苏联的力量。正像希腊记者 L．杰烈比在他的《丘吉尔秘密》一书中写的那样：“丘吉尔希望苏联在战争中流血牺牲，希望在胜利时苏联已完全精疲力尽，无法在欧洲和世界起首要作用……丘吉尔企图通过战争削弱苏联，他希望俄国人孤独地同德国人斗，这样，不论战争的结局如何，双方都将财尽力竭。”

正因为有此想法，丘吉尔顽固地拒绝斯大林关于在欧洲开辟第二战场的建议。

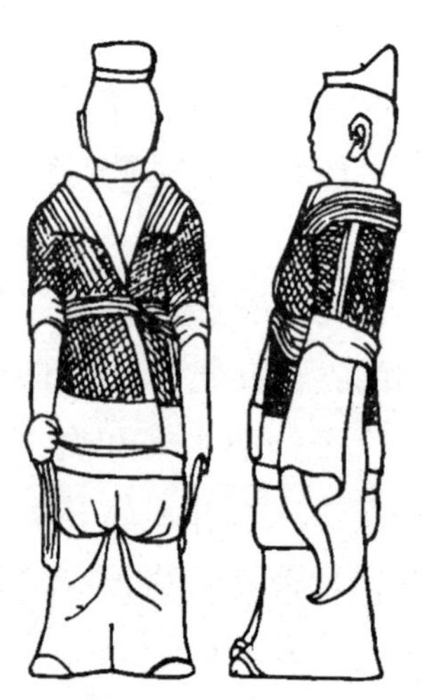

然而，正直、善良的英国人民却与丘吉尔的想法相反，他们希望自己的国家诚挚地履行对苏联的盟国义务。英国的进步党派和爱国人士，积极要求英政府履行开辟第二战场的诺言，许多城市为此举行了无数次的游行和集会。

慑于国内外的双重压力，1942 年 7 月，丘吉尔和罗斯福单独进行了会谈，在丘吉尔的鼓动下，英、美决定 1942 年不在欧洲登陆，而是进入北非，让苏联继续同希特勒厮杀。同时，丘吉尔还通知本国的有关部门，停止第二战场的准备工作，但如果一旦苏军突破希特勒防线，我们（指英军）应当毫不迟延地溜进大陆。

丘吉尔就这样坐山观“虎”斗，又过了一年。

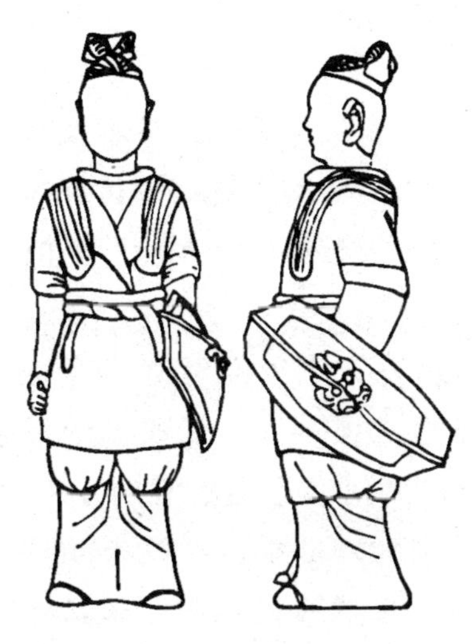

1943 年开始，苏联的卫国战争已经度过最困难的阶段，特别是到了夏、秋两季，苏军的攻势节节胜利，正是在这样的形势下，1943 年 11 月 28 日，斯大林、罗斯福、丘吉尔三位受世人关注的“三巨头”在德黑兰的苏联大使馆召开了一次非常重要的会议，这就是后来历史学家们大书特书的“德黑兰会议”。

这次会议尽管取得了一些成果，但关于第二战场问题争执到最后，丘吉尔权衡再三，才勉强同意于第二年五六月份实施在法国登陆，开辟第二战场的计划。

1944 年 6 月 6 日，盟军庞大的部队终于渡过英吉利海峡，在法国的诺曼底登陆，开始了对德国的进攻。

从斯大林提出开辟第二战场到盟军终于在诺曼底登陆，经过了漫长的两年，而这两年正是苏联最危险、最困难的时候。但此时丘吉尔却采取隔岸观火、坐山观“虎”斗的消极策略，迟迟不肯开辟欧洲第二战场，致使在反对希特勒法西斯的伟大的卫国战争中，2000 多万苏联人死在了德、意法西斯军队的铁蹄之下！

商场计谋

尤伯罗斯煽风点火获巨利

1986 年，第 23 届奥运会在美国洛杉矶召开。这场举世瞩目的世界性体育大赛，不仅体育竞争异常激烈，而且各国大企业之间的经济竞争在开赛之前就已进入白热化。

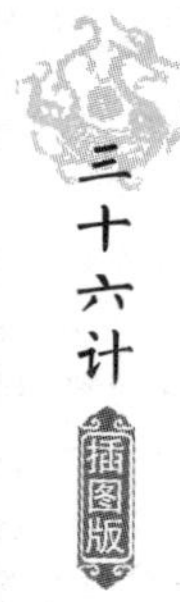

当确定第23届奥运会在美国洛杉矶召开，主办人尤伯罗斯就夸下海口："我个人来承办这次奥运会，不要政府一分钱，而且还要净赚2亿美元。"当时，很多人都认为他是在夸口，因为历届奥运会的承办还没有盈利的先例。面对众说纷纭，尤伯罗斯不动声色，显得信心十足。因为一个出色的举办奥运会盈利的周密计划早已在他心中孕育成熟。

尤伯罗斯的谋划是这样的：他首先派出大批人员到美国、日本及全球的每一个角落，广泛搜集那些有可能参加赞助奥运会的企业经济状况以及是不是赞助奥运会的计划和策略。不久，各种情报汇集到了尤伯罗斯的办公桌上。

当时，世界经济正在复苏，美国、日本等西方国家的经济已开始走向兴盛，想要一展身手的企业家，全都看重这次奥运会，都积极地报来了赞助申请，共有12000多家厂商。依照近两届对奥运会的赞助及1980年普莱西德湖冬季奥运会的教训——直截了当的赞助单位尽管有400多家，但每个赞助单位平均出资仅为2000美元，非常少。目前，倘若根据原来的惯例，尤伯罗斯也只能收到5000万到1亿美元，离计划筹款数额还相差很远呢。

怎样使这些企业家多掏腰包呢？尤伯罗斯先在十多个有名的企业里散布同行业竞争计划和出资数额，挑起两家企业决一雌雄的态势。然后，尤伯罗斯宣布了一个惊人的决定：第23届奥运会的赞助单位仅限30个，多一个也不要，每个赞助企业至少出资400万美元，且同行业只选一家。有前面的离间铺垫，又有这个决定，各大厂商立刻行动起来，害怕自己被淘汰，都抢先登记，互争位子，将赞助费越抬越高，使竞争日益激烈。因为哪家企业能成为赞助单位，其产品在同行业中就会遥遥领先。

日本的日产汽车公司马上电告组委会，价码为500万美元，并表示若有必要还能再增加。美国的通用和福特两大汽车公司也不甘落日本人之后，立刻商讨对策。通用公司表示，日本汽车大量倾销美国，这口恶气已在胸中积压了多年，这次在美国举办奥运会，再让日本汽车横冲直撞，招摇过市，那根本把美国人的脸都丢尽了。几经竞争，通用汽车公司靠天时地利人和的优势以出资900万美元，同时提供500辆轿车为大会服务而夺魁。

另一场竞争是在饮料业"可口可乐"和"百事可乐"之间展开的。可口可乐以1300万美元的巨额赞助获得成功。

在这场激烈的竞争中，“享誉世界”的德国盖达电器公司以1000万美元战胜意大利的罗奇电器公司而登上赞助宝座。

总而言之，在这场本来就激烈的经济竞争中，尤伯罗斯先是巧妙地隔岸大把大把地烧起竞争之火，致使各厂商使出浑身解数，千方百计地进行一场大决战，然后尤伯罗斯再坐山观虎斗，坐收渔人之利，如此一来，不仅成功地举办了第23届奥运会，而且的确净赚了2亿美元。

第十计　笑里藏刀

【原文】

信而安之，阴以图之；备而后动，勿使有变。刚中柔外也。

【译文】

表面上要做得使敌人深信不疑，从而使其安定身心、丧失警惕，暗地里我方却另有图谋；事情准备好而后行动，不要使敌人发生意外的变故。这就是外表上柔和，内里刚毅的取胜之道。

【按语】

兵书云：“辞卑而益备者，进也……无约而请和者，谋也。”故凡敌人之巧言令色，皆杀机之外露也。宋之曹武穆玮，知渭州，号令明肃，西人惮之。一日，玮方对客弈棋，会有叛卒数千，亡奔夏境。堠骑报至，诸将相顾失色，公言笑如平时。徐谓骑曰：“吾命也，汝勿显言。”西人闻之，以为袭己，杀之。此临机应变之用也。若勾践之事夫差，则竟使其久而安之矣。

【译文】

《孙子兵法》上说：“敌人的态度表现为谦卑并在暗中加紧准备，这是敌人要向我方发起攻击的征候……没有具体条约文字而请求媾和的，一定是另有阴谋。”所以，凡是敌人花言巧语、满脸堆笑，这都是暗设杀机的外在

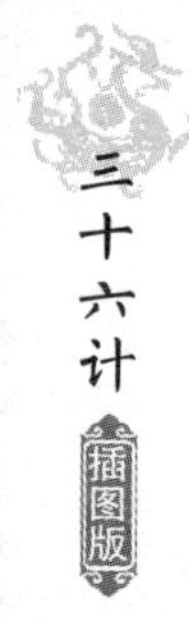

表露。宋朝曹（死后谥武穆）玮镇守渭州，纪律严明，西夏人为此都很害怕他。有一天，曹玮正在与客人下棋，突然有几千名士兵叛变，逃奔去西夏人的境内去了。当边防的侦察员骑马迅速来报告时，曹玮下面的将领都大惊失色，唯有曹玮依然谈笑自如，好像什么事都没发生。他不慌不忙地对侦察人员说："他们都是按照我的命令去行事，你们千万不要声张。"西夏人听说后以为这些叛军是宋营派来杀他们的奸细，于是便把他们全杀了。这就是曹玮随机应变计谋的运用。再如，越王勾践百恭百顺地侍候夫差，竟然能使夫差长期安逸而失去戒备，道理是一样的。

【计谋精解】

笑里藏刀，就是指表面上表现出谦卑敦厚、和蔼可亲的样子，而暗地里使用阴谋使对方不知不觉落入自己设的圈套。"笑"能迷惑人，甚至能置人于死地。运用本计谋的诀窍是：使敌人轻信而安然不动，我方则暗中策划，做好准备，后发制人，不使敌方得以应变，就是暗怀杀机，外示柔和的计策。运用此计的关键在于一个"笑"字。笑必须自然真实，掌握好分寸，使敌人"信而安之"。如果"笑"得做作，"笑"得过火，反而会引起对方的警觉。"笑"是为了"藏刀"。无论何时何地，"刀"要藏在"笑"里，千万不能暴露出来，以防此计被人识破。"刀"可以明出，也可以暗出。"刀"一旦出鞘，要迅速果断，使敌人来不及应变。使用本计时要善于利用对方的特点，或表示我方的诚意或增加对方的傲气，使其麻痹大意，我方乘机攻击对方。

笑里藏刀可以理解为以下两种含义：

（一）口蜜腹剑。嘴里讲的话比蜜还甜，心里却藏着一把杀人的利剑，趁对方不备时下手。

（二）假装柔弱和顺从。表面上装出谦恭和善、温柔顺从的样子，而骨子里却阴毒无比，心怀异志，时刻在等待杀机。

应采取如下防范对策来应对笑里藏刀之计谋：

（一）对敌人毫无缘由的主动亲近要警惕。敌人无缘无故地对我们表示亲近，可能是一种非常危险的信号，表明敌人要向我们发起进攻了，我们这时应该提高警惕，加强戒备。

（二）对那些“辞卑而益备者，无约而请和者”要防备。敌人的言辞突然谦卑而实际上又在加紧备战的，没有事先约定而突然来议和的，其中必有阴谋。对于这样的敌人，我们决不能完全相信，要察言观色，看透本质。

（三）克服自身的弱点，以防被敌人利用。敌人常常会利用我们骄傲自恃，刚愎自用，急躁浮动，喜欢被奉承等心理弱点。我们要克服自身弱点，使敌人无可利用之处，敌人也就无可奈何了。

智慧典例　**政治谋略**

勾践笑里藏刀灭夫差

越王勾践的父亲允常，被吴王阖闾打败。勾践立志为父报仇，加紧训练军备。公元前 496 年，吴王阖闾攻越兵败而亡，死前嘱其子夫差复仇。夫差练兵三年，于公元前 494 大败越兵，并把勾践俘虏。

吴王为了羞辱越王，安排勾践做一些看墓与喂马的工作。越王心里虽然很不服气，但仍然极力装出忠心顺从的样子。吴王出门时，他走在前面牵着马；吴王生病时，他在床前尽力照顾，吴王看他这样尽心伺候自己，觉得他对自己非常忠心。但是，吴国的许多大臣劝说吴王道：“吴国与越国，是世代的仇敌，经常打仗。有吴国就没有越国，有越国就没有吴国。必须灭掉越王！”

为了能够存国保命，勾践就贿赂吴国太宰伯嚭，并向夫差献上西施等美女、属镂剑等珍宝，让夫差思想麻痹、贪图安逸；勾践及其妻子、大臣还亲自到吴国当奴婢侍奉夫差。有一次，夫差病了，勾践为取信于他，竟然尝了夫差的粪便，以此来诊断他的病。正是勾践的这些做法，使得夫差放弃了警戒，而感到心安理得，他认为勾践不会对他构成威胁了，就把他放回去，让

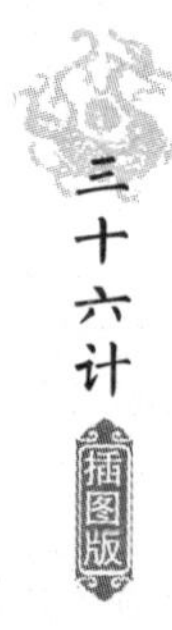

他复国。勾践回到越国后，经过十年生聚十年教训，趁着吴国内外交困之际，突然攻破吴国，迫使夫差自刎。勾践用的正是“笑里藏刀”之计。

军事谋略

公孙鞅计骗公子卬

战国后期，秦魏两国在吴城进行了一场大战，秦国的相国公孙鞅（即后世所称的商鞅）用“笑里藏刀”之计，与魏将公子卬大谈个人感情，并将其生擒，一举攻占吴城。魏国被迫割地求和，并将国都由安邑迁徙到大梁（今河南开封）。

周显王二十八年（前341），庞涓率魏军伐韩，韩求救于齐，孙膑率齐军直攻魏境。庞涓闻报率军回师御齐，结果在马陵道中计身死，魏军大败。

秦相国公孙鞅对秦孝公进言说：“秦魏两国是近邻，秦国与魏国互为心头之患，不是魏国吞掉秦国，就是秦国吞掉魏国。现今魏国被齐国战败，诸侯各国都背叛了它，可乘此有利时机攻打魏国，魏国抵敌不过，必然往东迁徙，这样秦国就可凭河山之固征服诸侯各国，这实在是帝王之业也。”

秦孝公非常赞同公孙鞅的意见，于是，派公孙鞅为大将，公子少官为副将，率兵五万伐魏。魏惠王召集群臣商议拒秦之策。公子卬说：“公孙鞅昔日在魏国时，同我关系很好，我曾将他举荐于大王，大王没有听从我的意见。现在我愿意领兵前去，先与秦军讲和，如果秦军不同意讲和，我便固守城池，请求韩赵两国救援。”群臣都称赞这个主意很好。于是，魏惠王便拜公子卬为大将，率兵五万，进驻吴城，抗击秦军。

吴城易守难攻，两军对峙。正待公子卬准备写信给公孙鞅时，公孙鞅派人送给公子卬一封信，信上说：“鞅过去与公子关系很好，如亲兄弟一般，现在各事其主，咱们作为两国的将军，哪能忍心交战，自相残杀。我想同公子签订合约，各自罢战退兵，你我朋友相见，饮酒娱乐，免得两国肝脑涂地，使千秋后人称赞我们二人交情像管仲鲍叔牙一样。公子如愿前来，请你确定会见日期。”

公子卬欣然接受了公孙鞅的建议。于是厚待来使，并回信道：“相国不忘你我昔日交情，这样做可以安定秦魏两国百姓，这正好也是我的心愿，三日之内请相国确定日期，我一定听从你的安排。”

见公子卬已经上钩，公孙鞅暗自高兴。于是派人去同公子卬商定会见日期，并告诉公子卬说：“秦军前营已经撤退，打发先回秦国，只等会见元帅你后，便全军拔寨撤走。”公孙鞅假装下令全部撤走前营，暗地却吩咐，一路上只说是打猎充食，在附近各处四散埋伏，只待会见当天午时，一齐集中到会见地点，只听放炮为号，便一齐杀入，将魏国来人全部抓住，不许放走一人。

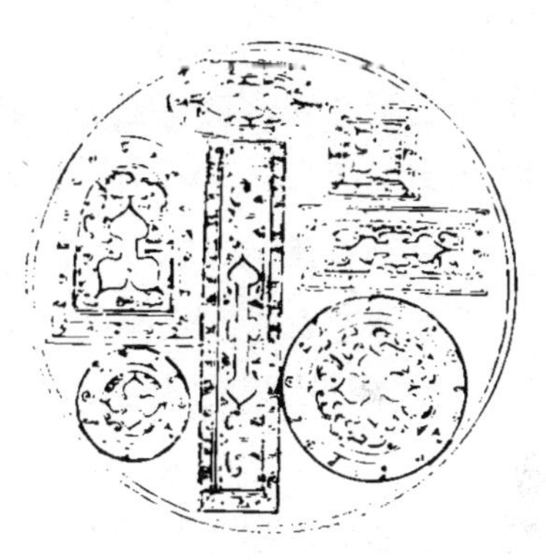

到了会见日期，公孙鞅先派人进城告诉公子卬说：“相国先往会见地点等候，随行人员不满三百人。”公子卬对此深信不疑，遂以车辆载上酒肉食品，并带了一个乐队，所带随行人员与公孙鞅相同，公孙鞅出营迎接。两人会见时，各叙昔日情谊以及今日议和罢兵之意。然后双方各设酒席，公子卬作为地主，先为公孙鞅敬酒。敬酒三杯，奏乐三次。按着公孙鞅命撤了魏国酒席，改用秦国酒席，由公孙鞅为公子卬敬酒。两位侍酒都是秦国有名的勇士，一个叫乌获，可力举千斤，另一个叫任鄙，可手格虎豹。公孙鞅举杯敬酒时，向左右从人使了个眼色，一个随从便出去放了一声号炮。公子卬一看形势不妙，便欲拔腿逃跑，却被乌获紧紧拉住，动弹不得。任鄙指挥从人拿人，公子少官率领人马杀入，公子卬和三百从人反应不及，全部被擒。公孙鞅吩咐将公子卬押上囚车，送回秦国，又令乌获假扮公子卬，利用公子卬的随从赚开城门，公孙鞅亲率大军杀入城中，魏军副将朱仓闻主将被俘，料想西河难守，弃城而逃，秦军遂占领吴城。

商战谋略

返券、打折，商家的“温柔一刀”

作为一个成语，“笑里藏刀”是个十足的贬义词。但是在商业领域，“笑里藏刀”这个计谋仍然能够百试不爽，因为它击中了人性中最常见的弱点。

在现代商业和电子商务发达的今天，各种营销手段足以令人眼花缭乱。“买 100 送 30”“买 200 送 60”“全场 5 折封顶”“买二赠一”“满 99 赠”“满 88 加 9 元可换购”……每逢节假日，商场、超市和电商推出的形形色色的购物优惠活动铺天盖地。许多消费者就像着了迷一样疯狂抢购一番，满心欢喜地捡了一堆“便宜”。殊不知，一个又一个“折”“送”“赠”“换”背后，可能正是商家“笑里藏刀”策略的运用。一阵非理性消费之后，消费者可能被商家温柔地宰了一刀。

商家打出的“折”“送”“赠”“换”幌子背后，虽然不排除有一部分是可以给消费者带来实惠的，但大部分都值得消费者警惕，弄不好要上当。

比如，商家的返券往往附带很多条件，并且商家保留最终解释权。有的商家规定“单张发票满 100”或者“单张发票满 200”等条件，消费者才能获得返券。但是你会发现不少畅销商品的标价都被定在 99 元、199 元等，为了凑到整数，消费者不得不选择超过整数关的其他商品；而获得的返券，当次消费不可用。商家甚至会给返券规定使用期限，并且规定消费满一定额度才可使用，且单次消费仅限使用一张返券。为了把返券用完，有些消费者原本是给自己买上装的，结果又是裤子，又是鞋子，还给家人买了一大堆商品。所谓的返券，就像一根鸡肋，嚼之无味弃之可惜。

折扣也同样可能是陷阱，节假日期间，人们大量出游购物，商家往往利用消费者的爱便宜心理，先故意抬高商品价格，然后再喊出低折扣的旗号。消费者“捡了大便宜”买来的商品，说不定比平时购买该商品所花的价钱还高呢。

当然，只要不涉及坑骗消费者，商家以“笑里藏刀”为策略来进行营销，也未为不可。但是消费者一定要理性，谨防中了商家的“温柔一刀”。

第十一计 李代桃僵

【原文】

势必有损，损阴以益阳。

【译文】

当局势发展到损失无可避免时，应舍弃局部的利益，以保全全局利益的增值。

【按语】

我敌之情，各有长短。战争之事，难得全胜。而胜负之决，即在长短之相较；而长短之相较，乃有以短胜长之秘诀。如以下驷敌上驷，以上驷敌中驷，以中驷敌下驷之类，则诚兵家独具之诡谋，非常理之可推测也。

【译文】

敌我双方的情况，各自都存在着优势和劣势。在战争中，各方面都胜过敌人是不可能的，双方的胜败，就在于双方力量中的长处与短处、优势与劣势的较量。而在优势和劣势的较量中，占优势的一方往往获得胜利，但也存在着劣势战胜优势的秘诀。比如田忌赛马，在两种马力量相当的时候，可以用下等马对上等马，用上等马对中等马，用中等马对下等马之类的巧妙办法，便是军事家特具的谋策，这不是用常理可以推断的。

【计谋精解】

李代桃僵本意是指兄弟要像桃李共患难一样相互帮助，相互友爱。此计用在军事上，指在敌我双方势均力敌，或者敌优我劣的情况下，用小的代价，换取大的胜利的谋略。在政治斗争中，则表现为为了整体和长远的利益，必须放弃局部利益时，要勇于作出一定的牺牲。

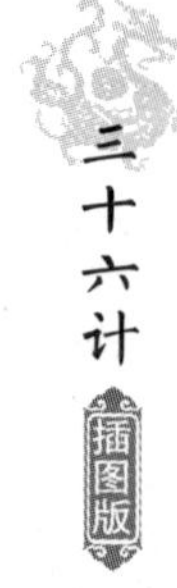

“李”表示作出牺牲的一方，“桃”表示被保全的一方。“李”与“桃”之间要具备内在的必然联系，否则无法完成替代任务。要注意“李”轻“桃”重，不能顾此失彼，更不能反向替代。

李代桃僵之计可以理解为以下四种含义：

（一）丢车保帅，忍痛割爱。我们在下象棋时，常常为了保住帅，宁可丢掉最有攻击力的车，这是因为帅比车更重要，为了顾全大局，我们只得忍痛割爱。壁虎在尾巴被捉时，会猛力挣断尾巴。壁虎挣断尾巴肯定是痛苦的，但为了活命，这样做才是值得的。其实人比壁虎更会忍痛割爱。此计谋应用广泛，在军事、外交、政治、经济和日常生活诸领域无不适用。

（二）弃子争先，全盘棋活。在围棋中，古人有“逢危须弃”的要诀。弃子从表面上看失去了一些棋子，但有利于占据先手，达到全盘棋活的目的。

（三）为脱罪名，抓人替罪。本来自己有罪，却把罪名强加到别人头上，这样便能逍遥法外。这是一种阴险的手段。

（四）积极献身，代人受过。在与自己休戚相关的人即将遭难时，自己主动替他承担罪责。这是一种主动献身的行为。

对李代桃僵之计应采取以下防范对策：

（一）在我国的传统观念中，推功揽过是一种美德，但只有在正常的同志关系中，才能起到保护好人的作用。如果无原则地承揽别人的过错，很容易被利用，成为别人的挡箭牌，替罪羊。自己的无谓牺牲，反为坏人提供了逃之夭夭的机会和条件。所以，我们在包揽罪过时，一定要分清对象，最好是做到非自己之过不要揽，以防作出无谓的牺牲。

（二）别人争斗之地，或别人作案之地，即为是非之地。尤其是别人的作案之地，千万不能长时间逗留，以防有人移花接木，嫁祸于人。总之不能给别人留有空隙，不能授人以柄。因此，是非之地不可留，以防被人栽赃、嫁祸。

（三）当自己受到了不白之冤时，一定不可忍气吞声，因为我们蒙冤的背后肯定会有另一个人逍遥法外，幸灾乐祸。所以，一旦发现自己被人当了替罪羊时，一定要奋起抗争，万万不可忍耐。

公孙、程婴救孤儿

春秋时期，晋国大奸臣屠岸贾鼓动晋景公灭掉于晋国有功的赵氏家族。屠岸贾率3000人把赵府团团围住，将赵家男女老少，杀得一个不留。幸好赵朔之妻庄姬公主已被秘密送进宫中。屠岸贾闻讯必欲斩尽杀绝，要晋景公杀掉公主。景公念及姑侄情分，不肯杀公主。公主已身怀有孕，屠岸贾见景公不杀她，就定下斩草除根之计，准备杀掉婴儿。公主生下一男婴，屠岸贾亲自带人入宫搜查，公主将婴儿藏在裤内，躲过了搜查。屠岸贾估计婴儿已被偷送出宫，立即悬赏缉拿。赵家忠诚门客公孙杵臼与程婴商量救孤之计：如能将一婴儿与赵氏孤儿对换，我带这一婴儿逃到首阳山，你便去告密，让屠贼搜到假赵氏遗孤，方才会停止搜捕，赵氏嫡脉才能保全。程婴的妻子此时正生下一男婴，他决定用亲子替代赵氏孤儿。

他以大义说服妻子忍着悲痛把儿子让公孙杵臼带走了，并且依计向屠岸贾告密。

屠贼迅速带兵追到首阳山，在公孙杵臼居住的茅屋，搜出一个用锦被包裹的男婴，于是屠贼摔死了婴儿。他认为已经斩草除根，便放松了警惕。在忠臣韩厥的帮助下，一个心腹假扮医生，入宫给公主看病，用药箱偷偷把婴儿带出宫外。程婴虽已听说自己的儿子被屠贼摔死，但强忍悲痛，带着孤儿逃往外地。过了15年，孤儿长大成人，知道自己的身世后，在韩厥的帮助下，起兵讨贼，杀了奸臣屠岸贾，报了大仇。

程婴见赵氏大仇已报，陈冤已雪，不肯独享富贵，拔剑自刎。他与公孙杵臼合葬一墓，后人称为“二义冢”。他们的美名千古流传。

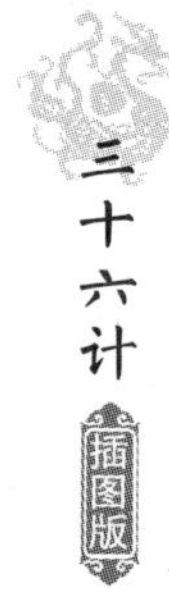

完子以身殉道救齐国

春秋末期，齐国大夫田成子独揽大权，当时齐国面临内外交困的形势，内部百姓怨气很大，外部诸侯不服。田成子因上台“名分不正”，所以，对此一直苦无良策。

祸不单行，越国借口说他谋逆篡权，出兵攻打齐国。田成子一看慌了手脚，急忙召集幕僚商量对策。有的说：“越国来犯，实属欺人太甚，我国虽兵力不如越国强大，但可以动员全国军民，共同迎敌。”有的说：“时下国内人心浮动，许多臣民还没有享受到大王的恩惠。如果倾城出动，恐怕难得民心，难以服众。”有的建议：“大王何不效仿他国，割让几个城池给越国，或可免动干戈。”争来争去，田成子都觉得不是破敌良策。他心里琢磨：倾城出动迎敌，不仅耗费国力太大，而且仅靠一批善战勇士带领老百姓去打仗，不一定能获胜，现在自己地位又不太稳定，闹不好还会出现反戈一击的局面。割让城池也非上策，自己刚刚掌权，就舍城丢池，将来难以建立威望，后患无穷。

正当他苦思冥想时，他的哥哥完子向他献计说：“我请求大王准许我率领一批贤良之臣出城迎敌，迎敌一定要真打，打一定要战败，不仅战败而且一定要全部战死。如此，可退越兵，保全国家。”此言一出，满座皆惊，田成子不解地问：“出城交战似可准许，只是交战一定要败，败还一定要死，这我就不明白了，请问何故如此呢？”完子从容回答：“王弟现在占据齐国，老百姓不了解你的治国本领，没有看到你的政绩，有的私下里议论纷纷，说你是窃国之盗，不一定愿意为你打仗。现在越国来犯，而贤良之中又有不少骁勇善战之臣，认为我们蒙受了耻辱，急于出兵迎战。在我看来，出现这样的情况，我们齐国已经很令人忧虑了。”“王兄所言极是，可为什么非得你去主动战死才能保全国家呢？难道没有别的办法吗？”田成子面对仁爱而又勇敢的哥哥仍苦思不得其解。完子说：“越国出兵无非是要在诸侯面前抖抖威风，捞个正义的名声，况且，以它现在的实力完全吞并我们还不可能。我带领一批贤良之士，出兵迎敌，战而败，败而死，这叫以身殉道，越国一看杀死了大王的兄长，‘教训’我国的目的也就达到了。而随我战死的那些人也为国尽了忠心，没有战死的也不敢再回到齐国来，这样一来，国内的人心也就稳定了，所以，据我看来，这是唯一的救国之道了。”

田成子边听边流泪，只好听从兄长的建议，哭着为他送别。果然，完子以身殉道，救了齐国。

在这个故事里，完子正是在权衡各方面利弊后，果断作出以己之死而保国安的决心，李代桃僵，使齐国得以安定。

军事谋略

岳钟琪平叛兵不血刃

岳钟琪是将门之子。他父亲岳升龙曾任四川提督。他自幼习读兵书，武艺过人。

岳钟琪随康熙皇帝十四子允绪征讨西藏叛乱。岳钟琪率领四千人马先到察木多。岳钟琪通过密探得知，此地各部落都已经叛乱，准噶尔叛军已派重兵驻扎三巴桥。

三巴桥是进藏的第一个要隘。叛军一旦毁了桥，清军入关就比登天还难。

彼时，大将军允绪所率领的清军大队人马尚在千里之外，岳钟琪只有几千人马在此。死拼硬打是不行的。于是他提出了“李代桃僵”的妙计。

岳钟琪亲自在军营中挑选了30名精兵，练习藏语，身穿藏服，扮成藏兵。一切准备妥当，他亲自率兵，快马加鞭

地向准噶尔使者的驻地治隆疾驰而去。由于装扮得逼真，这支奇兵顺利通过了叛军的哨卡，潜入了使者的住处，一举将准噶尔叛军使者擒获。

岳钟琪历数准噶尔首领的叛国罪行，下令将使者斩首，并派人把叛将使者的人头送到叛将那里。警告他们，如果投降，既往不咎；如果顽抗，也是同等下场。那叛将头目，一个个吓得目瞪口呆，以为神兵从天而降，纷纷表示愿意归顺。

岳钟琪成功地运用了“李代桃僵”的奇谋，不仅保住了进军西藏的咽喉要道三巴桥，而且兵不血刃地使叛军降服了，可谓出奇制胜。

商战谋略

洛克菲勒舍名保实

美国国会通过限制经济垄断的反托拉斯法案后，许多大企业被解散。当时在美国数一数二的大企业洛克菲勒财团下属的美孚石油公司自然也被起诉。但是经过公司的上下努力，打通了政界和司法界，案子未能成立。美孚石油公司得以继续经营。

由于美孚石油公司的名声太大，所以一直备受关注。洛克菲勒的对手对美孚石油公司侥幸未被解散十分嫉妒，一直耿耿于怀，不断制造各种不利于洛克菲勒的舆论，并通过国会、舆论界、司法界向洛克菲勒施加压力。美孚石油公司在这种情况下，顽强经营了20年后，美国国会迫于舆论的压力，终于又一次对美孚石油公司提出起诉。这一次，洛克菲勒也觉得在劫难逃了，即将面临巨大的经济损失，洛克菲勒整天闷闷不乐，无精打采，他多次召开董事会研究对策，又利用各种关系进行疏通，都没有什么好的解决办法。

正当洛克菲勒进退无路，准备听从国会发落时，美孚石油公司御用的律师事务所里有一个叫杜勒斯的青年律师提出要见洛克菲勒。洛克菲勒因为心情不好，本不想见，但出于礼貌还是抽空和杜勒斯见了一面。

一见面杜勒斯就说：“我有一个绝妙的办法可以挽救公司。”

洛克菲勒一看是个年轻律师，开始并没有放在心上，但看着这个年轻人一副自信的样子，又不忍心泼冷水，于是就心不在焉地说："你有什么好办法说来听听吧！"

杜勒斯说："反托拉斯法不过是限制大公司，我们让各分公司独立经营不就可以了吗？"

洛克菲勒一听觉得有些道理，接着反问："各分公司都独立，我们怎么办，这不等于架空我了吗？"

杜勒斯笑了笑，心想，老洛克菲勒也是聪明一世，糊涂一时。他不紧不慢地说："各分公司宣布独立，丝毫不影响您的权力，不过是改头换面而已，公司不会有什么损失，损失的恐怕就是您的总裁名分。"喝了一口水，杜勒斯接着说："我们把各州的石油公司分别改为分公司，如纽约美孚石油公司、新泽西美孚石油公司、加利福尼亚美孚石油公司、印第安纳美孚石油公司等等，这些公司分别都有一个名义老板，实际上还是由您操纵。这样一来，美国美孚石油公司虽然名义上已经不存在了，实际上仍然存在。我认为，现在只能采取这种丢名保实的办法才能渡过难关。"

洛克菲勒边听边点头称是，并连连称赞："OK！ OK！后生可畏，后生可畏。"

主意一定，立即行动，洛克菲勒马上召开董事会，采纳杜勒斯的建议，开始使各分公司"独立"。美国人办事效率是有名的，洛克菲勒亲自带领得力手下昼夜工作，一个庞大的美国美孚石油公司便不复存在，取而代之的是如雨后春笋般冒出的各州美孚石油公司。参议院这时也无话可说了，不久就再也不提起诉的事了。

杜勒斯的改头换面术，实际上是一种牺牲表面名分，保全实际内容的做法。在商业竞争中，难免遇到各种挫折，当必须作出部分牺牲时，一定要把握住利弊关系，不要被表面问题所困惑，而要积极争取主动，牺牲表面的东西，保存实质的东西。

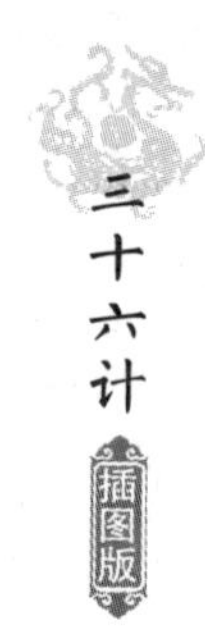

第十二计　顺手牵羊

【原文】

微隙在所必乘，微利在所必得。少阴，少阳。

【译文】

对方出现微小的漏洞，必须及时加以利用，即便是微小的益处与胜利，也一定要争取到。要善于利用对方的微小疏忽为我方的微小利益服务。

【按语】

大军动处，其隙甚多，乘间取利，不必以战。胜固可用，败亦可用。

【译文】

敌人的大部队在调动的过程中，它的漏洞一定很多。利用敌人的疏忽便可获得利益，不一定要通过正规作战的方法。这个方法，在胜利形势下可以用，在失败的形势下同样可以用。

【计谋精解】

顺手牵羊是看准敌人在战争中出现的漏洞，及时抓住其薄弱点，乘虚而入获取胜利的谋略。古人云："善战者，见利不失，遇时不疑。"意思是要把握战机，乘隙争利。

当然，小利是否应该必得，这要考虑全局，只要不会"因小失大"，小胜的机会也应该抓住。

实施此计的关键在于"顺"，即来去顺路，取之顺手，赢之顺时，得之顺便。如果在不顺手的情况下强行取利，不仅徒劳无功，而且会影响原有的主要目的的实现。必须明确的是小利终归是小利，不能代替自己的主要目的。只有在不影响主要目的实现的前提下，才能顺手去取意外之利。否则会因小失大，捡了芝麻丢了西瓜。另外，还要看所要牵的“羊”是不是敌人为我们准备的诱饵，并不是见“羊”就可以牵。

顺手牵羊之计主要有三种含义：

（一）敌人出现的即便是微小漏洞也必须及时利用，也就是要做到见隙必乘。敌我双方进行交战或竞争，事先都要进行周密的计划和部署。一般情况下很少会出现大的漏洞或失误等我们去利用，但是在较大的行动中，难免会出现小漏洞或小失误，对此我们要及时地充分地利用它。滴水穿石，时间一长敌人会毁在自己的小失误中。相反，我们却从中获得不少好处。

（二）我们对极微小的利益，也要争取得到，做到微利必得。事物的变化是一个由量变到质变的过程，量变积累到一定程度时，才能引起质的变化。双方的竞争也是这样，把小的胜利积累起来，可以成为大的胜利，把局部的胜利积累起来，可以成为全局的胜利。因此，我们不能轻视微小的利益。

（三）当我们见到可取之利时，必须迅速果断地获取，做到眼疾手快。可取之利，特别是顺手可取之利，一般只能存在于特定的时间和环境中，时过境迁，易取之利会成为难取之利，可取之利会变为不可取之利。所以只有见利不失、遇时不疑地下定决心，干净利落地采取行动，才能获得成功。否则，只能望“利”兴叹、望尘莫及了。

我们应采取如下防范措施来应对顺手牵羊之计：

（一）避免出现漏洞。敌人利用我方出现的漏洞，来采取顺手牵羊之计。如果我方能少出或不出漏洞，那么敌方也就无可乘之机了。事先的周密计划和事中的严密组织，是我们防止出现漏洞的最有效的措施。

（二）亡羊后及时补牢。我们一旦出现了漏洞，应及时发现，及时弥补，“亡羊补牢，未为晚也”。如果不及时发现，不及时弥补，那么其余的羊就会全部丢光。这里有两个问题，一是要尽早知道牢已经破了，羊已经丢了，这就需要及时的反馈；二是在发现问题后，立即作出决断，毫不迟疑地动手补牢，不要存有侥幸心理而懒于修补。

（三）不让敌人占小利。我们无论大利小利都不能轻易放弃，与敌人微利必争。另外，对于自己的“羊”，要心中有数，小心看管，不使其走散。

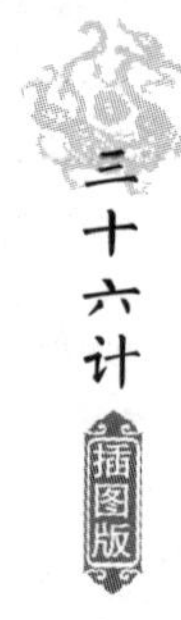

（四）提高警惕，严加防范。敌人在牵羊之前，总会表现出局促不安，因为怕人发现，往往东张西望、鬼鬼祟祟。对于这种情形我们应提高警觉，当发现同我们有利害冲突的人，靠近我们的羊群时，要对其提出警告并严加防备，绝不可不闻不问、听之任之，这是很危险的。

智慧典例 政治谋略

刘备依计赚得夫人归

赤壁之战中，诸葛亮献计让刘备夺得了本被周瑜视为囊中之物的南郡，从而坐稳了荆州。周瑜极为愤怒，但又不敢出兵，怕曹操乘虚报复，于是派鲁肃去见刘备，想讨还荆州。诸葛亮说："荆襄九郡，不是东吴之地，而是刘表的基业，我主刘备是刘表之弟，刘表岁死，其子尚在，以叔辅侄，而取荆州，有什么不可以的呢？"鲁肃软磨硬泡之后，诸葛亮假意承诺等刘表之子刘琦死后再归还荆州。

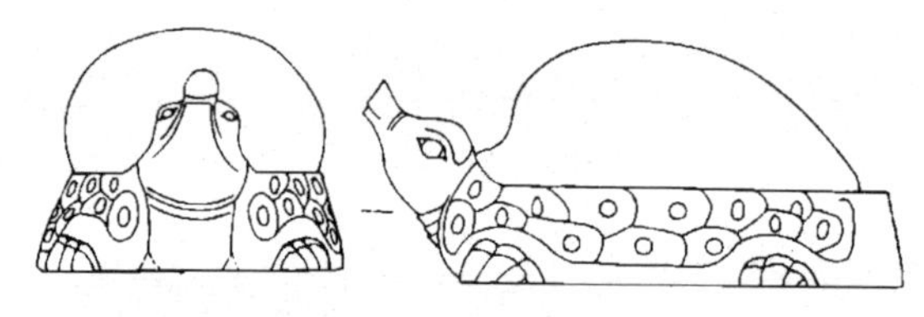

几个月后，东吴闻知刘琦已死，于是又派鲁肃来找刘备讨回荆州。这次，刘备先是一把鼻涕一把泪，后又与诸葛亮一唱一和，以各种理由推脱。结果，鲁肃只带回了"图得西川，那时便还"的一纸空文。

不久，刘备的妻子甘夫人去世，周瑜立即想到假意将孙权之妹嫁与刘备，并请刘备入赘东吴；刘备一到东吴，就将其扣押起来，再派人去讨还荆州换刘备。孙权认为此计可行，便派吕范前往做媒。孔明识破此计，于是决定将计就计。

公元 209 年，刘备在大将赵云的陪护下前往东吴结亲。临行前，孔明将三个锦囊妙计交与赵云，并如此这般作了交代。第一个妙计即让赵云分派五百军士披红挂绿，一面在东吴城内大肆购置结婚物件，一面散布刘备将入赘东吴的消息。同时又让刘备先去拜见乔国老。乔国老是东吴美女二乔——

孙策夫人和周瑜夫人之父，刘备拜见乔国老就是为了要向其说明自己将娶孙权之妹为妻之事。随后乔国老便前往孙权之母吴国太处贺喜，吴国太大吃一惊，赶忙派人去城中探听风声，手下人回报说果有此事。

吴国太于是大骂孙权目无尊长，竟敢瞒着自己将妹妹嫁给刘备。孙权想否认，结果乔国老说："老夫已知此事多日了，今特来贺喜。"孙权赶忙解释说："这不是实意，只是周瑜的计谋，想以此为名把刘备骗到东吴拘囚起来，让他们拿荆州来换人。如其不从，先斩刘备。"吴国太大怒，骂周瑜："他身为大都督，没本事取荆州，却拿我女儿使美人计！杀了刘备，我女儿便是望门寡，以后还怎么说亲？要是误了我女儿一世，有你们好日子过！"乔国老又插话说："若用此计，即便夺回荆州，也会被天下人耻笑。"孙权听了，默然无语。

在乔国老的撺掇下，吴国太决定见一见刘备，若是看不上就任由孙权处置，看得上，就必须把女儿嫁给他。孙权是大孝之人，见母亲如此，只好答应。结果，吴国太见到刘备，喜欢得不得了。孙权埋伏好的刀斧手也被赵云发现。就这样，刘备与孙权之妹如约成亲，并把她带回荆州。周瑜带兵追赶，又中了孔明设的埋伏，吴军大败，真是"赔了夫人又折兵"。

诸葛亮之所以安排刘备首先去见乔国老，并派人在城中故意大张旗鼓置办结婚物件，就是因为他知道孙权是背着吴国太在打算盘，并且知道乔国老必定会把这件事捅到吴国太那儿去。正是因为抓住了对方计谋中出现的漏洞，诸葛亮才让刘备有惊无险地顺手牵羊娶得孙夫人归。

军事谋略

淝水之战东晋军大败前秦

公元 383 年，前秦统一了黄河流域地区，势力强大。前秦王苻坚坐镇项

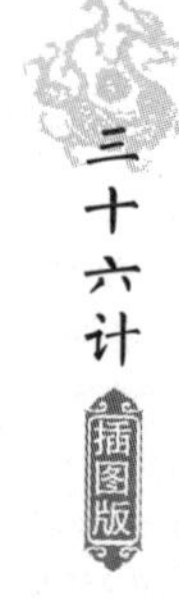

城，调集90万大军，打算一举歼灭东晋。苻坚派其弟苻融为先锋攻下寿阳，初战告捷，苻融判断东晋兵力不多并且严重缺粮，建议苻坚迅速攻击东晋。苻坚闻讯，不等大军齐集，立即率几千骑兵赶到寿阳。东晋将领谢石得知前秦百万大军尚未齐集，决定抓住时机，击败敌方，挫敌锐气。

谢石先派勇将刘牢之率精兵五万，强渡洛涧，杀了前秦守将梁成。刘牢之乘胜追击，重创前秦军。谢石率师渡过洛涧，顺淮河而上，抵达淝水一线，驻扎在八公山边，与驻扎在寿阳的前秦军隔岸对峙。苻坚见东晋阵势严整，立即命令坚守河岸，等待后续部队。谢石看到敌众我寡，只能速战速决。于是，他决定用激将法激怒骄狂的苻坚。他派人送去一封信，说道，我要与你决一雌雄，如果你不出战，还是趁早投降为好，如果你有胆量与我决战，你就暂退一箭之地，让我渡河与你比个输赢。苻坚决定暂退一箭之地，等东晋部队渡到河中间，再回兵出击，将晋兵全歼水中。他哪里料到此时秦军士气低落，撤军令下，顿时大乱。秦兵争先恐后，人马冲撞，乱成一团，怨声四起。这时指挥已经失灵，几次下令停止退却，但如潮水般撤退的人马已成溃败之势。

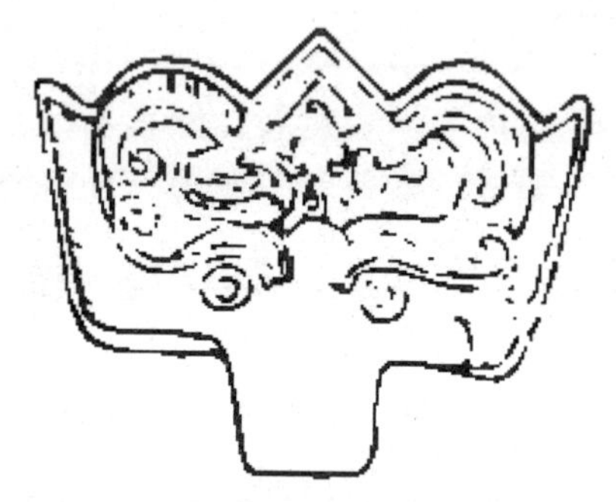

这时谢石指挥东晋兵马，迅速渡河，乘敌人大乱，奋力追杀，前秦先锋苻融被东晋军在乱军中杀死，苻坚也中箭受伤，慌忙逃回洛阳，前秦大败。

淝水之战中，东晋军采用的是顺手牵羊的谋略，他们抓住战机，趁势煽风点火，一举击败了前秦，这是古代战争史上以弱胜强的著名战例。

英国舰队海战无功反受嘉奖

1702年夏天的一日，一支英国舰队突然出现在西班牙的加的斯港。此前英国和西班牙多次进行海战，争夺海上霸权。而这次，英国舰队作战的意图十分明显，即夺取加的斯港，进而控制地中海的入海口。

英国舰队的司令官是奥蒙德公爵。当他的舰队驶近港口时，由于敌情不明，奥蒙德公爵十分谨慎，没有立即下达进攻命令。实际上，该港口的西班牙军队军备懈弛，兵力不足，如果立即发动攻击，西班牙人必败无疑。过了一段时间，当港口的西班牙守军已完全准备好后，奥蒙德公爵却下令英军攻击，结果战斗打得异常艰苦，双方相持一个多月，西班牙人仍然在战斗，英国人无法登陆。

面对与日俱增的伤亡和军需的消耗，乔治爵士向奥蒙德公爵建议说："如果我们再这样打下去，会支持不住的。不如收兵回国，等待时机，保存一些实力也好向国王交代。"奥蒙德公爵这时情绪很低落，看到这种现状，也只好同意，并命令手下通知各舰，清点人数和食品、淡水的储备量，计算好每日的消耗量，准备起程回国。

正当英国人准备撤离时，有人向奥蒙德公爵报告说：有一批西班牙的运宝船，刚刚停泊在离加的斯港不远的比戈湾内。奥蒙德公爵听到这个消息后，马上就来了精神。他想，这次舰队远征一无所获，如果抢下西班牙这批宝物，大家发财不说，也好在国王面前有所交代。于是，他下令舰队驶向比戈湾。英国水兵在发财欲望的刺激下，舰队全速前进，比戈湾内的西班牙水军

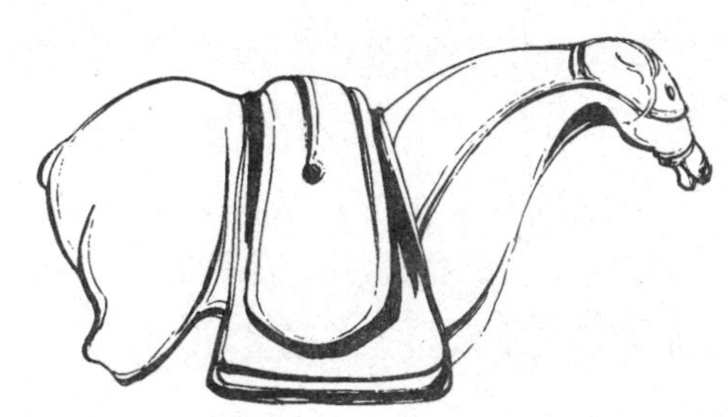

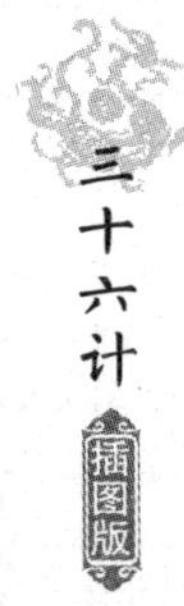

还未反应过来，便遭到英国水兵暴风骤雨般的打击，西班牙运宝船被英国人洗劫一空。

奥蒙德公爵将劫得的100万英镑宝物献给了英国国王，并添油加醋地描绘一番，乱吹了一通。由于奥蒙德公爵顺手牵来了一只“大羊”，英国国王不仅没有责怪他指挥无方、督战不力，反而大大表扬了他一番。

奥蒙德公爵出师不利，与西班牙人相持一个多月，不能取胜，眼看弹尽粮绝。就此回英国很有可能受到国王的处罚，然而由于他撤退时顺手牵羊夺了西班牙的运宝船，国王不但没有责怪他，反而表扬了他，此可谓是“顺手牵羊”之计的典范。

商战谋略

靠卖凉水致富的亚尔默

一百多年前，美国西部的淘金热浪潮卷入了一个叫亚尔默的17岁青年农民，他和许多淘金者一样，肩扛铁锹，怀着灿烂的黄金梦，费尽万难来到加利福尼亚州的一个山谷。

这里气候干燥，常年无雨。来到这里的人们对炎炎烈日充满了痛苦的抱怨声：

“一滴水都没有！真是个鬼地方！”

“谁要是让我痛饮一桶水，老子给他两块金币也干！”有人口渴难耐，痛苦地嚷道。

亚尔默没有加入到怨天尤人的行列里，他向一个在此采金已久的人问道：“先生，这里的天气每天都是如此吗？”

那人看了他一眼，轻蔑地答道：“毛头小伙子，怕了吧？这样的日子长着呢，跟黄金一样，都是加利福尼亚的特产！”

亚尔默感觉到，他找到了属于自己的“矿苗”，于是，他毅然把铁锹换了个方向，使劲向远处的小河挖去。他终于挖通了一条小小的引水渠，把河水经过细沙过滤，变成了清凉的饮用水，然后，把水装在桶里，卖给挖金子的人。

在很短的时间里，亚尔默就靠着那一桶桶的清水，赚了6000美元！而其他许多人因掘不到金子，不得不仰天长叹，遗恨无穷地退出了黄金战场。

滴水可以成海，无涓流不成江河，千万不要看不起“蝇头小利”，尤其是自己实力有限时，宁做“顺手牵羊”的亚尔默，也不做抱恨而去的淘金者。这是亚尔默卖凉水致富带给我们的启示。

顺手牵“机”，大发方便面之财

今天，人们爱吃的方便面，是一位日本人从现实生活的小细节中得到启示，而首先生产出来的。

20世纪50年代末，一位名叫安藤百福（1910—2007）的日本人在大阪市开了一家以加工销售食品为主的公司。

安藤百福每天下班后都要乘坐电车回到他居住的池田市。在车站附近，安藤常见到许多人挤在饭馆前，等着吃热面条。开始安藤对这种司空见惯的现象并不在意。但久而久之，安藤忽然从中悟出一个道理：既然面条这样受欢迎，我搞面条生意不是很好吗？这显然是一个很值得挖掘的潜在生意机会。

因为吃热面条需要在饭馆前等候，费时、费力，很不方便。而且吃挂面除了费时以外，还缺少调料，味道不理想。接着，他进一步琢磨：如果能搞出一种只要用开水一冲就可以吃，而且本身带有味道的面条，一定会受到人们的欢迎。

于是，他买了一台轧面机，开始试制设想的新型食品。在试制过程中，不断失败，不断改进。

经过3年奋斗，安藤百福终于获得成功。他的方便面为人们生活带来方便，从而逐步被人们认识了。一包包的“鸡肉方便面”被顾客从货架上取下来，又冒着香喷喷的热气出现在广大用户的餐桌上。

仅仅8个月，方便面便销售出1300万包。安藤由此也从一家小公司的经理一跃成为拥有大量资产的富商。

安藤开发新产品的做法之所以成功，是因为他善于从普通的生活现象中

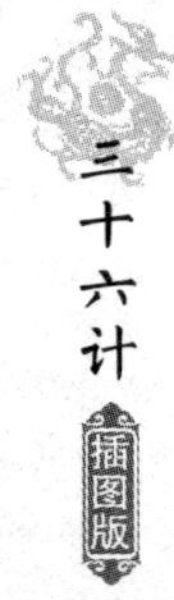

发现人们的潜在需求，并努力生产出使顾客的潜在需求得到满足的产品。这也是产品开发中的适销对路原则。

尽管是安藤在车站等车顺手牵住的念头，可贵在于，他紧紧牵住灵感不放，坚信这是块宝地，是尚未开垦的新大陆，并且决策迅速、果断，所以他成功了。

要想顺手牵住机运这只稍纵即逝的“羊”，需要培养见微知著的洞察能力和闻风而动的应变能力，以致在“羊”一经出现时就能将它辨认出来，随即牢牢抓住。

第三套　攻战计

第十三计　打草惊蛇

【原文】

疑以叩实，察而后动。复者，阴之媒也。

【译文】

对于有疑点的对象必须查明情况，掌握了实情后再采取行动。反复侦察追究，而后采取相应的行动，是发现隐藏之敌的重要手段。

【按语】

敌力不露，阴谋深沉，未可轻进，应遍探其锋。兵书云："军旁有险阻、潢井、葭苇、山林、翳荟者，必谨复索之，此伏奸之所藏处也。"

【译文】

当敌方的情况没有暴露出来，而将其阴谋深藏不露的时候，万万不可轻视敌人而贸然进攻，应该采用各种方式从不同的侧面探明其锋芒所在。《孙子兵法》中说："行军路过重险关隘、湖沼、水网、芦苇、山林、灌木茂盛的地方，必须谨慎地反复先行搜索，因为这些地方都是敌人可能隐匿伏兵和奸细之处。"

【计谋精解】

蛇一般是隐藏在草丛中的，要发现蛇就要打草，打草是为打蛇做准备。如果打蛇的工具没有准备好，或地形不利，这时已经发现了蛇，也不能打草，以防蛇跑掉。打草惊蛇之计用在军事上，是指敌方兵力没有暴露或者意向不明时，切不可轻敌冒进，应当查清敌方主力配置和运动状况后再说。

《孙子兵法》中云："作之而知动静之理，形之而知死生之地，角之而知有余不足之处。”意思是用行动来了解动与静的道理，用示形诱敌来摸清地形的有利和不利之处，用小的战斗测验自己的长处和短处。这句话恰恰概括了“打草惊蛇”计谋的真正含义。

在“打草惊蛇”中，“草”与“蛇”是两个相互联系而性质完全不同的事物。“蛇”藏于“草”中，“草”是蛇的外衣，掩护蛇，而且“草”可迅速地向“蛇”传递信息。由此可见，“草”指敌人的同类，“蛇”指敌人自身。因而“打草”之后必然“惊蛇”，蛇受惊后或搏击或逃离。

打草惊蛇之计可以理解为以下含义：

（一）打草的目的是惊出蛇。我们前方的道路情况不明，可能有蛇隐伏，如果贸然踏过去，风险很大，通过打草或投石发出声响，敌人误以为我们已到了跟前，便出来发动进攻，结果便暴露了自己。就是“观彼动静而后举焉”。火力侦察，先行试点等都属此类。这是一种间接的侦察方法，也叫投石问路或引蛇出洞。引蛇出洞是为了借此了解蛇的位置、力量，了解蛇的意图、动向，便于躲避，也可以是把蛇引出来，便于消灭。

（二）打草的目的是惊醒蛇。世界上的事物是互相联系、互相影响的，往往触动一件事物，就会连带相关的事物。如果甲受到打击惩处，会使乙感到惊慌的话，那么我们就采用打击甲来警告乙的策略。这是一种间接警告的方法。

（三）打草的目的是惊走蛇。我们为了在行路的过程中不致被蛇所袭击，需要把伏在路上的蛇赶跑。但若用棍子直接打，蛇可能会随棍而上，而通过打击路边的草来吓跑草丛中的蛇，是一种有效而无危险的策略。在不便或不愿与敌人直接接触，并且只需将其赶跑的时候，使用这种间接驱赶的方法效果最好。

我们应采取以下措施来应对敌人的打草惊蛇之计：

（一）行为端正，不做被打之蛇。只要我们自身坐得正，行得端，不与坏人为伍，不留把柄于人，敌人无论如何打草，也不会令我们心惊胆战。

（二）静候其变，不漏机密。我们隐藏的时候，要十分隐蔽和巧妙，不能让敌人发现一点可疑的痕迹，更不能让敌人了解到我们的意图，隐藏埋伏时，不能自我暴露，要静静地等待出击敌人的良机。

（三）辨敌真伪，切勿盲动。敌人不了解我们情况时，常常采取虚张声

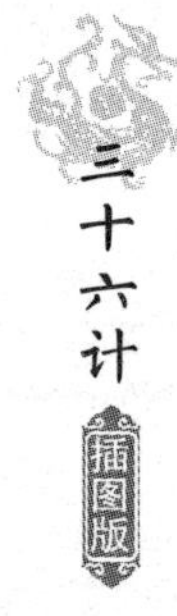

势的办法来迷惑、诱骗我们。这时我们要能分辨出敌人是否真的发现了我们，若真的发现了我们，敌人攻击的火力会比较集中，猛烈而准确。若是使用打草惊蛇之计，则攻击的火力分散，不猛烈也不持久，并且会不断地变换方向。在敌人已发现我们时，要立即出来迎战，切不可迟误；在敌人虚张声势时，要沉得住气，切不可因盲动而暴露自己。

（四）给自己留好退路。在敌人打草之时，防止因牵连而暴露，应该事先谋划好退路，以便主动地、隐蔽地退走。

智慧典例　政治谋略

立王后司马熹名利双收

战国时，中山王宠爱着两个贵妃阴姬和江姬，她们为了做王后而明争暗斗。

有一位谋臣名叫司马熹，很有谋略，弄钱手段也相当高明。他看出两妃争宠的情形，想趁机会敲她们一笔，便暗中使人去致意阴姬，告诉她："争王后位置可不是开玩笑的，争得到手，自然掌有权威，贵甲天下，傲视全民；万一失败呢，那就危险了，不仅自己的性命保不住，还要祸延家族哩！所以，不争则已，要争必要胜利。如果想成功的话，除非去请教司马熹先生！"

阴姬听说，果然心动，便秘密地亲身去请教司马熹。司马熹便使足干劲，鼓其如簧之舌，说得她点头点脑，千多谢万多谢地说："如果事情成功的话，一定大大地酬谢！"并且先给司马熹奉上一笔茶资。

于是，司马熹即刻上书中山王，告诉他有一个计划可使本国强盛、邻国（指赵国）衰弱。

中山王很感兴趣，堆下笑脸来问他：“我非常欣赏你这个建议，要怎样做才行呢？”

司马熹说：“我先要亲身去赵国跑一趟，名为访问，暗地侦察赵国的险要地方和风土人情，了解它的政治和军事动向，回来才可以订出一个详细计划，所谓知己知彼，才能百战百胜！”

中山王听了又送给他一份礼，打发他去赵国访问。

司马熹见到了赵王，公事完毕，在私谈间便对赵王说：“听说贵国是出产美人的地方，但我到这里已经几天了，总看不到哪一个算得漂亮。老实说，我足迹遍天下，也见过无数女人，总觉得没人比得上我国那位阴姬了，不知道的，还以为她是仙女下凡哩！她的美，不是笔墨所能描写得来，语言所能说得出，她那高贵的仪表，唉！胜过母仪天下的王后！”

赵王怦然心动，忙问：“有没有可能把她弄到这里来？”

司马熹故意把话锋一转：“我不过随便说说罢了，至于大王意图怎样，弄不弄得到手，我可不能发表意见，阴姬虽然只是妃子身份，却是国君所宠爱的。这些话，请千万不要传开去，否则要杀头的。”

赵王奸笑一下，表示非达到目的不可。

司马熹回到本国，报告给中山王的就是：“赵王根本是一个浑蛋，没有道德观念，只晓得玩女人，听淫乐，不知仁义是什么东西，开口讲打，闭口讲杀。还有，我听到一个可靠的消息，说赵王这个浑蛋正在暗中设法把大王的宠妾阴姬弄过去呢！”

“浑蛋，岂有此理！”中山王不听犹可，一听则怒骂起来，“王八蛋竟把脑筋动到我头上来了！可怒也！”

“大王！请冷静一点。”司马熹说，“从目前形势来看，赵国比我国强盛，

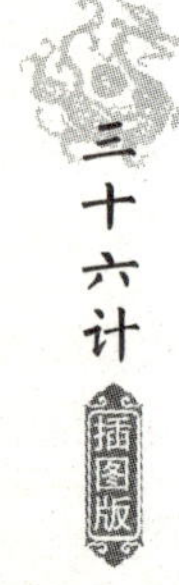

打是打不过他。赵王要索取阴姬，实在没有办法可以不给。不给马上就亡；要给，一定被人耻笑，笑大王懦弱，连国王的爱妃都会送给人！”

“那怎么办？”中山王虽然无名火动，到此时也不能不低声下气请教司马熹了。

“照我看，”司马熹从容不迫地说，“只有一个办法可以避免，就是大王立即册封阴姬为王后，断了赵王的邪念。在国际上，从没有谁敢要别国的王后做妻子的，就是想要，也为列国摒弃，骂作禽兽！”

“很好！”中山王转怒为笑，说：“就照你的办法去做，看他这个癞蛤蟆还敢不敢想吃天鹅肉！”

因此，阴姬便很顺利地做了王后，赵王也死了心，司马熹则成了王后娘娘的大恩人，地位和金钱自然更有保障了。

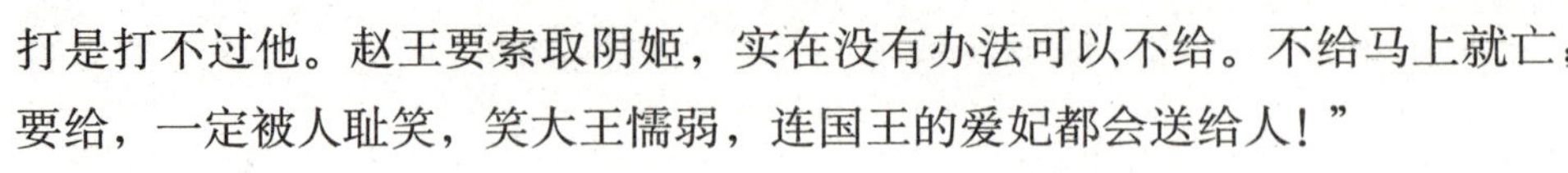

军事谋略

蜀魏争夺汉中之战

公元218年，刘备领兵10万图汉中，曹操闻报大惊，起兵40万亲征。定军山一役，蜀将黄忠计斩曹操大将夏侯渊。曹操大怒，亲统大军抵汉水与刘备决战，誓为夏侯渊报仇。蜀军见曹兵势大，退驻汉水之西，两军隔水相拒。刘备与孔明至营前观察两岸形势，谋划破敌之策。孔明见汉水上游有一带土山，可伏兵千余。回营后命赵云领兵五百，都带上鼓角，伏于土山之下，或黄昏，或半夜，只要听到本营中炮响，便擂鼓吹角呐喊一通，但不可出战。孔明自己却隐在高山上观察敌军动静。

第二天，曹兵到阵前挑战，见蜀营既不出兵，也不射箭，叫喊了一阵便回去了。到了深夜，孔明见曹营灯火已灭，军士们刚刚歇息，

便命营中放炮为号，令赵云的五百伏兵鼓角齐鸣，喊声震天。曹兵惊慌，疑有蜀兵劫寨，赶忙披挂出营迎敌。可出营一看，并不见有什么蜀兵劫寨，便回营安歇。待曹兵刚刚歇定，号炮又响，鼓角又鸣，呐喊又起。一夜数次，弄得曹兵彻夜不得安宁。一连三夜如此，致使曹操惊魂不定，寝食不安。有人对曹操说，这是诸葛孔明的疑兵计，建议不要理睬他。可曹操说，我岂不知是孔明的诡计！但如果多次皆假，却有一次真来劫营，我军不备，岂不要吃大亏！曹操无奈，只得传令退兵三十里，找空阔之处安营扎寨。

诸葛亮施“打草惊蛇”计逼退了曹兵，便乘势挥军渡过汉水。蜀军渡汉水后，诸葛亮传令背水结营，故意置蜀军于险境，这又使曹操产生了新的疑惑，不知诸葛亮又将使什么诡计。因为曹操深知“诸葛一生唯谨慎”，认为他如果不是胜券在握，是决不会走此险棋的。诸葛亮正是看中曹操这种心理，偏走此险棋来疑他、惊他。曹操在惊疑中，为了探听蜀军虚实，下战书与刘备约定来日决战。战斗刚开始，蜀军便佯败后退，往汉水边逃去，而且多将军器马匹弃于道路两旁。曹操见此，急令鸣金收兵。手下的将领疑惑地问曹操：为何不乘胜追击，反令收兵？曹操说：看到蜀兵背水扎寨，我原本就有怀疑，现在蜀兵刚交战就败走，而且一路丢下许多军器马匹，更说明是孔明的诡计，必须火速退兵，以防上当。

然而，正当曹兵开始掉头后撤时，孔明却举起了号旗，指挥蜀兵反身向曹兵冲杀过来，致使曹兵大溃而逃，损失惨重。

此战诸葛亮用故设险局、临阵佯败、“打草惊蛇”的计策置曹操于疑惑、惊恐之中，再次巧妙地击溃了曹兵。

刘銮雄妙“打草”勇立股市潮头

在1983年香港地产业处于低潮时，恒基兆业公司的董事长李兆基为套取大量现金，曾大量抛售手中的持股。到1986年，他的持股量竟不到公司股权的10%。深谙股市动态并掌控着中华娱乐公司的刘銮雄看中了这一薄弱环节，便在市场上猛吸恒基兆业的股票，很快就购入了40%的股权。这一下如打草惊蛇一般，使李兆基大为震惊。为保持对该公司的控制权，他只好出高价收购该公司股票，刘銮雄则趁机大捞了一笔。

经此一役，刘銮雄又乘胜追击、趁热打铁，将矛头指向香港巨豪、英国终身贵族嘉道理。他由自己属下的中华娱乐公司出面购进嘉道理家族旗下的大酒店有限公司26%的股权，并在市场上大肆收购，最后使持股量达到34%，向嘉道理挑战控制权。1987年5月初，在股东大会的选举中，迈克尔·嘉道理仅以2票的微弱优势保住主席宝座。他受此威胁，吃惊不小，不得不在7月份与刘銮雄达成幕后协议，以每股65元的高价转入刘手中的股份，总额达22亿多港元。刘銮雄由此轻而易举地净赚1.36亿元的巨额利润。此次，收购计划虽未成功，但却震动了香港股市，使刘銮雄声名鹊起。

在股市中会有这样的情况，当某个大户看中了某个上市公司，就或明或暗地大肆收购该公司的股票，甚至向该公司原有的控股人挑战。这种做法就有打草惊蛇的侦察作用，该上市公司的原有控股人受到惊动之后，必然会作出反应。这时挑战者即可看出对方的实力，一旦发现有机可乘，就立即想法夺过该公司的控股权；一旦发现收购无法成功，也可高价卖出已吸入的股票，大赚一笔之后退场。

亚柯卡谨慎探市试销终成功

20世纪80年代初，亚柯卡为使克莱斯勒汽车制造公司重振雄风，决定把“赌注”押在敞篷汽车上。然而当时，由于时髦的空气调节器和立体声收录机对于没有车顶的敞篷汽车毫无意义，所以敞篷小汽车几乎销声匿迹了，美国汽车制造业也已停止生产敞篷小汽车达10年之久。

虽然预计敞篷小汽车的重新出现会引起老一辈驾车人对它的怀念，也会引起年青一代驾车人的好奇。但是克莱斯勒刚从连续4年亏损的低谷中走出，再也经不起折腾。

为了保险起见，亚柯卡采取了“打草惊蛇”的试销方法。

亚柯卡指使工人用手工制造了一辆色彩新颖、造型奇特的敞篷小汽车。当时正值夏天，亚柯卡亲自驾驶这辆敞篷小汽车在繁华的汽车主干道上行驶。

在形形色色的有顶轿车洪流中，敞篷小汽车仿佛是来自外星球的怪物，立即吸引了一长串汽车紧随其后。最后几辆高级轿车把亚柯卡的敞篷小汽车逼停在路旁，追随者围住亚柯卡，提出了一连串的问题：

“这辆车是哪家公司制造的？”

“这是什么牌的汽车？”

诸如此类的问题，亚柯卡面带微笑地作了回答。心中对敞篷车的销售前景也有了初步把握。

为了进一步验证，亚柯卡又把敞篷小汽车开到购物中心、超级市场和娱乐中心等地，每到一处，都吸引了一大群人的围观和探询。

经过几次“打草”，亚柯卡掌握了市场的情况。不久，克莱斯勒公司正式宣布将生产男爵型敞篷汽车。结果，美国各地都有大量的爱好者预付订金，其中还有一些女骑士！亚柯卡利用“打草惊蛇”的谋略，掌握了敞篷汽车的市场销售前景，一举推出，第一年就销售了2.3万辆，获得了巨大的成功。相反，如果亚柯卡没有经过试探，而贸然生产男爵型敞篷汽车，也许也会成功，但会冒失败的风险，所以这种“打草惊蛇”的试销，可谓是万全之策。

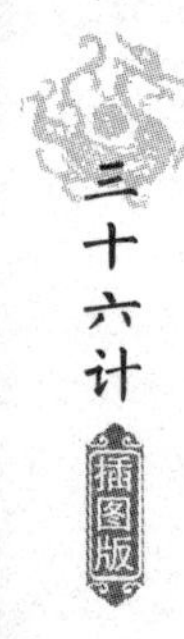

第十四计　借尸还魂

【原文】

有用者，不可借；不能用者，求借。借不能用者而用之，匪我求童蒙，童蒙求我。

【译文】

凡是朝气蓬勃时的事物，都难以驾驭和控制，因而不能取用；而无所作为、腐朽不堪的事物，才符合利用的要求。利用腐朽事物，并非我求助于愚昧之人，而是愚昧之人求助于我。

【按语】

换代之际，纷立亡国之后者，固借尸还魂之意也。凡一切寄兵于人，而代其攻守者，皆此用也。

【译文】

每当改朝换代的时候，英雄豪杰往往纷纷拥立亡国之君的后代，打着他们的旗号来号召民众，攻伐战守，以达到自己争夺天下的目的，这些都是运用的“借尸还魂”之计。凡是那些把兵权借给别人，并代替别人进行攻击或是防御的，也都属于这一计谋的运用。

【计谋精解】

借尸还魂作为一条计谋，指的是已经衰落或死亡的事物借另一种形式重新出现。从引申的意义来说，处于被动或面临失败的局面时，善于利用一切有利条件，扭转局势，争取主动，实现原先的意图，都可视为借尸还魂。

借尸还魂之计可以理解为以下含义：

（一）跌倒爬起，寻求东山再起之机。我们在失败时能保持清醒的头脑，冷静进行分析，准确地作出判断，不惜一切手段，积极主动地转败为胜，而不是自暴自弃，从此一蹶不振。

（二）借助外力，实现自己的意图和目的。我们失败后，往往自己的力量不足以转败为胜，就要借助一切可利用的力量，以壮大自己，争取一切可利用的机会，以增加取胜的可能。我们也可以借助别人的名义来实施自己的战略计划，进而达到自己的目的。借助外力的一般原则是不借有能力、有作为者，因为有能力、有作为者难以驾驭和控制，而应借用那些无能力、无作为的，因为它既可以很方便地驾驭和控制，又不会吸引别人的视线。

我们应采取如下防范对策来应对敌人的借尸还魂之计：

（一）要彻底根除敌人留下的隐患。敌人就像一个长在我们身上的毒瘤，只有将他们彻底根除，我们才可以安心生活，否则，一旦毒性复发，会残害我们的身体。所以我们应该将他们连根拔起，以防留下祸患。

（二）将无用之物深深掩埋起来，以防敌人加以利用。我们常常扔掉一些对我们暂时无用的东西，而这些东西很可能成为敌人还魂时所借之“尸”，我们的东西被敌人所借，并用来对付我们，那是十分可悲的事情，我们应注意将可能被“借”的东西，深埋或隐藏起来，使敌人无“尸”可借。

（三）透过现象看本质，绝不能被敌人的假象所迷惑。识破敌人借尸还魂之计并非易事，因为它给我们的是假象，真实的东西藏在里面。这就需要我们透过现象看本质，由表及里地进行分析判断，一旦发现敌人已借到“尸体”，正准备“还魂”，我们应该立即制止，使其企图无法得逞。

政治谋略

康有为“托圣王”变法改制

19 世纪末，帝国主义列强又一次掀起了瓜分中国的狂潮，中华民族面临着空前严重的危机。当时，康有为、梁启超等志士仁人意识到必须进行维新变法，否则中国就有亡国灭种的危险。

但是，清朝长期推行愚民政策，民众对维新变法的迫切性认识不足。特别是清政府内部的顽固派鼓吹“天不变，道亦不变”的陈腐教条，极力反对对封建专制制度作任何变革。有的顽固派甚至叫嚷：“宁可亡国，不可变法。”康有为等人的维新变法，面临着强大的政治压力和社会阻力。

为克服这种困境，康有为采取了借尸还魂的谋略，具体来说就是托古改制，以古喻今。康有为撰写了一部书，名叫《孔子改制考》。这本书指出，上古时代没有文字和书籍，所以今天无法确知上古时代的情况。但是，中国人有一种“荣古而虐今，贱近而贵远”的迷信上古的心理。春秋时，礼崩乐坏，社会动荡，包括孔子在内的诸子百家利用人们的这种心理，把自己所设定的政治理想假托为上古时代已经实行过的，借此争取人们对自己的政治学说的信仰与认可。中国历史上不一定存在尧、舜、文王、武王等圣明君王，这些人不过是孔子为改制而假造出来的托古对象。

康有为在谈到写作《孔子改制考》一书的意图时说：“作为一般的平民百姓，如果公开倡言变法改制，必会遭人诅咒。因此，不如假托古代圣王来倡言变法改制，这样，既不会使人感到惊恐，又可免除不测之祸。”

康有为不仅把历代统治阶级尊崇的孔子装扮成改制维新的祖师爷，而且还搬出清帝先王来为自己的观点辩护。他说：“我世祖章皇帝何尝不变太宗文皇帝之法哉？若使仍以八贝勒旧法为治，则我圣清岂能久安长治乎？”

在康有为的鼓动宣传下，光绪皇帝终于下定决心在中国发动一场空前的变法维新。虽然，这次戊戌变法被以慈禧为代表的顽固派镇压下去了，但康有为在变法前实行的借尸还魂的谋略，是符合人心的，也运用得恰如其分。

军事谋略

死诸葛吓走活司马

公元234年，诸葛亮第六次出兵攻魏，其对手司马懿只是隔河坚守，拒不出战。

过了一些时间，诸葛亮派使者给司马懿送去一只盒子。司马懿手下求战心切的将军们，以为诸葛亮派人来下战书了。他们拥入帅帐，想弄清是怎么回事，所有的人都紧张地注视着司马懿。他先拆开诸葛亮的信，信中诸葛亮骂他身为将帅，贪生怕死，与胆小的女人无二。司马懿看罢，心中大怒，但表面上依然装作若无其事，并微笑着打开了盒子。令他怒火中烧的是，盒子里面竟是一些女人的头巾、服装之类的东西。

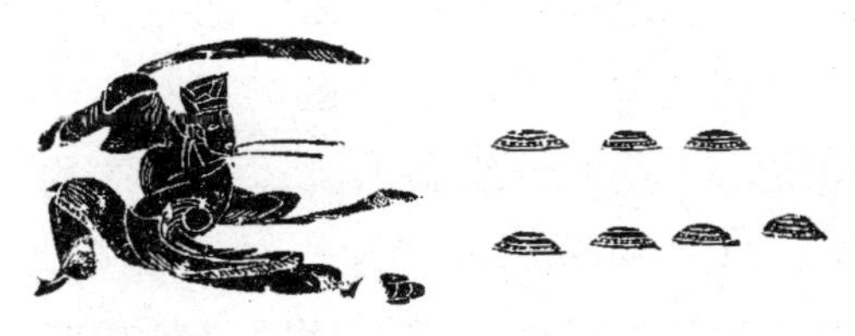

众将们见到主帅被诸葛亮如此污辱，纷纷要求杀掉来使，立即出兵与诸葛亮决一死战。

但司马懿依然故作淡定，仅用孔子的一句格言作了回答："小不忍，则乱大谋。"他非但不斩诸葛亮的来使，反而盛宴相待。吃喝之间，司马懿避而不谈战事，只是询问诸葛亮的饮食、睡眠等琐事。

送走来使后，司马懿对周围部下说："诸葛亮用的是激将计，我们绝不可上当。现在诸葛亮处境艰难，军政负

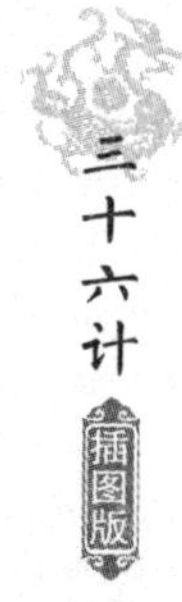

担过重，寝食不安。我相信他活不了多久，汝等好好准备着，一旦死讯传来，我们马上出战。”

魏军继续坚守于牢固的工事之中，诸葛亮非常恼火。这次出兵拖到现在已经一百多天了。白天，诸葛亮与众将商议下一步作战计划，夜里又整夜不眠地思考如何打败司马懿。过度的操劳，使他身染重病，口吐鲜血，最后死于军营之中。

蜀军将士悲痛万分，他们想立即为丞相办丧。但杨仪和姜维依照诸葛亮临终所授计策告诉众人，先不要发丧。他们把诸葛亮殡殓入棺，然后率领蜀军起程返回汉中。

第二天清晨，司马懿得到消息，说诸葛亮已死，蜀军已撤，他立即率领大军离开据点，前去追击蜀军。半路上，他登上一座小山眺望远处的蜀军。只见蜀军军容齐整，旌旗招展，犹如诸葛亮在世时那样。司马懿顿时怀疑诸葛亮没有死，可能这是诱兵之计。但在众将催促之下，他只得继续追赶。没过多久，蜀军听得一声信号响，立即停止了前进，掉头像是准备迎击随之而来的魏军。这全都是依照诸葛亮之计行事的。就在司马懿心中升起新的疑问时，树林之中闪现出蜀军帅旗，旗下众将簇拥一辆小车，车上端坐之人正是据传已死的诸葛亮。司马懿一见这种情景，立即下令全军撤退，蜀军也马上起程回师。直到回到安全地带，蜀军这才打起白幡，为丞相发丧。直到这时，司马懿才相信诸葛亮真的死了，车上坐的诸葛亮只是木头人而已，司马懿再想去追，但蜀军早没踪影了。

魏将都为失去了一个消灭蜀军的大好时机而懊丧不已，可司马懿叹道：“杨仪用兵之道大有诸葛亮之遗风，死诸葛亮借杨仪之身还了魂。我是上了‘借尸还魂’之计的当了。”

派克公司借尸还魂获重生

20 世纪四五十年代，颇有知名度的派克笔一直都是派克公司的拳头产品，并且雄霸市场。

然而好景不长，由匈牙利人拜罗兄弟发明的“圆珠笔”的问世给正处于巅峰的派克笔致命一击。经过不懈努力，实用、方便、廉价的圆珠笔一问世，就深受广大消费者的欢迎，相对高价位的派克笔受到了强有力的挑战。

面对这个不利的形势，派克公司为了与圆珠笔竞争，曾一度以其雄厚的资本为后盾，降价销售钢笔。但是，圆珠笔的低廉成本是钢笔无法比拟的，使用起来也比钢笔方便。结果派克公司耗尽元气，颓势仍然无可挽回，身价也因此一落千丈，派克公司濒临破产。

派克公司并不乏有识之士，其欧洲高级主管马科利就是其中之一。他认为，派克公司在与圆珠笔的市场争夺战中犯了致命的错误，不是以己之长，攻人之短；而是以己之短，攻人所长，无异于堂吉诃德手持长矛进攻风车。

他筹集了足够的资金，买下了派克公司。紧接着立即着手重新塑造派克钢笔的形象，突出其高雅、精美和耐用的特性，使它从一种大众化的实用品成为一种显示高贵社会地位的象征。他就从这样的战略思想出发，采取了两项战略措施。

首先是削减派克钢笔的产量，同时将原来的销售价格提高 30%。其次是增加广告预算，加强宣传以提高派克钢笔作为社会地位象征物品的知名度。为了达到这一目的，派克公司做了两件闻名于世的大杰作。

英国女王是英联邦的元首，其所有用品无不显示其地位的高贵，因此其用品的商标及生产厂家也跟着打上了高贵的烙印。马科利深知这一点，他煞费心机，再三努力，让派克钢笔获得了伊丽莎白二世御用笔的资格。

1987 年，美苏两国元首里根和戈尔巴乔夫签订了限制核武器的协定。事隔不到 3 天，派克公司通过广告大肆宣扬，“笔杆的力量胜过刀枪！”这里所说的笔杆当然是指两国领袖签字用的笔，正是“特制的银质 75 型派

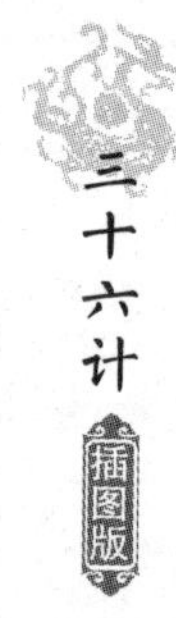

克钢笔”。

方向对头，措施得力，马科利的战略目标实现了。1989 年，派克钢笔又一次提高了售价。

以实用为标志的老式派克钢笔没落了，老派克公司也因此不复存在；新的派克钢笔却以炫耀、装饰为标志的形式“还魂”了，派克公司也随之获得了新生。

几乎任何产品和企业都有它的成长期、成熟期和衰退期。抓住时机，充分利用一切有利条件，使它们在衰落时能“借尸还魂”而获得新生，往往能取得出奇制胜的效果。

第十五计　调虎离山

【原文】

待天以困之，用人以诱之。往蹇来返。

【译文】

利用不利的天时、地理条件困扰敌人，用人为的谋略引诱敌人。主动进攻有危险，诱敌来攻则有利。

【按语】

兵书曰：“下政攻城。”若攻坚，则自取败亡矣。敌既得地利，则不可以争其地。且敌有主而势大：有主，则非利不来趋；势大，则非天人合用，不能胜。汉末，羌率众数千，遮虞诩于陈仓崤谷。诩即停军不进，而宣言上书请兵，须到乃发。羌闻之，乃分抄旁县。诩因其兵散，日夜进道，兼行百余里，令军士各作两灶，日倍增之，羌不敢逼，遂大破之。兵到乃发者，利诱之也；日夜兼进者，用天时以困之也；倍增其灶者，惑之以人事也。

【译文】

《孙子兵法》中说："围城攻坚是最下策。"如果强行攻坚围城，就是自取灭亡。既然敌人已据有有利的地形条件，就不应该去强攻。何况敌人早有准备，力量处于优势。敌人居于有利地位，除非他认为有利可图，他是不会轻易离开有利阵地来进攻的；敌人处于优势，如果不利用天时地利等有利条件以引诱敌人，就无法取胜。东汉末年，羌人首领统率数千兵马，在陈仓崤谷中阻挡虞诩行军。虞诩下令停止行军，向朝廷上书请求援兵，等待援兵到来后再进军。羌人听到这一消息后，便信以为真，分散开各自去附近县城抢掠财物去了。虞诩便利用羌兵离开的时机，下令日夜兼程向前进军，每日疾行百余里。虞诩又命令军士驻军做饭时，每人做两个灶，并使灶的数量每日增加一倍。羌人误以为援兵陆续到了，于是不敢追赶攻击他们，结果他们冲破了羌兵的封锁。虞诩宣称要等待援军到后再向前进军，就是故意让羌人误以为能利用援兵到来前的时间去大肆掠夺，也就是用利诱的方法将羌人调开了；他命令不分昼夜地急行军，就是要得到天时地利上的有利条件；加倍修灶，就是人为地制造援军陆续赶到的假象来迷惑敌人，使敌人误以为援兵已陆续赶到，不敢进攻了。

【计谋精解】

调虎离山，是一个调动敌人的谋略。早在《管子》一书中就有"虎豹去其幽，而近于人，则人得之"这样的话。

在这一计中，"虎"是指强敌，这是一种形象化的说法；"山"是指对敌人有利的地形、条件。调虎离山的目的是将老虎（敌人）从其盘踞的"山"（有利形势）上引下来。

在古今中外的战争舞台上，运用这一计谋调动敌方离开有利地形，就我之范，再加以消灭的例子举不胜举，在现代政治、外交、经济等各种生活领域中，也应用得极其广泛，常会收到令人意想不到的效果。

调虎离山，关键在一个"调"字，"调"要做得巧妙、灵活，隐真示假，诱敌就范。要知道，"虎落平阳可被犬欺"。

此计包含以下两种含义：

（一）虎作为百兽之王，其威力除了来自于它自身的勇猛外，它所盘踞

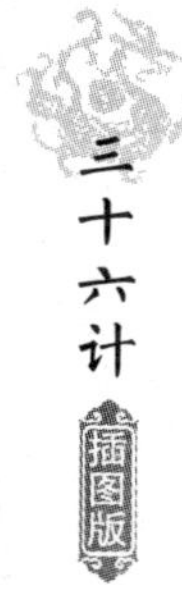

的山势是它赖以生存和施展威力的必不可少的条件，一旦离开了这个重要条件，它自身的勇猛也很难发挥出来。因此将其从有利的地势上调离，使其威力无法得以施展，是最好的办法。

另外，虎为百兽之王，而百兽又都生活在山中。在山中，虎可借百兽以增势，百兽也可借老虎而显威。它们之间因互相勾结、狼狈为奸而提升了其威势，增加了与我对抗的力量。如果把老虎诱离深山，使它与百兽分开，就可大大分散、减弱虎势，这时再来降虎，就容易多了。

（二）我们要想消灭老虎，占领虎山是成功的关键。然而占领虎山并非易事，因为虎山又有虎守护，我们一时攻打不下，这时设法把虎引开，使山空虚，我们便可乘虚而入，一举拿下虎山。待虎发觉之后，已为时太晚，要挽回有利局面已经不可能了。而虎一旦没了老巢，就只得任凭我们发落了。即便我们不去动手杀害它们，它们也不可能生存太久。

我们在运用调虎离山之计时，要灵活运用“调虎”的技巧。一般而言，“调虎”可以采用如下方式：

（一）迷惑敌人，使其无所适从，最后只得自投罗网。采用各种手段迷惑敌人，造成敌人在判断上的失误。和敌人玩捉迷藏的游戏，将其引诱到别的地方来，以达到我们调虎离山的目的。

（二）激怒敌人，使其丧失理智，最后轻举妄动，不知所为。这和《孙子兵法》所说的“怒而挠之”是相同的道理。

（三）根据敌人的特点或需求，以各种各样的利益来诱骗敌人离开其有利地势或赖以生存之地。与之相反，也可以在敌人的内部或外部制造祸害，敌人为了自保就会逃离。这样也能达到我们调虎离山的目的。

（四）最好的方法是向敌人讲清道理，晓之以利害，使其自动退让。不动干戈之法是上上策。虽然这种方法不动一刀一枪，损失很少，但它有一定的局限性，这种局限性在于敌人必须是明智之人，否则很难实行。

应采取以下防范对策来应对敌人的调虎离山之计：

（一）抢先占领有利地势，并稳坐泰山，不为利诱所动。如果我们已经抢先占有地利，而使敌人处于不利的地位，就不要轻易放弃这一优势，并千方百计诱使敌人来我们这里决战，而不能性急浮躁，轻易离开，要“先为不可胜，以待敌之可胜”，才能“立于不败之地”。要经得住各种诱惑，这是问题的关键。

（二）要能有去有回，灵活掌控自己的根据地，而不被敌人霸占。我们万不得已必须出山时，要事先规划好归山之路，不要出得去，回不来。另外离开山林不要太远，一有问题可及时回救。

（三）清楚适合自己的地形条件，但也不可过分依赖条件。我们要清楚自己的特点，清楚适合自己的条件。凡对自己有利的地势可以前行，凡对自己不利的地势，一定要尽早回避。我们可以利用条件，但不能过分依赖条件。

智慧典例　政治谋略

刘邦假游云梦擒韩信

在楚汉战争中，战神韩信发挥卓越的军事才能，助刘邦灭掉项羽建立了汉朝。正所谓“高鸟尽，良弓藏”，坐上皇帝宝座的刘邦，因担心韩信对自己造成威胁，遂解除韩信的兵权，封其为楚王。

韩信初到楚地，到各县乡邑巡察进出都派军队戒严。有人便告韩信谋反。刘邦想出兵攻韩信，谋臣陈平献计说：“陛下的部队比起韩信的楚兵，谁比较精良？陛下的将领，比起韩信，谁更会用兵？”刘邦说：“都比不上韩信。”陈平说：“既然如此，陛下出兵攻他，等于是逼迫他作战，陛下有把握获得全胜吗？我听说古代的天子，常巡视天下，会见诸侯。陛下只要出巡，假装游览云梦大泽，在陈召集诸侯，韩信一定来迎接、拜见，借这个机会拿下他，只需一个大力士就能办成了。”刘邦听了，觉得可行，于是在陈会合诸侯。韩信虽然疑心，但认为自己无罪，坦然来觐见，结果被刘邦的武士缚住。在这个故事中，刘邦运用的正是陈平的调虎离山之计。

公子光施计刺杀吴王僚

春秋末期吴国的公子光，早就想除掉吴王僚，由自己取而代之。但是，吴王僚有三个骁勇非常的儿子时刻在身边，使公子光难以下手。

公子光为此事暗中着急。伍子胥看出了公子光的心思，打算帮助他，便献计说："目前胥国动乱不安，如果你向吴王僚建议，乘胥国发生危机的时候，向胥国发动进攻，吴王僚一定会同意。然后你借口自己的脚被扭伤，推举吴王的儿子掩余和烛庸带兵前去。同时建议吴王派他的另一个儿子庆忌出使郑国和卫国，目的是说服这两个国家共同伐楚。这样，就可以除去吴王僚的三个羽翼，剩下一个吴王僚就好对付了。"

吴王僚果然听从了公子光的所有建议，把他的三个儿子派了出去。公子光见时机已到，便派一个勇士刺死了吴王僚，自己做了吴王。吴王僚的三个儿子见国内发生变故，不敢再回来，只好亡命他国。

在这个故事里，吴王僚的三个儿子如同三只猛虎，使公子光无法刺杀吴王僚。公子光采用伍子胥的计谋，调走了这三只猛虎，吴王僚成了孤家寡人，在这时对付吴王真可谓易如反掌。

军事谋略

孙策调虎离山占卢江

东汉末年，军阀并起，各霸一方。孙坚之子孙策，年仅 17 岁，年少有为，继承父志，势力逐渐强大。公元 199 年，孙策欲向北推进，准备夺取江北卢江郡。卢江郡南有长江之险，北有灌水阻隔，易守难攻。占据卢江的军阀刘勋势力强大，野心勃勃。孙策知道，如果硬攻，取胜的机会很小。他和众将商议，定出了一条调虎离山的妙计。

孙策知晓刘勋极其贪财，便派人给刘勋送去一份厚礼，并在信中把刘勋大肆吹捧一番。信中说刘勋功名远播，令人仰慕，并表示要与刘勋交好。同时以弱者的身份向刘勋求救。他说，上饶经常派兵侵扰我们，我们力弱，不能远征，请求将军发兵降服上饶，我们感激不尽。刘勋见孙策极力讨好他，万分得意。

话说上饶一带，十分富庶，刘勋早想夺取，今见孙策软弱无能，免去了后顾之忧，决定发兵上饶。部将刘晔极力劝阻，刘勋哪里听得进去？他已经被孙策的厚礼、甜言迷惑住了。孙策时刻监视着刘勋的行动，见刘勋亲自率领几万兵马去攻上饶，城内空虚，心中大喜，说："老虎已被我调出山了，我们赶快去占据它的老窝吧！"于是立即率领人马，水陆并进，袭击卢江，几乎没遇到顽强的抵抗，就十分顺利地控制了卢江。刘勋猛攻上饶，一直不能取胜。突然得报，孙策已取卢江，情知中计，后悔已经来不及了，只得灰溜溜地投奔曹操。

腓特烈大帝的"巨蟹"阵

1757年，是普鲁士在"七年战争"中处境最困难的一年。普鲁士军队遭到来自四面八方近40万敌军的围攻：在西面，由戴艾斯提斯元帅率领的10万法军和由苏比兹元帅率领的3万法军，正向柏林逼近；在东面，8万俄军深入东普鲁士境内，也打通了通向柏林的道路；在北面，瑞典军队1.7万人已开始在波美拉尼亚登陆；在南面，由道恩元帅指挥的10万奥军，正大举向北挺进。普鲁士几乎陷于绝境。

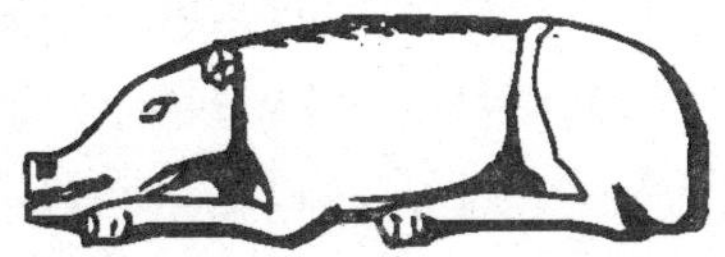

面对危局，普鲁士国王腓特烈大帝并没有认败服输，他分析了不利的局势，决定在敌军还未对自己达成最后的合围

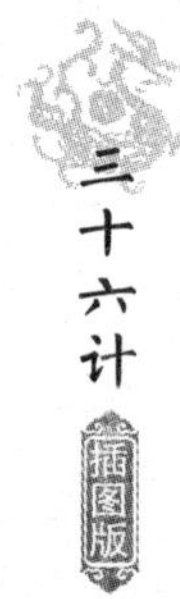

之前，争取时间首先歼灭诸路敌军中最弱小的一支力量，即由苏比兹元帅率领的3万法军，然后再相机行动。于是，他让贝芬公爵率领4万余人牵制住道恩元帅的奥军，另以10万金币收买了接替戴艾斯提斯担任法军指挥的李希留公爵，使他率领的10万法军按兵不动，然后亲自率领普军精锐主力寻找苏比兹决战。但狡猾的苏比兹却避免和普军决战，连连撤退。腓特烈大帝十分清楚，敌军的包围圈在逐渐缩小，若想不输掉这场战争，最迫切的就是争取时间，尽快取得一次会战的胜利，以争取改善局势。于是总数为2.2万人的普军尾随着苏比兹军的3万人寻找战机。

而苏比兹却一退再退，最后撤进布劳恩斯多夫坚固的营地内。腓特烈发现敌人的新营过于坚固，强攻难以奏效，便主动退至罗斯巴赫，制造假象，诱使苏比兹脱离他的营地。

苏比兹的部下，原本倚恃自己的兵力优势而趾高气扬，现在却跟着苏比兹被弱小的普军追得像逃命般一退再退，疲劳之苦和骄狂之气使他们对撤退极为不满。现在，当他们看到腓特烈不战而退，就更加自信地认为，普军是虚弱的，是不堪一击的。于是，将领们纷纷向苏比兹要求，以进攻来结束战争。苏比兹在将领们的强烈督促下，决定第二天即开始进攻。这样，腓特烈大帝的“退却行动”，不仅使苏比兹最后下了会战的决心，也诱使他走出来，放弃了坚固的阵地。

在罗斯巴赫，腓特烈布下了口袋阵。这是一个以炮兵阵地居中，以骑兵和步兵为左、右两翼的新战阵。这个东西长而纵深浅的新战阵，完全是攻势型的布置，它就像张着大口，伸着长长双臂的巨蟹。它的左、右两翼如同巨蟹的两只长钳，可以随时伸出去打击敌军纵队的两个侧翼；而中央的炮兵阵地，如同巨蟹大张的血口，向着正面涌来的联军，喷射出密集的炮火。

骄狂的法军本以为普军肯定会摆出防御的阵形，做梦也没想到等待他们的竟是一只张着血口的“巨蟹”。1757年11月5日下午3时30分，腓特烈看到敌军走进自己布下的迷阵，下达了攻击的命令。只见38个中队4000名精锐骑兵，以铺天盖地的威势伴以地动山摇的呼喊，如同洪水猛兽一般压向法军纵队的右翼。法军纵队立时像炸了窝一样乱成一片，战斗队形整行整列地被炮火轰散，另有7个普军步兵营在炮火掩护下，直插法军的左翼，并用快捷猛烈的炮火射向法军。法军阵形大乱，人马挤成一团，自相践踏。经过近3个小时的战斗，原野上布满了法军官兵的尸体，残兵败将落荒而逃。这场战斗中，普军以500余人的伤亡，毙伤敌军7700余人，俘获5000余人，缴获大炮67门。更重要的是，这场胜利，使普鲁士得以解除了西面来自法军的威胁，击破了联军的包围战略，重新唤起了普鲁士人民的民族自豪感。

腓特烈大帝取得胜利的关键，在于他能把正确的战略和出色的战术相结合。在敌强我弱、四面临敌的不利条件下，他选择了一条正确的战略：集中优势兵力，攻击敌人薄弱环节；在决战的战场上，他又巧妙地采用调虎离山的战术，把敌人引入自己的口袋阵。

商战谋略

明面“引狼入室”实则“调虎离山”

1983年，美国通用汽车公司董事长史密斯，经过一番深思熟虑后作出重大决策，将公司属下位于加利福尼亚州费雷门托市的一家汽车厂拿出来，与日本丰田公司合并，生产丰田牌小轿车。当时日本丰田汽车早已凭其优价进入美国市场，驰骋于美洲大陆。打入美国本土，自然是雄心勃勃的丰田公司求之不得的好事，所以谈判一拍即合，合并即告成功。

美国人早就对日本汽车“侵入”美洲大陆反感至极，史密斯居然公开将日本公司请到本国生产汽车，这简直是引狼入室。为此，美国汽车业界对此举颇有微词。

究竟是“引狼入室”，还是“调虎离山”，史密斯自有他的道理。他深切

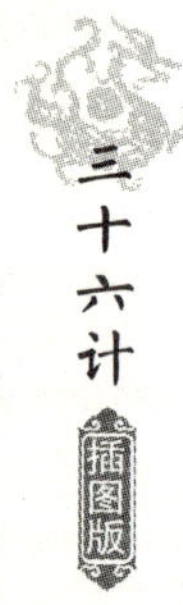

地明白，美国汽车业界之所以在日本汽车大举进攻之下束手无策，一个至关重要的原因就是以往太轻敌了。当初日本车刚刚驶入美洲之时，几乎全部美国汽车商都认为日本车不过是初学者的小玩意，便宜的商品。对日本汽车售价低、性能好、省燃料的特点缺乏正确的认识和态度，等到日本汽车在美国日益畅销时，美国同行便手足无措了。其实，史密斯与日本丰田汽车公司合并之举，绝不表明他已向日本同行俯首称臣，他知道要与之抗衡进而战胜它，就必须了解它，学习它。到目前为止，没有一家美国厂商不明白，如果想与日本汽车竞争，必须降低生产成本和提高车辆品质，只有两手齐抓，双管齐下，才能赢得这场竞争。而通用汽车公司把一家工厂与丰田公司合并，旨在“调虎离山”，在于掌握日本公司的生产方式和管理经验，然后结合美国和本公司的实际情况进行消化吸收，迅速实现战胜日本汽车的目标。

第十六计　欲擒故纵

【原文】

逼则反兵，走则减势，紧随勿迫。累其气力，消其斗志，散而后擒。兵不血刃。需，有孚，光。

【译文】

直接紧逼敌方，敌方就会猛烈反攻，回避敌方，敌方就会自然减势。既不能放开敌方，又要避免直接逼近，这样既削弱了敌方的体力，又瓦解了敌方的斗志，等待敌方实力耗尽，我方一举擒获，不费一兵一卒就取得了胜利。这是从《周易》需卦卦辞中领悟出的道理。

【按语】

所谓纵者，非放之也，随之，而稍松之耳。“穷寇勿追”，亦即此意。盖不追者，非不随也，不迫之而已。武侯之七纵七擒，即纵而蹑之，故辗转推进，至于不毛之地。武侯之七纵，其意在拓地，在借孟获以服诸蛮，非兵法也。若论战，则擒者不可复纵。

【译文】

“纵”，并不是说要将敌人放走，而是一直跟随他，只是稍微放松一点而已。《孙子兵法》中所说的“对于陷入绝境的敌人，不要往死路上去逼之”就是这个意思。其所谓“勿追”，并不是说不必追赶了，只是说不要把敌人逼得太紧。诸葛亮施用七擒七纵的计谋追孟获，就是采用了放了又追的方法。其用意在于扩展领土，利用孟获的地方领袖地位，使南方蛮族全部服从。严格地讲，这不属于兵法的范畴。如果从战争角度而言，那么，既然已经逮住了敌人就不能轻易放走他。

【计谋精解】

欲擒故纵，原文作“欲擒姑纵”。“擒”和“纵”，是一对矛盾，军事上，“擒”是目的，“纵”是方法。古人有“穷寇莫追”的说法，实际上，不是不追，而是看怎样去追。把敌人逼急了，它只得集中全力，拼命反扑。不如暂时放松一步，使敌人丧失警惕，斗志松懈，然后再伺机而动，歼灭敌人。

运用此计要铭记以下三点：

（一）抓牢手中的线，莫让风筝跑丢。我们放风筝时，无论风筝飞得多高，离我们有多远，它都跑不出我们的手掌心，因为在我们的手中有一条长线牢牢地牵着它。对待敌人也是如此，我们要始终跟随敌人，不能让他跑掉。

（二）等敌人逃累了我们再捉。落入我们掌心的敌人只要觉得还有一点逃脱生还的可能，它就会拼命地逃走。在惊慌恐惧中拼命逃跑，既是体力上的消耗，也是精神上的消耗，如果我们一直给他施加死之威胁，但又留给他可逃脱的幻觉时，为了避害他就会一直拼命跑下去。人的体力和精力是有限的，最后跑累的时候，他就会自己停顿下来，这时他也就丧失了反抗能力，我们便可手到擒来。如果不是在他跑累的时候擒拿他，因为他仍有反抗的能力，很可能会拼个鱼死网破。这样，我们既不能捉到敌人又会被敌人猛烈反攻，损失在所难免。

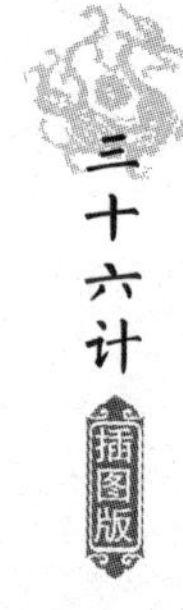

（三）故意骄纵敌人，使其丧失警觉。在敌人面前我们要故意退让，骄纵敌人，使其自我膨胀，士气松懈，丧失警惕，反倒以为我们势力弱小，根本不是他们的对手，因而思想松懈，给我们提供了捕捉的契机。

我们应采取如下防范对策来应对敌人的欲擒故纵之计：

（一）重整旗鼓绝不气馁，变被动为主动，变撤退为反击。一旦战争失利我们不能灰心丧气，消极逃遁，因这还不是最终的胜负，要反过来利用敌人放纵我们的机会，尽快地重整旗鼓，恢复和壮大自己的力量，或选择有利的地势来对抗敌人，或设好埋伏诱骗敌人，或回转身来反击敌人，绝不能让敌人的企图得逞，也不能让敌人的欲擒故纵之计得以顺利实施。

（二）见机行事，绝不恋战，快速机敏地脱离危险之地。我们在和敌人决斗的过程中，一旦发现自己已经处于被动地位，有被敌人包围的危险时，就应及时脱离险境，主动撤退。因为这时敌人还没有形成严密的包围，我们可以根据自己的判断，任意选择突围的方向和路线，而这时敌人也无思想准备，不会立即反应过来跟踪我们。即使跟踪，我们早已脱离危险之地，如果我们继续恋战不知逃脱，敌人就会赶上来包围住我们，到那时我们再想突出重围就十分困难了。

（三）隐蔽行迹，迅疾地摆脱敌人的跟踪。我们免不了被敌人跟踪，所以应该速战速决，而不能长时间拖着大尾巴在后面，因为这样很快就会被拖垮。一旦冲出重围，选准撤退的方向时，就要快速隐蔽地行动，采取金蝉脱壳或瞒天过海之计，摆脱敌人的跟踪，这样才能脱离危险。

（四）“故纵”而不纵，绝不放松警惕，时刻保持清醒的头脑。敌人采用暂且放纵我们的真正意图就是要消磨我们的斗志，松懈我们的思想，然后乘机突袭我们。为了不让敌人的企图得逞，我们无论何时何地，都要始终保持高度的警惕性和旺盛的斗志，不能因敌人的暂时放松而麻痹大意，否则后果不堪设想。

石勒一举歼灭王浚

西晋末年，幽州都督王浚企图谋反篡位，晋朝名将石勒准备剿灭王浚。但是王浚势力强大，恐一时难以取胜。石勒认为时机还不成熟，决定采用“欲擒故纵”之计，麻痹王浚。他派门客王子春带了大量珍珠宝物，敬献王浚，并写信向王浚表示准备拥戴他为天子。信中言辞恳切，对王浚一番吹捧，王浚信以为真。正在这时，王浚的部下游统伺机反叛，准备投靠石勒，石勒却杀了游统，并将首级送给王浚。这使得王浚对石勒更加放心。

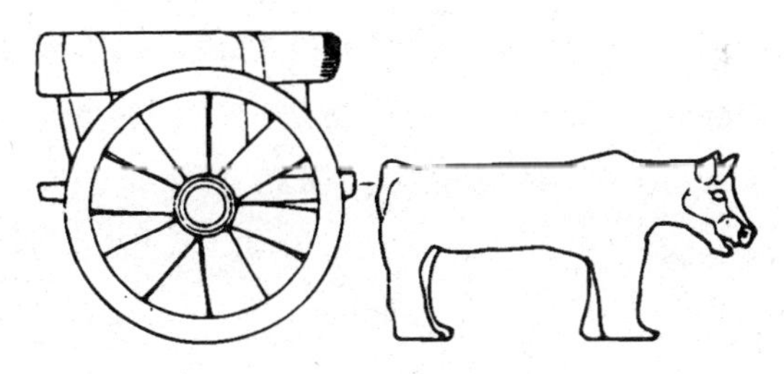

公元314年，石勒探听到幽州遭受水灾，百姓们粮食断绝，而王浚却不顾百姓死活，苛捐杂税，有增无减，致使民怨沸腾，军心浮动。石勒见时机成熟，亲自率军攻打幽州。当年4月，石勒率部来到幽州城，王浚还蒙在鼓里，以为石勒来拥戴他称帝，根本没有准备应战。等到大梦初醒时，已经身首异处了。

王浚刚开始谋反时，石勒并没有实力歼灭他。而且当时不易获得当地军民的全力支持，于是他首先设计稳住了王浚，然后暗中积蓄力量，待机而动。等到幽州遭受水灾，而王浚又激起民愤时，石勒才借机一举歼灭了他。

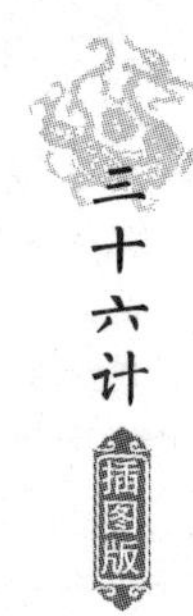

诸葛亮七擒七纵孟获

蜀后主建兴三年（225），蛮王孟获起兵10万反蜀，建郡太守雍阎、群舸郡太守朱褒、越窗郡太守高定相继投降，声势甚大。蜀丞相诸葛亮奉旨起兵50万南征。在智破三郡叛军之后，大军继续向泸水（川滇边境）挺进。适逢马谡奉后主之命前来劳军。

诸葛亮久闻马谡才智超群，便虚心问计。马谡曰："愚有片言，望丞相察之。南蛮恃其地远山险，不服久矣。虽今日破之，明日复叛。丞相大军到彼，必然平服；但班师之日，必北伐曹丕；蛮兵若知内虚，其反必速。夫用兵之道，攻心为上，攻城为下；心战为上，兵战为下。愿丞相但服其心足矣。"诸葛亮很赞同马谡的见地，更坚定了心服蛮王的决心。第一次两军对阵，孟获战败，为蜀将魏延活捉。诸葛亮问他是否心服？孟获说：山僻路狭，误遭汝手，如何肯服？你放我回去，整军再战，若再被擒，我便肯服。诸葛亮当即下令放了他，并给他衣服、鞍马、酒食，派人送他上路。第二次诸葛亮派马岱夜渡泸水，断了蛮军粮道，孟获被部将董茶那、阿会喃等缚送蜀营。诸葛亮对孟获说：你前次说，若再被擒，便肯降服。今日如何？孟获说：这次是我手下人自相残杀，以至如此，如何肯服？

诸葛亮又将他放了，并领他参观蜀军营寨，亲自送至泸水边，派船送回。孟获第二次被放回本寨后，首先将部将董茶那、阿会喃杀了，然后与其弟孟优商议以假降方式夜袭蜀营。诸葛亮将计就计，第三次将孟获活捉。但孟获仍然不服，他说：这是因为我弟贪杯，误吃了你们的毒酒，并非我没有能耐，如何肯服？如果你放我兄弟回去，我们收拾兵马和你大战一场，若再被擒，方肯死心塌地归降。

诸葛亮第三次又将他放了。孟获愤然回归本洞，派人带上金银珠宝往八番九三十甸各部落借得精健蛮兵数十万，一路杀气腾腾来战蜀军。诸葛亮避其锋芒，领军退至西洱河北岸扎营，然后派精兵暗渡至西洱河南岸，抄了蛮军后路，第四次将孟获活捉。诸葛亮怒斥孟获：这次又被我擒了，还有何话可说？孟获说：我误中诡计，死不瞑目。

诸葛亮声言要斩，孟获全无惧色，要求再战，诸葛亮只得第四次将他放了。孟获回去后，又聚集数千蛮兵躲入了秃龙洞，与该洞洞主朵思凭借险山恶水，据守不出。孔明走访当地老人，寻得解毒甘泉和可辟瘴气的薤叶芸香，避过毒泉恶瘴，引军由险径直取秃龙洞，第五次擒得孟获。但孟获仍不服，并说：我祖居银坑山，有三江之险，重关之固，你若能到那里擒我，我便子子孙孙，倾心服侍。诸葛亮远虑深谋，第五次又将他和孟优、朵思等人放了。

孟获连夜奔回银坑山老巢，又请来八纳洞洞主木鹿3万驱兽兵助战。诸葛亮破了孟获之妻祝融夫子的飞刀，布假兽战胜木鹿的兽兵，识破孟获妻弟带来洞主假缚孟获夫妻献降诡计，第六次生擒孟获。但孟获说，这次是我等自来送死，不是你们的本领，如第七次被擒，则倾心归服，誓不再反。

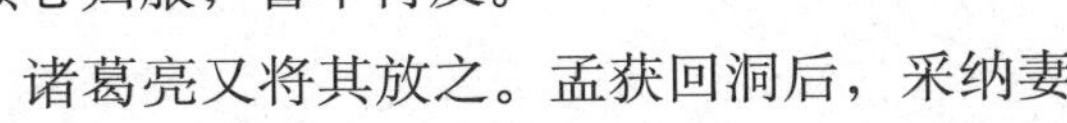

诸葛亮又将其放之。孟获回洞后，采纳妻弟带来洞主的建议，从乌戈国请来3万刀剑不入、渡水不沉的藤甲兵，屯于桃花渡口。诸葛亮设疑兵，一步一步地将藤甲兵诱入预伏干柴、火药、地雷的盘蛇谷，堵住前后谷口，纵烈火将乌戈国的3万藤甲兵烧了，第七次生擒孟获。诸葛亮令人设酒食招待孟获夫妇及其宗室，叫孟获回去再招人马来决战。这一次，孟获却不走了，并说：“七擒七纵，自古未有。我等虽然是化外之人，也懂得礼义，难道就如此没有羞耻之心吗？”于是领各洞蛮民诚心归顺。

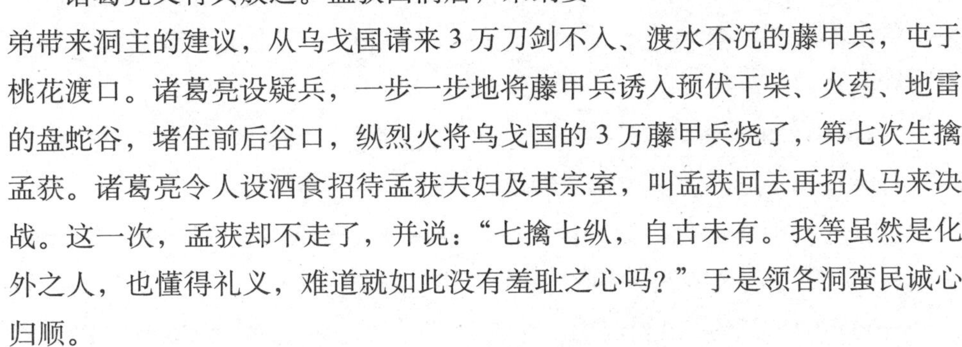

孟获归顺后，诸葛亮命其继续为蛮王，所夺之地，尽皆退还，蜀军班

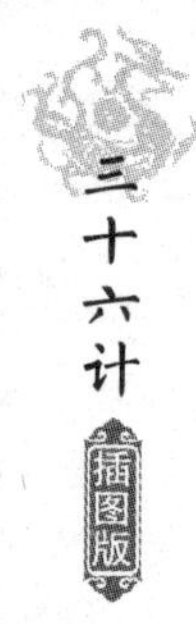

师，孟获亲自送诸葛亮渡过泸水。后来孟获仕蜀，官至御史中丞。终蜀之世，蛮方一直太平无事。

诸葛亮七擒七纵，“纵”的是孟获其人，而最终“擒”的是蛮王及蛮方百姓的心。精诚所至，金石为开。从此蜀国有了一个巩固的南方，诸葛亮可全心致力于伐魏了。

商战谋略

能干的“哈里逊”

1981年1月，美国IBM电脑公司总部发生了一起重大失窃案，一份有关软件设计的秘密技术文件竟从保险箱内不翼而飞了。公司老板勒令保卫处法律顾问卡拉汉迅速破案。卡拉汉从一位刚从日本访问归来的某公司经理佩里那里得知，日立公司主任工程师林健治藏有一份“IBM-3081K”电脑的设计手册。于是，卡拉汉怒火中烧，决心要对日本人进行一次大报复。他找到联邦调查局特别侦探贾连特逊，两人秘密策划了一起“欲擒故纵”的计谋。

不久，林健治应邀万里迢迢来到美国与卡拉汉洽谈一笔大生意，化名为“哈里逊”的贾连特逊也出场相陪。密谈中，林健治邀功心切，对他们两人的真实身份毫不怀疑。卡拉汉笑脸相迎，处处装出为林健治着想的“哈里逊”神秘莫测，表明他是唯一能弄到“IBM”内部情报的人。林健治急不可待地提出日立公司愿以1万美元来买“IBM”最新产品的情报资料。“哈里逊”嫌酬金太少，林健治立即加价，愿以5万到10万美元换取最新电脑控制程式的代码。

“哈里逊”提出要现金，林健治满口答应了。

没隔几天，一阵急促的电话铃声，打破了日立公司驻旧金山办事处的宁静，主任工程师成濑急忙抓起话筒，电话里传来了“哈里逊”的声音：“有关参观事宜，请务必在规定的时间内。”

成濑不放心地问：“我们愿出1万美元，想看看机器，如果出问题，本公司损失就太大了。”“哈里逊”一口保证没有问题。

第二天，成濑从旧金山匆匆赶到这里和“哈里逊”接头。“哈里逊”将他带进一间密室，他看到成堆的新产品，急不可待地打开相机，连连照个不停。这时，躲在暗处录像的联邦调查局密探见此丑态，差点笑出声来，只有老奸巨猾的“哈里逊”不动声色，并假惺惺地催他快拍。

到了1982年6月21日，日立公司派往美国执行窃密计划的林健治又到旧金山和“哈里逊”进行最后磋商。“哈里逊”说：“你们要的情报已全部弄到手，只要先付钱，便可交货。”经过一番唇枪舌剑，林健治答应以52.5万美元成交，付清现金，约定次日上午交货。

第二天上午九时，林健治等四名日本商业间谍按约定时间来到一座大楼门口。走进大门，突然从前后左右闪出几个彪形大汉，恶狠狠地向他们扑来，还没等他们反应过来，每个人的双手都被手铐铐了起来。林健治在绝望中看见“哈里逊”朝他走来，刚想喊叫，忽然一下子又愣住了。原来，此时的“哈里逊”已不是风度翩翩的某公司老板，而是手持联邦调查局逮捕证的特别侦探贾连特逊。林健治狠狠地瞪了他一眼，但已经晚了，无可奈何地低下了头。

第十七计　抛砖引玉

【原文】

类以诱之，击蒙也。

【译文】

用相类似的事物去引诱敌人，乘其懵懂迷惑之时去打击它。

【按语】

诱敌之法甚多，最妙之法，不在疑似之间，而在类同，以固其惑。以旌旗金鼓诱敌者，疑似也；以老弱粮草诱敌者，则类同也。如楚伐绞，军其南门。屈瑕曰：“绞小而轻，轻则寡谋，请勿捍采樵者以诱之。”从之，绞人获

利。明日，绞人争出，驱楚役徙于山中。楚人坐守其北门，而伏诸山下，大败之，为城下之盟而还。又如孙膑减灶而诱杀庞涓。

【译文】

迷惑敌人的方法很多，最妙的方法，不是用模糊近似、使人觉得似像非像的疑似之物，而是利用类同的东西，使敌人深信不疑。用旌旗招展、击鼓鸣锣去诱敌，就属于令人生疑的一类；出示老弱残兵，或制造有粮草、无粮草的假象去诱敌，就是相类似、不生疑的事物。例如春秋时代，楚国征伐绞国，两军在绞国都城的南门相对峙，僵持不下。楚国大臣屈瑕向楚武王献策说："绞国弱小，国人轻浮。轻浮则寡谋，我们可以派些樵夫去引诱绞军，故意让楚国的樵夫上山打柴，我们不派兵保护，绞军便会出城掠夺。"楚武王从其计。果然，绞人追捕了不少楚国的樵夫作为战功；第二天，楚军又如法炮制，绞人食髓知味，争相出城追赶，楚国樵夫纷纷往山上逃。楚军主力列阵于绞国北门外，另设伏兵于山上，这时趁机发起突袭，大败绞军，迫使绞国签订城下之盟。孙膑减灶而诱杀庞涓的典故亦属于此计之列。

【计谋精解】

抛砖引玉，是指用相类似的事物去迷惑、诱骗敌人，使其上当，中我圈套，然后乘机击败敌人的计谋。"砖"和"玉"，是一种形象的比喻。"砖"，指的是小利，是诱饵；"玉"，指的是作战的目的，即大的胜利，"引玉"，才是目的，"抛砖"，是为了达到目的的手段。钓鱼需用钓饵，先让鱼儿尝到一点甜头，它才会上钩；敌人占了一点便宜，才会误入圈套，吃大亏。

本计可以理解为以下含义：

（一）以"砖"引"玉"。也就是拿出对自己没有价值的东西，用来做示范和暗示，有目的地诱使对方拿出有价值的东西来。在这里，我们的启发、倡导和带头作用非常重要，榜样的力量是无穷的。

（二）以"砖"抵"玉"。在我们得不到敌人的玉的情况下，我们抛出砖，引诱敌人抛出玉，然后用我们的砖，砸他的玉。我们损失的是砖，而敌人损失的却是玉。

（三）以"砖"易"玉"。即用价值较小的东西换取价值较大的东西，或用无价值的东西换取有价值的东西，这就如同撒下诱饵钓金鳌一样。鳌的价值不知道要比鱼饵的价值大多少倍。

当敌人运用抛砖引玉之计时，我们可采取如下防范对策：

（一）要眼观六路耳听八方，依据敌情，对我方的战略部署作出相应调整，绝不可闭目塞听，呆头呆脑，任凭敌人愚弄和摆布。一切要以时间、地点、条件为转移，在兵法中叫作“践墨随敌”。所谓践墨随敌，就是说作战的方向、方针、策略等都要根据敌情的变化而变化。只有随机应变，才能防止误入敌人为我们设计好的圈套。另外，要善于观察，一旦发现可疑之迹，要及时审察，分辨真假。

（二）要看清形势，不要被敌人的小恩小惠所诱惑，坚持天上不会掉馅饼的观点。不要为贪占小便宜而误上贼船。顺手牵羊之计主张小利必得，小隙必乘，但其只是在敌人无力控制的范围内适用。如果在敌人防守严密，控制有力的区域内，见到微利或微隙，则要研究其是否为诱饵，因为敌人在有能力保护自己利益的情况下，绝不会拱手送利。

（三）要坚持自己的观点，不要让敌人左右我们的思想，克服从众心理。易受暗示和从众心理，是抛砖引玉计谋的心理基础。别人暗示以利，你则去取；别人都去做的事，你也跟着去做，就难免上当受骗。所以，我们一定要有自己的思想和独立的见解，不能人云亦云，毫无主见，做事一窝蜂。

总之，在敌人运用抛砖引玉计谋时，我们要采取审慎的态度，一旦发现敌人的阴谋，及时采取应对之策，绝不能让敌人拿“破砖”换走我们的“美玉”。

智慧典例

政治谋略

用“马骨”引来千里马

春秋战国时期，秦、楚、齐、燕、赵、魏、韩七个国家，各据一方，称王称霸，常常你打我，我打你。其中燕国比较软弱，不断遭到别国的侵略。有一次，齐国趁燕国内部出现一些混乱，就派兵打了进去，燕国差点

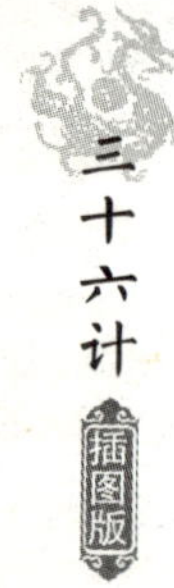

儿被灭掉。

燕昭王心想：“燕国土地不小，人口不少，为什么老是挨打受欺负呢？”

他想来想去，认识到，燕国弱的主要原因是缺乏一批良臣、武将。像房屋缺少栋梁一样，自然经不住狂风暴雨的袭击。

燕昭王决心广泛延揽人才，共同治理燕国，可是，怎样才能把有才干的良臣、武将召集来呢？

有人对燕昭王说，有个贤人叫郭隗，足智多谋，超群出众，过去的国王没有重用他，让他闲在家中，现在要召集人才，可先和他商量商量。

燕昭王亲自登门拜访，请他多推荐些人才。

郭隗虽然年过花甲，但精神矍铄，容光焕发。他沉思片刻说：“重用人才，这是治理好燕国的根本。可是，怎样才能把许许多多出类拔萃的人才召集来，我也说不上。我先讲个故事给国君听吧。”

古时候，有个国王很爱千里马。派人到处寻找，找了三年也没找到。有个侍臣打听到很远的地方有一匹十分名贵的千里马，就跟国王说，只要给他一千两黄金，在三个月内，准能把千里马带回来。

国王毫不犹豫地让他带一千两黄金去买，侍臣风餐露宿赶到那里，不料那匹千里马得病死了。侍臣想，我已经向国王下了保证，准能买回千里马，如今空着双手回去，怎么交代？国王要是怪罪下来，说不定性命也难保！

想来想去，他想出一个好主意，就把带的黄金拿出一半，买下马骨头带回去。

侍臣把马骨献给国王。国王气愤地骂道：“叫你去买活马，谁叫你买无用的马骨回来！白白损失了五百两黄金。”

侍臣却回答说：“陛下，不要小看这马骨，它能变出活的千里马来。”

国王并不相信他的话，说：“无用的骨头怎么能变出活马来？”

侍臣说：“人们听说陛下肯花五百两黄金买死马骨头，就知道您是真心爱惜千里马，人们就会把活的千里马送上门来。”

国王将信将疑，不过还是照侍臣所说，非常隆重地埋葬了马骨。

这件事很快传开了。不到一年，果然有三匹千里马送到了国王面前。

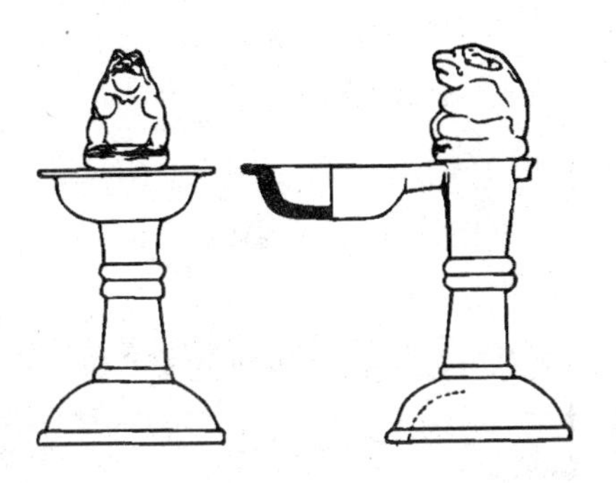

故事讲到这里，郭隗停住了。

燕昭王开始感到奇怪：叫他推荐人才，他怎么讲了这么个故事呢？后来一琢磨，才明白郭隗的真正用意，心里十分佩服，他想：“郭隗是想叫我把他当作马骨，引来千里马。”

燕昭王高兴地回到皇宫，马上叫人造了一套别致的房子，让郭隗住在里面，还公开宣布拜郭隗为师，虚心向他求教。

这件事很快传开了。人们知道燕昭王是真心实意爱惜人才，重用人才，许许多多有才能的人都跑到京城，请求燕昭王接见。不少外国的智勇双全的人才，也争着向燕国奔来。

燕国有了各式各样的人才，很快强大起来。

讲“琴理”喻“治国”

战国时期，齐国齐威王继承王位后，得意忘形，荒淫无度，每天吃喝玩乐，不理朝政。一晃九年过去了，国家日趋衰败，百姓贫困不堪，怨声载道。很多大臣上书规劝，齐威王根本听不进去，到后来，齐威王竟不准规劝他的人进门，如有违反者，立即赐死。

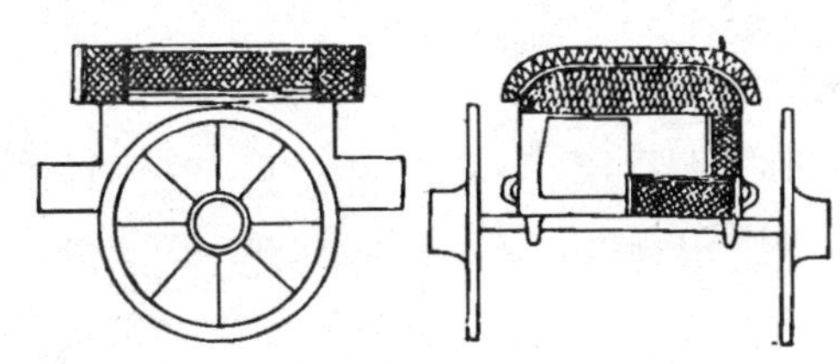

大臣们担心国家的命运，心急如焚，但都三缄其口，他们知道，是无法把齐威王劝说过来的。

这一天，有个人走进王宫，

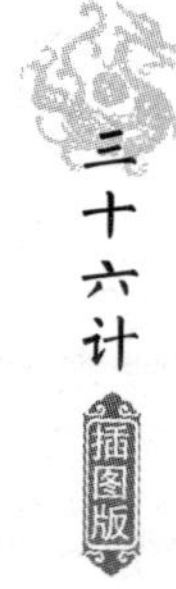

对侍臣说："听说大王爱听琴，我特来拜见大王，为大王抚琴。"

这个人叫邹忌，长得浓眉大眼，相貌堂堂，堪称美男子，他头脑灵活，能言善辩，琴弹得很出色。

侍臣报告给齐威王，齐威王一听很高兴，立即召见。吩咐左右摆上桌子，把琴安放好。

邹忌坐在琴前，熟练地调弦定音之后，摆着弹琴的架势，却并不弹，齐威王很奇怪，问道：

"听说先生琴艺高超，现在抚琴不弹，是寡人的琴不好，还是别的什么原因？"

邹忌站起来郑重地说："我不仅会弹琴，还精通弹琴的理论，包括琴的制作、琴发出多种声音的原理，大王听听弹琴的理论是很有益处的。"

邹忌说："听琴，可以陶冶性情，杜绝淫邪之念，使人改邪归正。古时候，伏羲做的琴，长三尺三寸六分，好像一年的三百六十日；上圆下方，犹如以法规治理天下；五根弦，好似君臣之道。"

齐威王听着，似有所悟地点点头。

"弹琴和治国一样，必须专心运神。"邹忌接着说，"大弦声音宽厚、低沉、粗重，似春风浩荡，君也；小弦声音清脆、单纯、轻捷，似山涧溪水，臣也；应弹哪根弦就深弹，不应该弹的弦就不要弹，这道理同政令一样。大弦小弦配合，高低急缓协调。懂得了这个道理，才能弹奏出优美的乐曲。这正如君臣各尽其能，才能政通人和，民富国强。弹琴与治国的道理是一样的。"

齐威王听着显出不耐烦的样子："先生琴理讲得不错。那只不过是空谈，我要见识见识你弹琴的真本领！请你弹奏一曲。"

邹忌反而离开琴位，两手轻轻舞动，只摆出弹琴的姿势，并不真弹。这样过了好一会儿。

齐威王面带怒色，指责说："你为何只摆架子，并不真弹？难道你欺君不成！”

“请大王息怒。”邹忌笑笑说：“我守着琴不弹，您很不高兴吧？大王的职责是管理国家，当然应该以国事为重了。如今你身在君位，不理国事，与琴师拿着琴不弹有什么两样？我不弹琴，大王不乐意。大王即位九年不尽心图治，一切国事都由卿大夫去做，连边境告急，韩、魏、赵等国纷纷起兵进犯，打算瓜分齐国，大王也不放在心上，恐怕齐国的大臣、老百姓也不高兴吧？”

齐威王沉默不语。

“琴声也是心声。”邹忌察看着齐威王的脸色说：“琴不弹则不鸣，国不治则不强……”

说到这里，齐威王那阴沉的脸上忽然透出笑意，拉住邹忌的手说：

“先生以琴谏寡人，使我耳目一新，我一定按先生说的去做。”

紧接着，齐威王请邹忌谈论国事，邹忌劝他节制饮酒，不近女色，兴利除弊，重用贤能，专心经营霸王之业。齐威王听了极为高兴，对邹忌加以重用，发奋治理朝政。齐国很快强盛起来了。邹忌用琴进谏的故事，也传为美谈。

军事谋略

吕布抛砖引玉诱曹上当

曹操在收复濮阳的战役中，屡战受挫，但又攻城心切，便挥军强攻硬打。当时辅佐吕布的一位谋士见此情景对吕布说：“曹操现在正苦于无计攻城，我们可以利用他这种心理，运用抛砖引玉之计诱他入城，中我埋伏。我城内有一户姓田的富豪，颇有名望，如果令他诈为内应，曹操必定不会怀疑。”吕布一听，便依计而行。

这天，曹操在营中正为无计破城而烦躁时，突然由城里传来

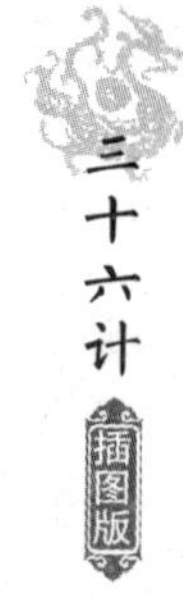

一封密书。书中说："吕布残暴不仁，民愤极大。现在他已带兵去黎阳，城内只有高沛守城。如连夜起兵攻城，我可以为内应。以城上插白旗，大书'义'字为号，我乘机开门迎候。"曹操看罢，打发走田氏家童，高兴地说："这是天赐我收回濮阳啊！"便准备起兵攻城。

左右军将提醒曹操说："这其中是否有诈，丞相不可不察。"曹操说："我已经想过，这个田氏，是城中富豪，他若欺我，一旦我攻破城池，他能逃脱吗？他逃走还有可能，其家业能与其一起逃走吗？其人是势利之眼，知我定取濮阳，先来讨好于我，我怎能不信其言呢？"众将听后，深服其论。

当晚，曹操见城门之上有面白旗，上书"义"字，便令军兵在门外候伏，将近三更，果见该门大开。曹操率先引兵冲入城中，一直冲到州衙，路上也未见一人，这时，曹操方知中计。急下令退兵。这时，却见四面城门已被烈焰封锁。曹操东撞西碰，只是寻不到退路，后来在大将典韦的掩护下，才冒火拼死冲出城外，逃得性命。

商战谋略

小铜牌赢来众顾客

汉斯是美国的一个罐头食品公司经理。为了扩大公司声誉，有一年他带着公司的产品参加了在芝加哥市举行的全国博览会，谁知他的产品被安排在展厅中一个最偏僻的阁楼里。本来是想扩大影响，提高自己公司的知名度，这种安排显然难以达到目的，于是他找到大会主办人要求调换一下位置。主办人说："你瞧，这些都是大公司的名牌产品，我们只能把它们放到这些最合适的位置。汉斯先生，你的产品的位置也是最适合的。"汉斯一看，可不，在显要位置摆放的全是全国数一数二的产品，自己的产品虽然也不错，但相比之下名气小多了，怎么办？花钱来参加展览会，总不能一无所获，空手而归吧！博览会开始后，参观的人络绎不绝，但一天过去了，却很少有人光顾他的柜台。眼看展览时间不多了，汉斯十分着急，晚上躺在床上还在苦苦琢磨。第二天终于想出了一个巧妙的办法。他离开柜台出去了整整一天。

第三天，会场的地面上突然出现了许多小铜牌，铜牌的背面还刻着一行字，上称："谁拾到这块小铜牌都可以到展厅的阁楼上汉斯食品公司陈列处换取一件纪念品。"于是捡到铜牌的人纷纷拥到汉斯的阁楼上，本来无人光顾的小阁楼，一下子被挤得水泄不通，市民们到处传诵"汉斯小铜牌"这件新鲜事，记者还作了报道。这下，汉斯的产品名声大震，光这次展览会就赚了55万美元。

原来，这正是汉斯用的抛砖引玉、推销产品的妙计。他在产品无人问津的情况下，连夜找人做了许多小铜牌，派人遍撒展厅，把顾客引到他的柜台，加上产品质量不错，这样，一大笔钱就滚滚流入了他的腰包。

在博览会里，名牌产品已令人眼花缭乱，根本没有人会注意到汉斯的展位。但是汉斯制作的小铜牌却让他一时被广为传诵，虽然他送出了一些纪念品，但与由此带来的利益相比，那点付出是微乎其微的。"抛砖引玉"使汉斯以小的代价换取了更多的名利。

第十八计　擒贼擒王

【原文】

摧其坚，夺其魁，以解其体。龙战于野，其道穷也。

【译文】

摧毁敌人的主力，抓获其首领，便可瓦解其战争机构。好比群龙无首，离开大海战于郊野，必然陷于穷途末路。

【按语】

攻胜，则利不胜取。取小遗大，卒之利、将之累、帅之害、功之亏也。全胜而不摧坚擒王，是纵虎归山也。擒王之法，不可图辨旌旗，而当察其阵中之首动。昔张巡与尹子奇战，直冲敌营，至子奇麾下，营中大乱，斩贼将

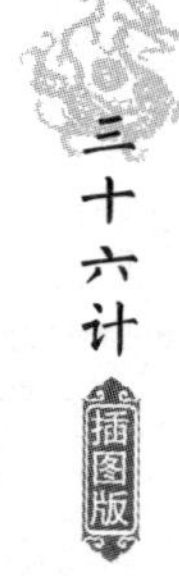

五十余人，杀士卒五千余人。巡欲射子奇而不识，剡蒿为矢。中者喜，谓巡矢尽，走白子奇，乃得其状。使霁云射之，中其左目，几获之。子奇乃收军退还。

【译文】

取得进攻的胜利，就应顺势扩大战果。如果满足于小的胜利，即使是有利于减少士兵的伤亡，但由于敌人的主力没有被摧毁，它仍然会成为战将的累赘、主帅的祸害，甚至前功尽弃。如果取得全胜，而不摧毁敌人的主力、擒住敌人的首领，就如同放虎归山，后患无穷。擒拿敌人首领的办法，不能单从旌旗在何处去辨认，而要实际察看究竟是谁在阵地上一呼百应。唐肃宗时，张巡和尹子奇作战，张巡指挥的部队一直冲击到敌营的帅旗下边。当时敌营大乱，张巡指挥冲杀，斩将五十余人，士兵五千余人。可是，当张巡想用箭射死敌人首领尹子奇时，却不认识他。张巡便命士兵用削尖的蒿草秆当箭射敌。被射中的敌人发现是蒿草秆后很高兴，以为张巡军的箭已射完，急忙跑去禀告尹子奇。由此使张巡清楚了尹子奇容貌，立即命令南霁云放箭射他。一箭射去，正中尹子奇的左眼，几乎俘虏了他。这样，尹子奇只好鸣金退兵。

【计谋精解】

擒贼擒王之计用在军事上，是指打垮敌军主力，擒拿敌军首领，使敌军彻底瓦解的谋略。擒贼擒王，就是捕杀敌军首领或者摧毁敌人的首脑机关，使敌方陷于混乱，便于彻底击溃。指挥员不能满足于小的胜利，要通观全局，扩大战果，以得全胜。如果错过时机，放走了敌军主力和敌方首领，就好比放虎归山，后患无穷。与之相反，一旦擒住了敌人的首领，就会使敌人陷于群龙无首、树倒猢狲散的绝境。

此计谋用在商战上，常用的战法是“挖脑”、“猎头”，也就是将对手的主力、骨干拉过来为自己所用；将对手的首脑、主管或排挤或取而代之。在西方经济界，擒贼擒王之计也不排除用各种好处去左右政府首脑和主管官员，其目的是让他们为企业获取厚利提供便利和保护。

本计主要有以下含义：

（一）捉其首领再及其余。首领在其组织中的引导和凝聚作用是不可小觑的。如果一个组织失去了起这种作用的首领，则会“树倒猢狲散”，抓住其首领，可以震慑其余。一个组织失去首领就如同一个人失去了主心骨，不知该何去何从，这种局面是极其危险的。

（二）抓重点抓中心抓关键。任何事物都有“纲”和“领”。只要我们能抓住要领，就可以以简御繁，以少制多。如果胡子眉毛一起抓，将会费力而不讨好。人们常说：“打蛇要打七寸。”七寸处是蛇的关键部位，是蛇的心脏所在的地方，打坏了蛇的心脏，蛇自然就会死去。否则，即使把蛇斩为两段，其仍有反扑能力，不能快速从根本上解决问题。任何事物都存在这样的关键和要害部位，这就是事物的主要矛盾和矛盾的主要方面。解决了主要矛盾，其他矛盾就容易解决，甚至不解自开。抓住了关键和要害，就会取得事半功倍的效果。

在应对敌人的擒贼擒王之计时，应注意的事项：

（一）防备敌人要有侧重点，不可眉毛胡子一把抓。对敌人的进攻要小心防范，但不可能处处防范，所谓“无所不备则无所不寡”。因此要把防范的重点放在“王”的身上。正如拳击运动员要戴上头盔，足球运动员要穿上护膝一样，头和膝都是易受攻击，又是运动员不可受伤的部位。我们在防备敌人时也应该分清轻重缓急，重点保护好自己的“王”，不要被敌人擒住。

（二）要有充足的后备力量，以防不测。我们在用电脑办公时，常常对文件进行备份保存，以防文件丢失后，有挽回的余地。在工程技术中有一种“多余技术”。它是为了保证机器正常运转，而事先安装的暂时不用的备用部件，一旦某些关键易损件突然失效，备用部件会自动顶替。我们在竞争中也要有这样的准备，一个“王”不幸被擒，另一个新“王”立即产生，如此反复，“王”位永不空缺，组织永不松散，始终保持旺盛的生命力，这样敌人也无可奈何，只得望“王”兴叹了。

（三）不为敌人的小利所诱惑，要有坚强的意志，做到“威武不能屈”、“愈穷弥坚，不改鸿鹄之志”。敌人的糖衣炮弹，往往只能在意志薄弱者的身上起作用，如果我们有坚强的意志，做到“富贵不能淫”，“酒色不能乱”，那么敌人无论多么狡猾和阴险，我们都不会中计，敌人的企图也就泡汤了。

曹操挟天子以令诸侯

曹操当年矫诏联络的十几路大军讨伐董卓不成，纷纷离去之后，趁朝廷动乱，无暇多顾，便彼此争城夺地混战开来。别的地方不说，单就关东一带的军阀，几天前还是盟军，过几天却相互绞杀。今天是袁绍打公孙瓒，明天是孙坚击刘表，后天是曹操攻陶谦，然后袁术袭刘备，过后是吕布战完曹操又攻刘备，你争我夺，互不相让。就在此时，朝廷所在地长安又发生了更大的动乱。

那时王允用美人计除掉元凶董卓之后，自己不久又被人杀害。于是董卓的旧属李傕、郭汜、樊稠共掌朝中大权。不等时局安定，他们三人就钩心斗角，厮杀起来。李傕先以樊稠私通马腾、韩遂，以“谋反”的罪名，将他杀害。郭汜却也因此而担心李傕如法炮制罪名加害于己，便想先下手为强，带兵攻打李傕。李傕却早有防备，先派兵进宫，把献帝扣在手中，并一把火烧了皇宫。郭汜见皇帝被李傕掳去，怕自己手中没有王牌，急了眼，就把三公九卿等朝廷文武大臣统统押了起来，然后两家刀兵相见。郭汜、李傕这一场恶战，几乎毁了整个长安城，可是谁也消灭不了谁。这时，本在关东镇守的镇东将军张济从弘农回来，劝两家不要再战，还建议皇帝跟他出关到弘农去。李傕、郭汜本来就已打得不耐烦，便一个放了皇帝，一个放了众大臣，双方罢了兵。献帝踏上了去弘农的路程。

15 岁的献帝带着一帮皇亲国戚及忠于汉室的一些老臣，在乱兵的纷扰下，走走停停，停停走走，从那年 7 月到 12 月，经过半年时间，才从长安到达弘农。还没等安顿好，李傕、郭汜却又后悔，他俩合兵一处追了过来，想把皇帝再次揽在手中。献帝一行听此消息，只好丢下所有的财宝、书籍及宫女们，仓皇向旧都洛阳逃跑。一路上辗转流离，坐牛车，住窝棚，吃青菜、窝窝头，总算于第二年 7 月到达洛阳。可洛阳经董卓焚烧之后，又几经战乱摧残，几十万人口的大城市，现在只剩下几百家，宫殿全毁。献帝只好借居在中常侍赵忠的家里“办公”，唯一赶来“勤王”的外官只有一个河内太守张杨。

这时的曹操，正在许昌一带发展势力。他的谋士荀攸看到汉朝天子几经辗转，如今初定洛阳，正需要人扶持，尽管汉朝天子已无能力行令天下，但这块牌子有它特殊的作用，尤其是对曹操这样想成大事而眼下势力还不够雄厚的人，在当前群雄割据的局面下，谁拥有“天子”这张王牌，别人当另眼相看。于是便极力劝曹操西进洛阳“护驾”。他对曹操说：春秋时期，晋文公迎奉周襄王，终于当上了霸主；秦朝末年，汉高祖为义帝发丧佩孝，争得天下人心。近年来董卓作乱，皇上蒙难，是将军你首先起兵，只是因为关东诸军彼此兼并战乱，你才没有能远上关中去辅佐朝廷，但天下人还是知道你效忠皇上的心。现在皇上已经到达洛阳，忠义之士

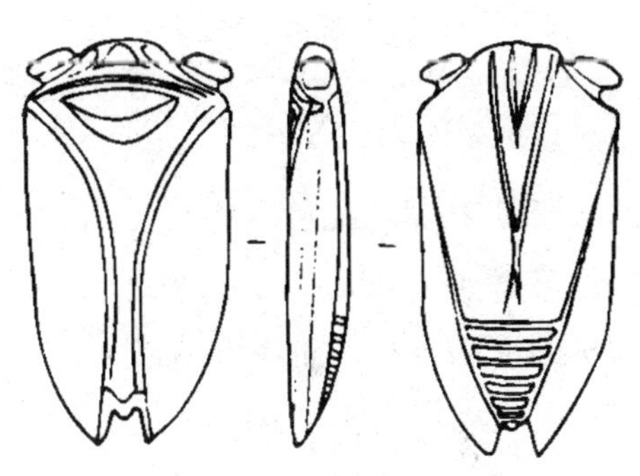

罹汉朝，黎民百姓也怀念过去的日子。将军若是此时能去保驾，下可顺从民众的愿望，上可以宾服四方的豪杰。至于皇上周围那几个武将不过是盗贼之流，不值得顾虑。如果失去了这个机会，让别人抢先把皇上接走，那就悔之晚矣！曹操一听十分有道理，就带领本部人马来洛阳“护驾”。

曹操来到洛阳，见了献帝。汉献帝十分高兴，大加封赏。可时隔不久，曹操看到旧皇都洛阳城内，官场上盘根错节，关系网密密麻麻，倘若不剪除这些根基，则不利于自己施展拳脚。为断其根基，曹操决定迁都到许昌。尽管汉献帝初回洛阳，惊魂未定，不想再挪动身躯，但慑于曹操重兵在握，不得不从，于是便又匆匆迁都至曹操的大本营——许昌。

挟天子幸许昌，简直令曹操喜出望外，他在许昌大兴土木，盖起宫殿，请献帝入宫，又修建宗庙，便于天子祭祀先皇，大有匡扶汉室之势。献帝感

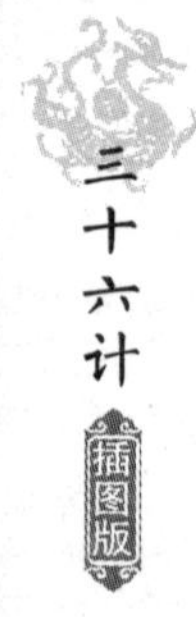

谢不尽，遂封曹操为大将军，地位在三公之上。天子既已在自己手中，又是大权在握，曹操便想试试这张王牌的威力了。当时各地军阀中，以袁绍为最强。曹操原来还是袁绍的属下，他想试探一下，袁绍对他的所作所为服还是不服，也想试探袁绍对朝廷的态度，便让汉献帝下一道诏书责备袁绍地大兵多，却不思朝廷，一心树立私党，扩充势力，意欲何为？袁绍一见此诏书，果然不敢怠慢，赶忙上书申辩，并表示愿意效忠朝廷。曹操牛刀小试，即获成功，深感挟天子以令诸侯，比自己东拼西杀省力得多，管用得多，好不得意。从此，曹操挟天子以令诸侯的把戏越来越多，而给他带来的好处也越来越大。

军事谋略

蒿秆之箭大败尹子奇

唐朝安史之乱后，安禄山做了“大燕皇帝”，但不久被杀。他的儿子安庆绪掌握了大权，为了扩大地盘，安庆绪派大将尹子奇率领一支 13 万人的大军向淮阳进犯，企图夺取淮阳。淮阳守将许远一看形势危急，立即派人快马加鞭。向当时担任河南节度副使的著名大将张巡送来一封十万火急的军情报告，请求火速支援。张巡得到报告二话没说，带领 3000 兵马从宁陵赶赴淮阳救援，与许远的人马会合后，总共不足 7000 人，与尹子奇的 13 万人相比，显然处于劣势。

但是，张巡大智大勇，毫无惧色，他指挥全军士兵顽强抵抗，在半个多月里张巡率部下擒获叛军将领 60 名，杀敌 2 万余人，尹子奇损兵折将，只得暂时退兵。

不久尹子奇调整部署再次向淮阳发动大规模进攻，张巡进行了周密的战斗动员，宰牛犒赏三军将士，并亲自执掌令旗，率部冲锋陷阵，一鼓作气，再次大败叛军。

虽然连续取得了两次胜利，但形势依然十分严峻。叛将尹子奇所部13万人还有近10万，而张巡的7000兵马经过两次作战也损耗不少，叛军卷土重来怎么办？这次作战后，张巡开始考虑下一步退敌之计。

张巡召开了军事会议，分析形势，研究下一步作战方案。他对将领们说："如今叛军已是两次进攻被我打退，虽然损兵折将，但元气未受大挫。我方守城将士虽然士气高昂，但毕竟兵力悬殊，短期内援军恐怕难以到达，就这么消耗下去，总不是办法，各位有何良策，说来听听。"

听主帅这么一说，大家感到了问题的严重性。有的将领流露出畏惧情绪说："眼下敌军粮草已经不多，若尹子奇与我背水一战，作困兽之斗，发动强攻，我们恐怕难以抵挡，我看赶快再请援兵为好。"有的将领则说："敌军粮草不济，正是我们发动攻击的好时候，我看不如派兵主动出城迎敌，火烧敌军粮草补给地，这样或许可以解除危机。""不行，敌军粮草早有重兵把守，况且，当前之敌已有数万，我们根本杀不出去。"出城迎敌之计很快遭到反对。这时，淮阳守将许远说："这些日子，跟着节度使大人奋力厮杀，连连克敌，将士们群情激昂，倒是没有多想下一步如何，我们听大人的，你说怎么办就怎么办！"

张巡见大家七嘴八舌议论一番也没有什么好计，于是说："叛军固然粮草将尽，但据报又有新的补给，援军刚刚出发，需数月左右才能到达。叛军眼下如果发动进攻，虽然未必能攻下淮阳，但守城兵马必然又要遭受损失，依我之见，要想个根本的解决办法才好。"

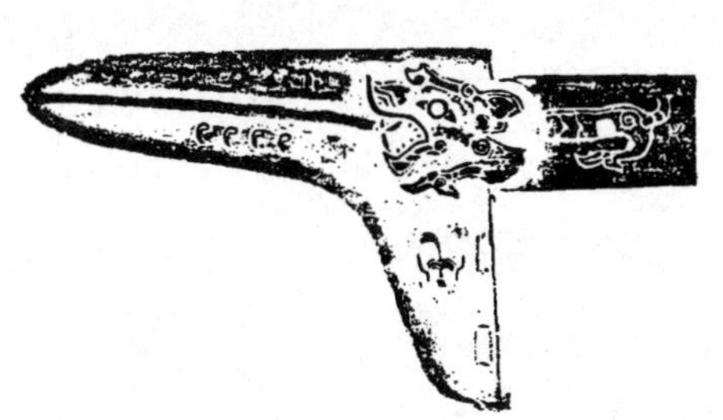

"大家不必冲动。我有个退敌计策，或许可解当前之围。常言说，捉奸要捉双，擒贼先擒王，打蛇打七寸。敌众我寡。硬拼不行，如果能把敌军主帅尹子奇除掉，乱其指挥，动其军心，岂不事半功倍？"

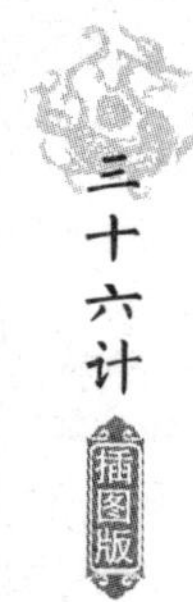

众人连称好计。许远说："大人不愧智勇兼备，只是我们都不认识尹子奇。如何擒他？"

"这个好说。我们先叫士兵用蒿草秆削成箭向敌阵射，中箭的叛军一定以为我们已经没有箭可射了，如此重要的军情必然要向尹子奇报告，我们派人紧盯中箭之人，只要他向谁报告，谁就是尹子奇。"

不久，尹子奇又发兵攻打。张巡依计行事，他叫士兵向冲在前头的一敌校尉射出用蒿草秆做的箭，校尉自然未被射死，拔出箭一看竟是蒿草秆所制，大喜过望，急忙向尹子奇报告："恭喜主帅，张巡已经弹尽箭绝，你看，他们现在用蒿草秆做箭了。"尹子奇一听，非常高兴，即刻命令攻击。正得意忘形时，忽然一支利箭直射而来，尹子奇躲闪不及，箭头射入左眼，鲜血直流。同时张巡指挥几千精兵杀将过来，尹子奇一看不好，急忙逃走，险些被生擒。叛军一看，主帅受伤，落荒而逃，顿时乱作一团，哄散而去。

张巡在敌我兵力悬殊的情况下，采用擒贼擒王之计，伤其主帅，乱其阵脚，再次打退叛军。

商战谋略

"锯椅背"扭亏为盈

雷·克拉克是麦当劳事业的开拓者，是他把麦当劳的快餐店开到了地球上的每一个角落。面对如此众多的快餐店，他是如何管理的呢？他不喜欢坐在办公室发号施令，而是喜欢"走动式管理"，也就是到所有的公司、部门，走走、看看、听听、问问。曾有一段时间，麦当劳公司严重亏损。克拉克在他的"走动式管理"中发现了一个重要原因，那就是公司各职能部门的经理有严重的官僚主义之风，习惯躺在舒适的椅背上指手画脚，而把许多宝贵的时间都耗费在了抽烟和闲聊上。克拉克决定取消这些管理者优越的办公环境——下令将所有经理的椅子靠背锯掉，有关人员立即照办。那些闲散惯了的经理们失去了"赖以生存"的椅子背，只好走出办公室，深入基层，被迫进行"走动式管理"中去，他们发现管理中竟然存在着许多问题，于是及时解决了这些问题，麦当劳公司也因此渐渐扭亏为盈。

如果麦当劳的那些经理们一直逍遥下去，那么麦当劳将不知会亏损到何时。正是克拉克锯掉了经理们的椅背，他们才不得不加入到“走动式管理”的行列中，从而发现并解决了管理中存在的问题，使麦当劳扭亏为盈。

长城饭店二抢美国总统

长城饭店是中国第一家五星级的合资饭店。它始建于 1980 年，高度是 82.26 米，有 24 层楼，1007 个客房，5 个小会议厅，9 个餐厅和酒吧，还有屋顶花园，室内影院，室内游泳池等服务设施。外部全部用玻璃镜装饰，看上去犹如一座水晶宫，豪华而壮观。

1984 年初，传来里根总统访华的消息，尚未完全竣工的长城饭店的总经理和公关部人员立刻意识到：如能邀请里根总统光顾饭店，会给长城饭店带来极大的声誉，对饭店的前途将会产生极大的影响。这是提高长城饭店知名度和美誉度的最好时机。为了抓住这次机会，饭店公关部立即制订了周密的公关计划，并以极大的热情投入这项活动中。

在里根访华前夕，他们就频频邀请美国驻华使馆的官员到饭店做客，征求意见，不断改进服务质量，几经努力，终于赢得了美方的信任。此外，他们还接待了上百名外国记者，为他们提供材料和服务设施，协助其采访，做到有求必应。经过卓有成效的努力，他们终于把愿望变成了现实，里根总统的答谢宴会在长城饭店举行。1984 年 4 月 28 日，聚集在长城饭店的 500 多名外国记者，向世界各地发布了里根总统在北京长城饭店举行答谢宴会的新闻。长城饭店名字也随着电波和这些新闻一起传遍了世界各地，从此，长城饭店名声大震，生意兴隆。

1989 年，布什来华访问，长城饭店凭着自己一流的服务设施和服务质量，又把一位美国总统抢到了长城饭店，举行了一次盛大的宴会。1989 年 2 月 26 日晚，500 多位宾客在长城饭店与布什总统一道品尝得克萨斯烤肉。这使长城饭店又一次成为了世界各地新闻报道的中心。

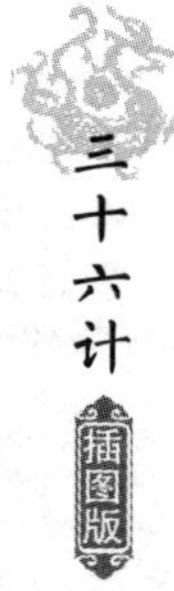

长城饭店二抢美国总统，成功地举办了两次最高规格的宴会，这使长城饭店名扬四海，一举成为我国饭店行业中的佼佼者，在世界各国也都树立了“第一流”服务的形象。这不能不归功于长城饭店公关部高超的公关艺术。

据北京国资网数据，截至2008年末，长城饭店共先后成功接待了110位外国元首和政府首脑。他们选择在长城饭店举行答谢宴会和记者招待会已成为惯例。来中国观光的游人也是一下飞机就想到长城饭店去住宿。他们相信，这家接待美国总统的长城饭店服务质量肯定是“世界一流”的。

三十六计

第四套　混战计

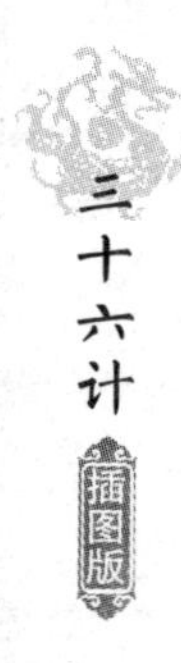

第十九计　釜底抽薪

【原文】

不敌其力，而消其势，兑下乾上之象。

【译文】

不要迎着敌人的锋芒与其硬拼硬打，应想方设法削弱敌人的气势，采用以柔克刚的策略征服它。

【按语】

水沸者，力也，火之力也，阳中之阳也，锐不可当；薪者，火之魄也，即力之势也，阳中之阴也，近而无害；故力不可当而势犹可消。

《尉缭子》曰："气实则斗，气夺则走。"而夺气之法，则在攻心。昔吴汉为大司马，有寇夜攻汉营，军中惊扰，汉坚卧不动，军中闻汉不动，有倾乃定。乃选精兵反击，大破之；此即不直当其力而扑消其势也。宋薛长儒为汉湖、滑三州通判，驻汉州。州兵数百叛，开营门，谋杀知州、兵马监押，烧营以为乱，有来告者，知州、监押皆不敢出，长儒挺身出营，谕之曰："汝辈皆有父母妻子，何故作此？然不与谋者，各在一边。"于是不敢动。惟主谋者八人突门而出，散于诸村野，寻捕获。时谓非长儒，则一城涂炭矣。此即攻心夺气之用也。或曰：敌与敌对，捣强敌之虚以败其将成之功也。

【译文】

水的翻滚沸腾，是靠火的力量，是火使它产生这股强猛的力量。烈火烧沸水，其锐气自然是无法抵挡的；柴草，正是烈火产生火力的原料，是强大力量产生的根源。然而柴草自身是柔弱而温和的。所以，凶猛的火力虽然不能抵挡，却可以削弱它的气势，清除产生这种力量的源泉。《尉缭子》说："力量有来源时就有勇气攻打，失去依靠时就要回避逃走了。"因而瓦解敌人气势的办法就是在精神上征服他。东汉时，吴汉被任命为大司马，有一次敌人夜袭军营，营内士兵顿时惊慌失措，唯独吴汉依然静卧在床，从容自若，毫不慌乱。士兵听说吴汉这般镇定自若，情绪顿时稳定了，不一会儿，军营中也就安静下来。这时，吴汉便挑选精锐勇士连夜反击，把敌人打得落花流水、溃不成军。这就是不直接抵挡敌人的猛势，而是消灭其锋锐来势的根源的策略。北宋薛长儒任汉、湖、滑三州通判时，驻节汉州，当地数百名守军发动叛变，他们打开营门，杀人放火，妄图杀害知州和兵马监押。有人前来禀报，知州、兵马监押吓得都不敢露面了。长儒挺身出营来，劝告叛兵说："你们都有父母妻子，为什么如此铤而走险？凡是没有参加谋反的，站到另一边去！"于是随从叛乱的都站在一边不动了，只有为首的八个主谋冲出营门逃跑，分散躲藏到野外的村庄里，但不久都被捕获归案。当时人们说，若不是有薛长儒在，全城人就要遭殃了。这里用的就是从士气心理上瓦解敌人势力的计谋。或者说：当两军对垒时，捣毁强敌的虚弱之处，以破坏它即将取得的成功。

【计谋精解】

"釜底抽薪"，顾名思义是说水在釜中沸腾就是靠柴火在釜底烧。从釜底把"薪"抽去，就自然止住了水的沸腾。

古今中外，不论是在情场、战场、商场，还是在政治舞台上，运用釜底抽薪之法来解围取胜的不计其数。不能够直接迎击敌人强大的正面力量时，就要消灭敌人强大力量借以生存或产生的根源。就是说从其侧面下手，从根本上削弱它的战斗力，用以柔克刚的办法来解决问题。

在使用这一计时，关键要把握好两点：一是要善于发现敌人的"釜底之薪"。这是实行"釜底抽薪"的前提。这里要注意的是：战争情况不同，"抽薪"的目标也是不同的。一般来说，凡是影响敌人后劲的力量，就是"抽薪"的目标。二是要善于运用"釜底抽薪"的手段和方法，要针对敌人"釜底之薪"的具体情况，去选择和运用"抽薪"的手段和方法。要灵活掌握，不可生搬硬套。

运用釜底抽薪之计，应重点把握以下几点：

（一）透过现象看本质。事物都有"现象"和"本质"两方面，现象

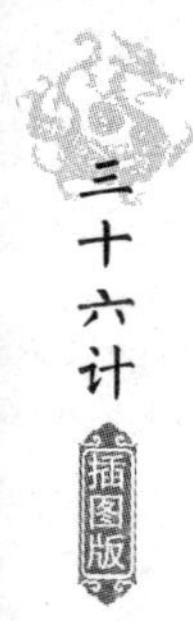

就是事物的表面，本质就是事物的根源。一般的问题都是从现象上反映出来，但是最终的原因都在其本质上。所以要解决问题就要透过现象看本质。也就是找出事物的最基本的原因，首先加以解决。只有先断其源，才能截其流。这样做初看起来好像离开了要解决的问题，但实际上是从根本上解决问题。

（二）剪除敌人所赖以生存的事物。世界上的事物都不是孤立存在的，而是互相联系，互相影响，互相依赖的。一事物必须借助于另一事物才能生存和发展，那么后者便是前者的必要条件。

事物失去了存在的必要条件，它就会自行削弱或消亡。所以我们破坏敌人赖以存在的必要条件，也能达到削弱或战胜敌人的目的。就如同把“薪”拿去，火就失去了赖以燃烧的根源，也就无所谓火了。

（三）削弱敌人锐气，使其士气低迷。双方交战时，士气和态势不是实力本身，但它对实力有放大和缩小的作用。当敌人实力强大，我们暂时无法抵挡时，可以转而攻心夺气，使其气虚，心乱，势消，借此减弱敌人的实力。这是一种心理上的瓦解战术。攻战，攻心才是关键。

（四）以柔制胜，转弱为强。当敌人比较强硬，我们没有与之抗衡的能力，或者虽有这样的能力，但以硬碰硬时，如同两虎相斗，会两败俱伤，我们也不会得到好的结果。假如我们反以软制硬，使敌人之“硬”无用武之地，我们既可以战胜敌人，又可以不受损害，可谓一举两得。“柔”具有韧性，它的力量是强大的，柔能克刚，可将强大的敌人制服。

当对方采用釜底抽薪之计时，我们应采取以下防范措施加以应对：

（一）备足柴草，以防不测。我们只有准备足够多的柴草，才能保证釜底之火绵延不绝。因为一旦釜底之薪被抽走，也可有再加之柴。否则，所备的积薪少，即使不被抽走，也会因柴草接济不上而断绝火势。所以，我们要备足柴草，使自己有足够的力量去应对复杂多变的形势，而不至于弹尽粮绝，自取灭亡。

（二）严守锅灶，防敌抽薪。首先我们应清楚地认识到锅下之火对锅上之汤的重要性，这样我们就会对锅灶严密防守。在敌人动手抽薪之前，就将其打跑，或者至少在薪被抽走时，立即发现，并及时采取相应的措施，不使损失过大。另外，锅盖盖紧也具有至关重要的作用。在釜底之薪被敌人抽走之后，盖紧锅盖可以起到保温的作用，不致使釜中之汤很快变凉，这样可赢得一定的时间采取补救措施。

（三）及时添柴，永不言败。柴被抽出后，不能自暴自弃，消极等待，应及时添柴，“亡羊补牢”未为迟矣。即使汤已止沸，拾起柴草，重新烧开，也仍可以扭转被动局面。甚至在锅灶被毁时，也可在别处另起锅灶，重新烧火，将水煮沸。

政治谋略

勾践蒸粟还粮

越王勾践回国后，卧薪尝胆，图谋灭吴。他带头参加农业生产，实行轻徭薄税的政策，老百姓吃穿不愁，家家积蓄余粮。但是，为了麻痹吴国，勾践向吴国借了 1 万石粮食，说越国遇到了灾荒。

借的粮食第二年要归还吴国。越王勾践征求大臣文种的意见，说：“如果不还粮食，吴可能借口讨伐我们；如果归还粮食，就会有利于吴国而不利于越国。怎么才能两全其美呢？”文种献计道：“我看粮食还是要还的，但我们可以在其中做手脚。就是从粮食中精选出一部分，蒸熟了还给吴国，这样就有好戏看了。”

吴国人见越国还回的粮食粒大饱满（其实已被蒸过了），爱不释手，于是第二年春天把它们当作良种播种到地里。结果可想而知，种子没有发芽，秋天颗粒无收，吴国发生大饥荒，国力大大减弱。

国以民为本，民以食为天。勾践还蒸熟之食，使吴国中计发生饥荒，真可谓釜底抽薪，削弱了吴国的实力，从而为他最终灭掉吴国提供了有利条件。

曹操烧粮毁仓大败袁绍

公元 200 年 7 月，曹操在成功地伏击了袁绍以后，退守到官渡。官渡是南北交通的咽喉，如果官渡失守，许都就失去了屏障，因此曹操要力保官渡。在袁绍兵力还处于优势的情况下，曹操跟荀攸等谋士研究后，决定采取防御的策略：筑起牢固的营垒，挖掘长长的壕沟，坚守不出，等待战机。

袁绍见曹操不肯出战，每天派人到曹操军营外辱骂、挑战，但曹操部下的将士们不动声色，全不理睬。这样，双方相持了 3 个月。

时间一长，曹操的军粮供应出现了严重困难。曹操这时也很忧虑，他写信同留守许都的荀攸商量，打算退守许都。

两天后，荀攸派人送来书信，他告诉曹操："当前是战败袁绍、取得胜利的重要关头，曹军粮食虽然不足，但是还不至于毫无办法，只要坚持下去，战局一定会很快发生变化。"还劝曹操："要努力争取最后胜利，千万不要退兵，失去机会。"

曹操认为荀攸的见解很正确，就坚定了同袁绍周旋到底的决心。他一面命令部队继续固守官渡，一面密切注视敌人动态，以便寻找有利时机，进行最后决战。

袁绍有一个叫许攸的谋士，因与袁绍不和前去投奔曹操。许攸把袁绍屯粮地乌巢的情况详详细细地告诉了曹操，并且说："守将淳于琼是个骄傲自大的人。他饮酒无度，防备不严，如果你用轻骑兵突袭乌巢，烧毁屯粮，袁军便不攻自破了。"

当晚，曹操就布置许攸、曹洪等留守大营，自己带着乐进、张辽及 500

轻骑兵连夜出发。

为了蒙蔽敌人，曹操叫部队打着袁军的旗帜，从小路急速向乌巢前进。战马的嘴都被包扎起来，不让发出一点声音，每个兵士都随身带了硫黄、硝烟等引火物，准备到时放火。

乌巢的袁绍守军，因为前段日子催促运粮，长途奔波，已疲劳不堪，再加接连几夜防守，并不见丝毫动静，所以今夜懒于巡逻，统统呼呼入睡，就连淳于琼也灌饱了酒，钻在被窝里做好梦。

曹操和将士在头遍鸡叫前已经混进乌巢，5000 人马四下散开，有的把住要道，有的将粮囤团团围住，放起火来。袁军从睡梦中惊醒过来，只见粮囤周围浓烟四起，火光冲天，顿时乱作一团。

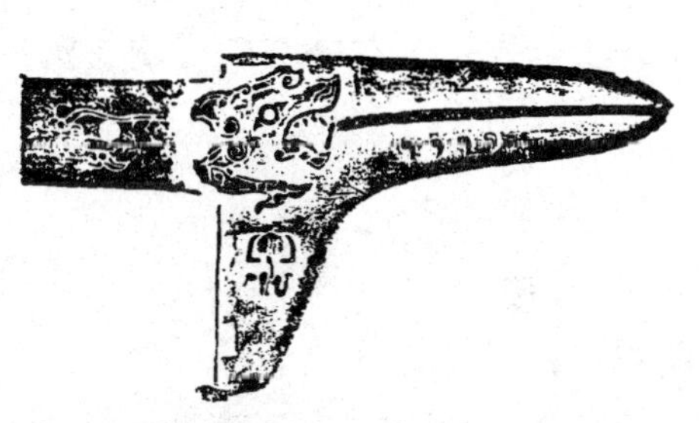

袁绍听说曹军击溃了袁军的增援部队，攻下了袁军营屯，杀死了淳于琼，烧了乌巢的粮草后，惶恐不安，遂军心大乱，全线崩溃。

曹操乘势领兵出击，大败袁军。袁绍只率领 800 名亲兵逃回河北。官渡一战，袁绍的全部主力被歼，从此一蹶不振，于公元 202 年病死。

袁绍统兵 10 万来取许都，曹操只有兵员 3 万，力量对比悬殊。而曹操看到了袁绍致命的弱点——粮草重地乌巢无重兵防守。粮草乃行军作战之本，断之则军心浮动。于是曹操采用“釜底抽薪”之计，引军攻下乌巢，烧毁粮仓，从而使袁绍 10 万大军丧失士气，一举击溃之。

商战谋略

三菱击败三井终成海运霸主

日本三菱公司在西南战争中从事输送军事物资而获暴利。到 1877 年底，三菱公司已经拥有 61 艘轮船，占当时全日本轮船总数的 75%，成为日本海运的霸主。

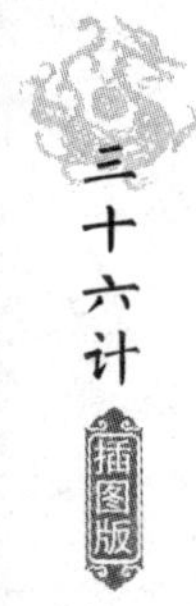

1860年春，三菱公司总裁弥太郎召开公司政务会议，在会上，弥太郎就提高运费进行了说明："根据目前的运量和市场形势，为了赚取更高的利润，我认为必须采取一项十分必要的新措施。"

他停了停，接着说："这项新措施就是从现在起，凡通过我们三菱公司海运的必须以银币交易，不得付纸币，因为纸币正在大幅度贬值，如用银币交易，无形之中就等于提高了运费。"

小岛专务站起来发表意见："总裁所言极是，目前，我们日本航空副业不是十分发达，对外对内运输物资只能依靠海运。因此，尽管我们公司的条件看起来苛刻，但是，海运者要想生存，只能接受，否则，他们将面临破产和倒闭的危险！"

此时，公司的谋事专家们也纷纷提出支持此项措施的论证意见。这个措施很快就出笼了。

日本三井物产公司经理室内。

益田孝总经理站在窗前，望着远处繁忙的海港码头，猛吸了一口香烟，又渐渐地陷入了沉思，我们三井公司主要经营出口业务，海运对我们公司来说，那是太重要不过了。但公司只有三艘轮船，对输送货物来说是远远不够的。因此，不得不求助于三菱公司。我们一年付给三菱的运费就有70万元。现在三菱又抛出了只收银币的新措施。

窗外海轮的汽笛声打断了益田孝的沉思。井上专务走进办公室，呈上本月运费结账单，不满地说，"益田君，你看三菱公司太不像话了，运费如此之高，我们的生意不好做了。总得想个办法吧？"

益田孝走到办公桌前，坐到沙发椅上说："我想了多时了，这种不合理的现象不能再继续下去了，我决定去找一下我在大藏省工作时的上司涩泽荣一君商量，找一个妥善办法，改变我们目前的处境。"

日本第一银行。

胖胖的银行总裁涩泽荣一靠在舒适的长沙发上，他作为三井物产公司在东京设立的股票交易所的幕后操纵者，听完益田孝的陈述，款款地坐直身子，说："我可以成立东京帆船会社，至于其他船主，那就由你去联络了。"

“谢谢总裁！”益田孝十分感激地向涩泽荣一鞠躬致意。

三菱公司总裁弥太郎得知益田孝的计划后，立即找来自己的谋士团，商量对策。

松田专务说，“涩泽荣一是益田孝的后台，要想打败益田，必先扳倒涩泽，但涩泽在当今日本还属权威，因此，我们绝不能正面与之对抗，可采取釜底抽薪之法击败对手。”

弥太郎十分赞同松田的主意，而后与谋士们商议了行动对策。

报界大亨大隈与弥太郎关系甚好，弥太郎便利用大隈，通过报纸从最初旁敲侧击发展到各点攻击涩泽荣一的财经政策和隐私家事，并同时也大肆中伤益田孝。这一招确实起了作用，涩泽荣一的名誉、声望一下跌落，使原来想参加益田孝筹办的新公司的商人产生了动摇。

紧接着，弥太郎召开政务会，布置第二步计划，即用重金、低利、低运费等手段，对地方上支持益田孝的船主、货主进行诱惑，使他们脱离和反感益田孝。

最后，弥太郎使出最关键的一招，私下收买东京股票交易所的股东，以此断绝“东京帆船会社”的资金来源。

看着各处送来的情况信帖，弥太郎阴险地笑了。

尽管“东京帆船会社”后来成立了，但也十分勉强，因为中途退出的人太多，而且资金也发生了问题，只筹措到预定数额的一半，就连三井物产公司的大米、木材等也因此失去了运送的机会，以至“东京帆船会社”的业务无法顺利开展。益田孝只好用原来自己的三艘轮船来运货。

三菱公司的釜底抽薪之计终于取得了这次竞争的胜利。

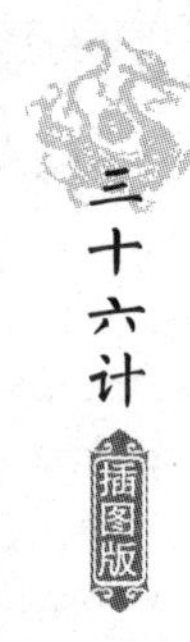

第二十计　混水摸鱼

【原文】

乘其阴乱，利其弱而无主。随，以向晦入宴息。

【译文】

乘敌人内部混乱之时，利用它虚弱慌乱且没有主见，因势利导，使它顺从跟随我，就如《周易》随卦象辞中所说，像人随着天时吃饭睡觉一样。

【按语】

动荡之际，数力冲撞，弱者依违无主，敌蔽而不察，我随而取之。《六韬》曰："三军数惊，士卒不齐，相恐以敌强，相语以不利，耳目相属，妖言不止，众口相惑，不畏法令，不重其将：此弱征也。"是鱼，混战之际，择此而取之。如刘备之得荆州、取西川，皆此计也。

【译文】

动荡不安时，就会存在互相冲突的多种力量，其中弱者正举棋不定，毫无主见，敌人又被蒙蔽而没有察觉他们时，我方即可把他们争夺过来。兵书《六韬·兵征》中写道："全军多次惊慌，队伍混乱，又因把敌人估计过强而产生畏惧心理，交头接耳地说些泄气的话，并且相互挤眉弄眼，谣言不断，蛊惑人心，不怕军令，不尊重将帅，所有这些都是怯弱的征象啊。"这样的"鱼"，应该在混战之时乘机捕捉。比如刘备得荆州、取西川，用的都是这一计谋。

【计谋精解】

混水摸鱼，原意指把水搅浑，趁鱼慌乱，不知何去何从时，乘机捕捉它。由此引申为在动荡的局势中，多种力量都会被搅进混乱的旋涡内，为了乘机扩大自己的势力，在泥沙俱下、鱼龙混杂的情况下，我们趁那些暂居中间的力量不辨真伪、举棋不定的时机，将其顺手夺取过来。这是一种坐收渔翁之利的策略，首先人为地制造一种混乱迷离的局面，使对手陷入慌乱迷惘的状态，进而乘机从中渔利。

混水摸鱼之计有以下几种含义：

（一）利用混乱局面，从中渔利。也就是说要乘混乱之机，大肆捞取好处。在竞争当中取利的办法很多，其中乱中取利是较好的办法之一，它不但可以轻易地从中捞到好处，而且陷于混乱的各方都可成为取利的对象，因为大家将注意力都集中在互相争夺之上，必然会有很多利益无暇顾及，各自也都会暴露出很多可乘之隙来。动荡混乱的局面不是经常会遇到的，因而要善于把握机遇，不能让大好机会从手边悄然溜走。

（二）利用浑水掩盖虚假面目，以假乱真，混水摸鱼。水被搅浑之后，能见度必然极低，鱼在水中看不清方向，也更难辨清真伪，这时我们把假的伪装成真的，并将其混入真的之中，在敌人“蔽而不察”的时候，我们便可借机行事，将有利于自己的力量拉拢过来，据为己有。

（三）利用鱼目混杂之机，滥竽充数，不懂装懂。在几百人坐下来一齐吹竽的时候，不会吹竽的人就可以混在乐队里充数。在依次单独演奏的时候，不会吹竽的人就很难再混下去了。大家一起吹竽的形式，正像“浑水”一样，起着隐瞒掩盖的作用。不懂装懂是不应该的，但是利用形式上的缺陷、管理上的漏洞来渡过难关或取得利益，都是混水摸鱼计谋的一个内容。

当对方采用混水摸鱼之计时，我们可采取如下防范措施加以应对：

（一）保证自身高洁品行，做到出淤泥而不染。也就是无论发生多么混乱的局面，始终保持清醒头脑，以防对方利用机会从中渔利。只要自己不混，对方无论怎样搅扰，都无济于事。

（二）当陷入混乱之中时，要沉着冷静，切不可慌乱之中乱了方寸，胡乱瞎撞。更不可不分青红皂白随意表态，这样是很危险的。最恰当的做法是寻找一个比较安全的地方暂时隐蔽，等到风平浪静、水清气爽时再出来。

（三）迅疾逃离险境，以防被敌“摸”去。当我们害怕被敌人捉去而隐藏起来的时候，不可只闭眼躲避，而要认真仔细地观察，一旦看清了方向，

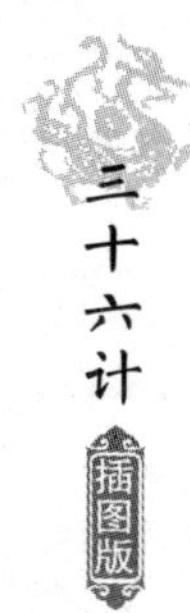

发现了较为安全的地方，要果断迅速地逃离险境。只闭眼躲避，无异于掩耳盗铃，这是因为我们一旦处于被摸之鱼的地位时，“人为刀俎，我为鱼肉”，其被动局面是无法扭转的，所以不逃走只有死路一条。

智慧典例　**政治谋略**

刘秀虎口求食

东汉时，汉光武帝刘秀是一位很有韬略的政治家。在未登基前，曾在河北一带与王朗大战20多日，最后攻破邯郸，杀死王朗，取得成功。

当时，王朗在邯郸称王，实力雄厚。刘秀不敢正面与王朗开战，就带着少数亲信，到了蓟州。当时蓟州兵变，响应王朗，而捉拿刘秀。刘秀无法，冲出城门，仓皇南逃。众人逃到饶阳已弹尽粮绝，刘秀忽然把大腿一拍，说出了一个虎口求食的办法，冒充王朗的使者哄驿站的饭吃。

众人装扮一番就以王朗的名义，大模大样地走进驿站。驿站官员信以为真，哪敢怠慢，急忙备美味佳肴招待。刘秀等人好几天没吃过一顿饱饭了，就狼吞虎咽地吃起来，他们的狼狈引起了官吏的疑心。为了辨其真假，驿站的官员故意将大鼓连敲数十下，高喊邯郸王驾到。

这一喊，非同小可，把众人惊得目瞪口呆，人人手心捏着一把汗。刘秀也惊得站起来，但很快镇定下来。他想，如果邯郸王真来了，是逃不掉的，只能见机行事。他给众人一个眼色，让大家沉住气。他自己慢慢坐下，平静地说：“请邯郸王进入相见。”等了好一会儿，也不见邯郸王的踪影，才知道是驿站官吏搞的名堂。

酒足饭饱之后，刘秀等人立即离开了驿站。刘秀此次成功得力于计谋上的“混水摸鱼”。

俄土锡诺普海战

1853年至1856年间，俄国与英国、法国、土耳其、撒丁王国之间爆发了长达两年半的克里米亚战争，也称东方战争。战争的起因，是沙皇俄国依仗它在1848年欧洲革命失败后的国际宪兵地位，企图利用奥斯曼帝国衰落之机，向巴尔干半岛扩张，夺取控制黑海出口的博斯普鲁斯海峡、达达尼尔海峡和马尔马拉海，使黑海成为沙皇俄国的内海。但英、法殖民主义者也想利用这个机会，加强对中东地区的侵略，扩大资本市场。而受英、法怂恿的土耳其政府，对沙皇俄国也不甘示弱，企图借英、法之助，同沙皇俄国争夺克里米亚半岛和南高加索。

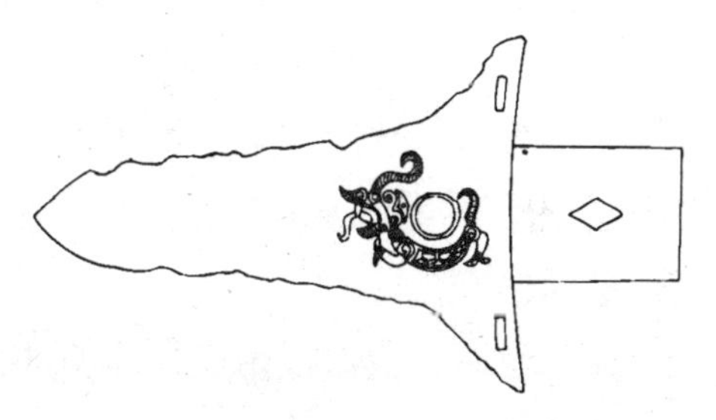

1853年10月，俄、土战争首先爆发，英、法和撒丁王国先后参加到土耳其方面。战争初期，战斗在多瑙河流域、黑海沿岸和高加索同时进行。最大的战役是发生在土耳其北部黑海沿岸的锡诺普海战。在这一战役中，由纳希莫夫率领的俄国海军摧毁了土耳其舰队。

俄国海军之所以能够取得如此重大的胜利，在很大程度上便是靠的“混水摸鱼”。1853年11月中旬，土耳其海军因在黑海与俄国海军的战斗中处境不利，被迫退回锡诺普湾暂避，等待英法海军救援。此时，俄国舰队司令纳希莫夫将军，便利用土耳其舰队等待英、法海军救援的心理，使了个“混水摸鱼”计。

11月30日早上，锡诺普湾大雾，土耳其舰队尽量泊近海岸，以防俄国海军袭击。中午时分，海风吹散浓雾，海上能见度提高。土耳其舰队瞭望兵

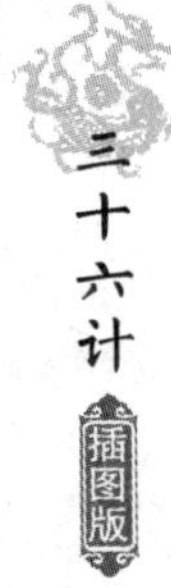

忽然发现挂着英国“米”字旗的6艘战列舰、2艘巡洋舰，张着满帆向锡诺普湾驶来。土耳其舰队司令奥斯曼见是英国舰队前来支援，不禁大喜，立即安排联络和迎接。然而，时至12点30分，当这8艘挂着“米”字旗的战舰已经迫近土耳其舰队时，却见它们突然来了个大转舵，将黑森森的炮口对准了土耳其舰队。刹那间，“米”字旗降落，俄国的“十”字旗升起。密集的炮弹，如暴风骤雨般射向了土耳其舰队。奥斯曼大惊失色，立即命令自己的舰队还击，但为时已晚。炮手一时不能到位，土耳其舰队立即陷入被动挨打的境地。加上土耳其的16艘战舰上只有510门小口径炮，而俄国舰队却有炮720门，且其中部分口径、射程均超过土军方面。虽然土军方面还有38门海岸炮参战，然而在浓烟滚滚中，有些炮弹打到了己方的舰上。土军主帅奥斯曼见大势已去，为死里逃生，遂下令突围，不久舰沉人亡，他自己也当了俄军的俘虏。

在此役中，俄军采用变换旗帜的办法，混水摸鱼，打得主动而坚决，致使土耳其舰队遭到惨败。

商战谋略

巧妙广告抓“大鱼”

大多数情况下，“混水摸鱼”都不那么有正人君子气，在商业领域更是如此。比如花样繁多的智能手机新品扎堆上市之时，大批仿真机和山寨品牌机利用低廉的价格混水摸鱼，抢夺低端消费者市场。再比如各种杂牌小家电厂商，利用农村地区消费者对品牌的不熟悉，进行混水摸鱼，甚至用“李鬼”冒充“李逵”。

上述形式的混水摸鱼，在一定程度上坑害了消费者权益，其行为会遭人诟病，为人所不齿。但是如果能将反语正用，混水摸鱼就会给在市场竞争中处于弱势的品牌和企业赢得生存的空间和发展的机遇。

在2013年国庆前夕，北京一家著名建材超市的商家们，纷纷谋划着各种优惠策略：“升级不加价”“劲省15%”“活动期间六重好礼相送”“满1999立减100”“部分特价”“低至三折”“更有免单大奖等你来拿”……只有A商家没有什么特别的动静。

国庆节长假期间，这家建材超市的客流量大增，许多人在超市附近的路口便收到了令人眼花缭乱的优惠活动宣传单。等到拿着宣传单进到超市内的顾客寻找相应的店铺时，他们远远就看见在一个商家的门口立着一块显眼的宣传牌，上面写着：国庆期间超市内所有优惠活动在本店均有效。这一出人意料之举，正是之前不见动静的A商家所为。顾客们见到这一广告语，都纷纷向A商家店内涌来。长假期间，各商家的营业额都成倍增长，但A商家获利更丰。

令人眼花缭乱的商家促销活动，就如一池子浑水，消费者就如浑水中的鱼儿，都晕头转向。为了避免“捡了芝麻丢了西瓜”甚至掉进“优惠陷阱”，消费者往往无从选择，难以作出购买决定。上面案例中的这个A商家，趁别人想尽办法招徕顾客时，先暗中调查了其他商家所用的优惠策略，再将自家的商品分别套用各种合适的优惠方式，然后用一句独特的广告语，就把浑水中的“大鱼”抓到了手。A商家的行为，正是成功地运用了“混水摸鱼”之计。

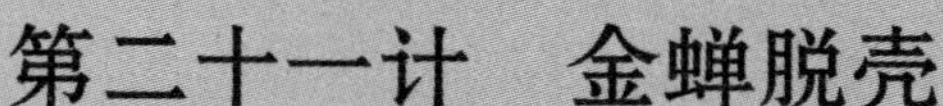

第二十一计　金蝉脱壳

【原文】

存其形，完其势；友不疑，敌不动。巽而止，蛊。

【译文】

保存阵地原形，造成还在原地防守的声势，使友军不怀疑，敌人不敢轻举妄动。隐蔽转移主力，必须先要将敌人迷惑。

【按语】

共友击敌，坐观其势。倘另有一敌，则须去而存势。则金蝉脱壳者，非徒走也，盖为分身之法也。故大军转动，而旌旗金鼓，俨然原阵，使敌不敢

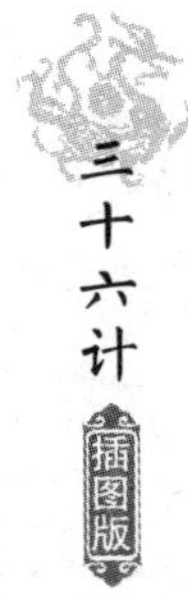

动，友不生疑。待已摧他敌而返，而友敌始知，或犹且不知。然则金蝉脱壳者，在对敌之际，而抽精锐以袭别阵也。如诸葛亮病卒于军，司马懿追焉。姜维令仪反旗鸣鼓，若向懿者。懿退，于是仪结营而去。檀道济被围，乃命军士悉甲，身白服，乘舆徐出外围。魏惧有伏，不敢逼，乃归。

【译文】

同友军联合对敌作战，要冷静观察敌、我、友三方的态势。如果存在另一股敌人需要分兵迎击时，必须保持原来的阵容和气势。“金蝉脱壳”并不是一走了之，它是分身的法术。因此，当我方主力转移后，依然要使原阵地旗帜招展，锣鼓喧天，很逼真地保持原来的阵容和气势。只有这样才可使敌人不敢轻举妄动，友军也对我不生疑心。等到消灭了别处敌人返回来时友军和敌军才发觉，或者仍然没有发觉。“金蝉脱壳”就是在对敌作战时，暗中抽调精锐的主力去袭击别处的敌人的奇谋。例如三国时代，诸葛亮北伐，病死军中，魏将司马懿乘机追击。蜀将姜维命杨仪把旌旗指向魏军，擂鼓作势反击，司马懿怕中计而退兵，杨仪因此全军而退；南北朝时，檀道济被敌人所困，便命军士全副武装，自己则一身白色服装，悠闲地坐在车子上，缓缓地走出敌人的包围。北魏军怕有埋伏，不敢逼近，檀道济得以脱险。

【计谋精解】

金蝉脱壳，原意是指蝉在蜕变时，肉体脱离皮壳而走，只留下蝉蜕还挂在枝头。

此计用于军事，是指通过伪装摆脱敌人，撤退或转移，以实现我方的战略目标的谋略。稳住对方，撤退或转移，绝不是惊慌失措，消极逃跑，而是保留形式，抽走内容，使自己远离险境，达到己方的战略目标。也可以是用巧妙分兵转移的机会出击另一部分敌人的奇谋。

金蝉脱壳是一种积极主动的撤退和转移，这种撤退和转移又是在十分危急的情况下进行的，稍有不慎，就会带来灭顶之灾，应该冷静地观察和分析形势，然后坚决果断地采取行动。而且在整个过程中都应该隐秘进行，不能让任何人发觉。

运用此计选好时机十分重要。“脱壳”过早，会失去胜利的机会；“脱壳”过迟，就会有生命危险。因此，把握好时机是运用此计谋的关键。

金蝉脱壳之计的含义主要有两种：

（一）巧妙分身，以防敌人前后夹击。当和敌人作战时，又发现另一股敌人，这时为避免腹背受敌，可以对原来的敌人虚张声势，使其不敢轻易来犯，并暗中抽掉主力去攻击后来之敌，待后来之敌被消灭后，再返回来进攻原来的敌人。此过程必须在一种极其隐秘的状态下进行，否则只会给敌人造成可乘之机，“脱壳”无法顺利完成，甚至会死于敌手。

（二）脱身而逃，给敌人制造假象，迷惑敌人。为了摆脱困境，先把“外壳”留给敌人，然后自己脱身而去。留给敌人的“外壳”是一个虚假的外形，对我方的实力影响不大，却能给敌人造成错觉，使其丧失警觉。这样就保全了实力，为以后东山再起创造了条件。

我们应采取以下防范对策来应对敌人的金蝉脱壳之计：

（一）将蝉压在牢笼里，使其无法逃之夭夭。我们都会有这样的经历：晚上把一只带壳的蝉盖在纸杯下，第二天揭开纸杯却发现蝉不见了，只留下一个空壳，我们后悔没把它压牢。防止就要到手的敌人使用金蝉脱壳之计逃脱的最好方法就是“关门捉贼”，速战速决，即把它死死地关在牢笼里，即便使出全身解数也无法逃脱。这样它只有乖乖就范，而无别的计谋可施。

（二）透过现象看本质，不被敌人的虚假表象所迷惑。敌人在使用金蝉脱壳之计的时候，往往会故意制造虚假的“形”或“势”迷惑我们的眼睛，我们要透过这些表面的现象，发现敌人的真实意图和本质，敌人在策划某些新的阴谋时，或多或少都会有某些反常的表现或特殊的征象。我们要善于观察和分析，及时准确地掌握敌人的动向，以免被敌人耍弄。

（三）绝不相信敌人的承诺，轻诺寡信是其脱身的惯用伎俩。对于敌人而言，承诺和信物往往是最廉价的脱身替代物，我们不要因那些毫无约束力和控制力的诺言或信物而轻易放过即将到手的敌人，即便是暂时的放松，也要紧紧抓住可以随时牵回来的缰绳。相信敌人的诺言是最不明智的，甚至是愚蠢的。

政治谋略

狄仁杰“金蝉脱壳”自救命

武则天当政时期，侍郎狄仁杰刚直不阿，得罪了有名的酷吏来俊臣。不久就被来俊臣以蓄意谋反为名，诬陷下狱。为了使状告成立，来俊臣亲自审问狄仁杰，要他承认确实阴谋造反。

狄仁杰大义凛然骂来俊臣是无耻小人，来俊臣不但不生气，反而十分得意地顺手拿起一根皮鞭。鞭子还没打下来，狄仁杰马上服软，“招认”了罪行。来俊臣便让主事官王德寿把他关押起来，只等秋后问斩。由于狄仁杰主动承认了罪行，王德寿便放松了对他的监视。

狄仁杰便从被子上撕下一块布料，详细地写下了自己的冤情后，塞进棉衣里，找来王德寿说：“天气渐冷，我要家人把这件棉衣拆洗了，再放些棉花，烦你帮我送到他们手里。”

王德寿不明狄仁杰的用意，有些鄙视地答应了他的请求。

狄仁杰的妻子拆开棉衣，发现了冤状，便将此事禀告了武则天。武则天看完后，亲自对狄仁杰进行审问，终于发现了其中的冤情，于是下令狄仁杰无罪，当众释放了他。

狄仁杰之所以能够从酷吏来俊臣的手掌中逃脱，而得以自保，是因为他善于“形人而我无形”，他深知来俊臣手段极其残忍而卑鄙，如果硬碰硬的话，自己就会性命不保。因此他假意招供，分散了对手的注意力，从而为申冤提供了机会。

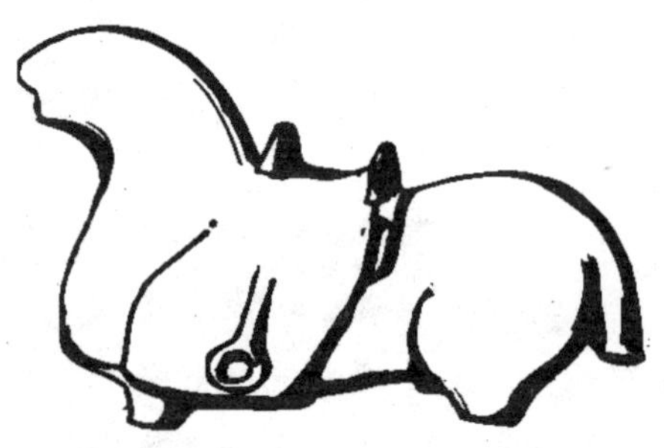

晋明帝的七宝鞭

晋明帝太宁年间，大将军王敦阴谋策划叛乱，晋明帝得知消息后，决定亲自深入王敦军营内部探其虚实。

晋明帝独自骑马微服来到王敦的军营，仔细察看一遍，又骑着马走了出来。此举引起了一个士兵的警觉，遂将此事告诉了王敦，王敦疑是晋明帝来过，于是命人急速追赶。

晋明帝此时正疾驰往回赶路，迎面遇见一位卖甘蔗的老太婆，晋明帝怕王敦的骑兵追上自己，顾不得许多，便跳下马来对老人说："我是一个商人，因得罪了王敦那些人，所以遭到了他们的追杀。如果一会儿有骑兵追到，您就把这根鞭子拿给他们看，说我已走远了。"

老人答应了他的请求，接过晋明帝的七宝鞭，继续往前走。

不一会儿，骑兵追了上来，问老太婆是否看到一位商人骑着高头大马急速驰过。老太婆按明帝的吩咐说："他早已骑马走过多时了，已经很远了。"然后，她把晋明帝留下的七宝鞭递给追兵们看。追兵们认为追赶不及，几个人一块把弄起七宝鞭来，晋明帝就趁这段时间急速逃脱了。

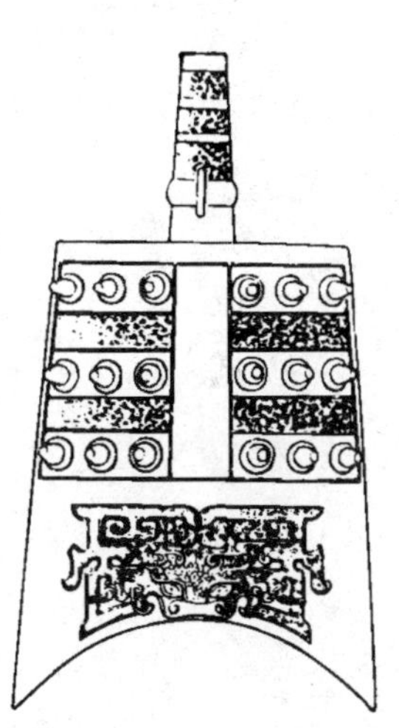

王敦看到明帝的鞭子，知道事情已经暴露，于是立即起兵谋反。但由于准备不充分，不久就被晋明帝剿灭。

晋明帝虽然贵为一国之君，可是在当时的情况下，即使他拿出七宝鞭，那些追杀他的人也不会放过他，于是他想到了"金蝉脱壳"，借七宝鞭逃过了一场劫难。不仅保全了自己的性命，而且也保住了自己的江山。

悬羊击鼓惑敌军，金蝉脱壳妙转移

宋朝开禧年间，金兵屡次进犯中原。宋将毕再遇与金军作战，一连打了几次胜仗。金兵又调集数万精锐骑兵，要与宋军决战。此时，宋军只有几千人马，如果与金军决战，必败无疑。毕再遇为了保存实力，准备暂时撤退。金军已经兵临城下，如果知道宋军撤退，必定会追杀。那样，宋军一定会损失惨重。毕再遇苦苦思索如何蒙蔽金兵、转移部队的计策。这时，听到帐外马蹄声响，毕再遇大受启发，计上心来。

他暗中做好撤退部署，当天半夜时分，下令士兵擂响战鼓。金军听到擂鼓震天，以为宋军趁夜劫营，急忙集合部队，准备迎战。哪里料到只听见宋营战鼓隆隆，却不见一个宋兵出城。宋军连续不停地击鼓，搅得金兵整夜得不到休息。

直到这个时候金军的将领才似有所悟：原来宋军采用疲兵之计，用战鼓搅得我们不得安宁。既然这样，你擂你的鼓，我睡我的觉，我不会再上你的当。

宋营的鼓声连续响了两天两夜，金兵根本不予理会。到了第三天，金军发现，宋营的鼓声逐渐衰弱，金军首领判断宋军已经疲惫，就派军分几路包抄，小心翼翼靠近宋营，但宋营毫无反应。金军首领一声令下，金兵蜂拥而上，冲进宋营，这才发现宋军已经全部安全撤离了。

原来毕再遇使出了“金蝉脱壳”之计。他命令将士将数十只羊的后腿捆好绑在树上，使倒悬着的羊前腿拼命蹬踢，又在羊蹄下放了几十面鼓。羊腿拼命蹬踢，鼓声隆隆不断。毕再遇用“悬羊击鼓”的计策巧妙地迷惑了敌军，利用两天的时间安全地做了战略转移。

斯巴达克屡屡化险为夷

斯巴达克是2000多年前古罗马最大的一次奴隶起义的领袖。他善于谋略，智慧过人，领导英勇的起义队伍给奴隶主政权以沉重的打击。

斯巴达克在背临大海、两侧是悬崖的维苏威山集结起义军。罗马帝国统治者指派克劳狄乌斯率官兵前去镇压。克劳狄乌斯扼守住维苏威山的唯一通道，并设下层层障碍，企图将起义军困死在山上。看着维苏威山上遍地生长的野葡萄藤，斯巴达克心生一计。他叫大家用野葡萄藤编成长长的软梯，然后顺着软梯跃过悬崖悄悄迂回到敌人的背后。起义军的突袭使罗马官兵不知所措，狼狈而逃。

克劳狄乌斯遭惨败后，瓦涅又率两个军团前来镇压起义军。连续的恶战使起义军粮草断绝，不少士兵染上疾病，面临覆灭的险境。为了冲出重围，斯巴达克让士兵们把死尸绑在营前伪装成哨兵，又留下几个号兵走时吹号。整个军营看上去与平常一样。而此时，斯巴达克率领大军偷偷地从敌人认为无法通过的山路突出重围。

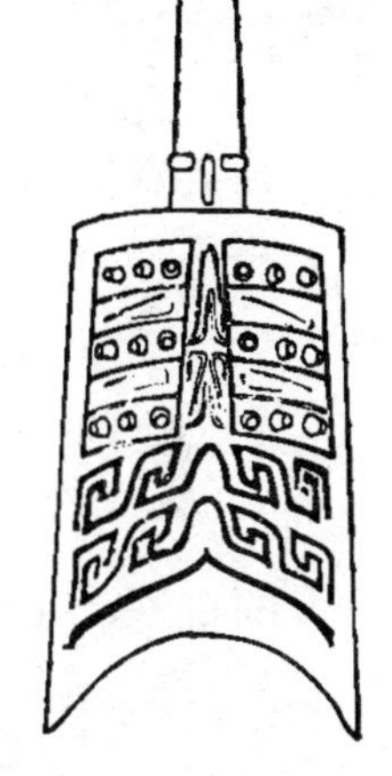

恼羞成怒的罗马统治者又任命克拉苏为统帅带兵前来镇压起义军。克拉苏在起义军必经的半岛狭窄处挖了一条长长的壕沟，河边修筑高大的防护墙，设重兵把守，妄图把起义军困死在半岛上。在一个大雪纷飞的夜晚，斯巴达克命令起义军靠近壕沟，燃起篝火，并在篝火旁吹笛子，敲皮鼓，跳舞蹈。按当时的习俗，奴隶们在临死前要进行一次娱乐。起义军这一举动使敌人放松了戒备和警惕。在敌人困乏时，斯巴达克指挥起义军用随身带的木料、冻土等很快填平了壕沟，奇迹般地冲出了封锁线。

斯巴达克几次运用金蝉脱壳之计化险为夷。可见，金蝉脱壳是一种摆脱敌人、转移或者撤退的脱身之术。对于军事指挥员来说，不仅要进攻有术，而且要撤退有法，因此，金蝉脱壳之计不可不用。

李嘉诚“金蝉脱壳”退中求利

“金蝉脱壳”是摆脱敌人、转移或撤退，完成特殊任务的一种分身之法。运用此计，关键在于“脱”，务必使内容虽变而形式尚存，已走而似未动，才能稳住敌人，抽身他去。香港富商李嘉诚在与怡和洋行较量的商战中，就成功地运用了此计策。

李嘉诚是香港20世纪70年代崛起的地产商，他几乎把整个香港的每一块土地、房屋都思量过了，几乎把每个上市公司的股市行情都分析透了，加上他特有的“挖墙脚”绝技相配合，因此他能获得许多公司的绝密情报。

功夫不负有心人，李嘉诚终于获得一项绝密情报——英国在香港最大的洋行英资怡和洋行，虽然是九龙仓有限股份公司的大东家，但实际上占的股份还不到20%，简直少得不成比例，这说明怡和在九龙仓的基础薄弱。尖沙咀早已成为繁华商业区，其旁边的九龙仓实际地价已寸土千金，而股票价格却多年未动，股票面值低得不成样子，这些都是争夺九龙仓的有利条件。如果大量购入九龙仓股票，即使脱票，也可与怡和公开竞购。持股的百姓，在相同的出价下，当然更愿意卖给中国人。因此，早日购足50%的股票，取代怡和成为大东家，这样就有权运用九龙仓的土地发展房地产，堪称一本万利。

李嘉诚得到这一信息，当即决定分散吸进九龙仓股票。从1977年起，他悄悄地分散户名，吸进18%的股份。

由于李大量吸进股票，使每股由10港元飞速上涨到了30余港元，引起怡和洋行的警觉。李的偷袭战必将转入阵地战。两军对垒，李的实力大大弱于怡和洋行，硬拼实难取胜。此时，李若继续入股，怡和洋行必然会高价回收九龙仓股票，它财大气粗，李必将惨败无疑。李嘉诚不愧为一流商贾，他决定以退为进，化险为夷。他的金蝉脱壳之计是寻找一个代替自己向怡和作战的人，将全部股票高价卖给他，这个人就是船王包玉刚。李嘉诚将

2000 万股票全部转卖给包玉刚，包将帮李从汇丰银行中承购英资和记黄浦股 9000 万股。两人皆大欢喜。

李知难而退，退中获利，既卖得人情又富了自己，岂不英明！包则借李的情报、信息和卓越的判断将实现久日的夙愿，仅此一个妙计，出千金巨资都买不到，何况李已为他打好了赢得价值 20 亿美元的九龙仓之基础！包自知确有实力，胜怡和心中有数，此妙计正用得上，不费吹灰之力一举获得 18%的九龙仓股票，开盘就有与怡和相等的实力，怎能不高兴！

另外，李嘉诚成功地为幕后的包玉刚打了个掩护，当李被怡和发现之后却停手不干了，使怡和误认为已化险为夷。

第二十二计 关门捉贼

【原文】

小敌困之。剥，不利有攸往。

【译文】

对于小股敌人，要围困、歼灭他。（放走他而又穷追远赶去围攻是极其有害的。）这是从《易经》的剥卦卦辞“剥，不利有攸往”一语中领悟到的。

【按语】

捉贼而必关门者，非恐其逸也，恐其逸而为他人所得也。且逸者不可复追，恐其诱也。贼者，奇兵也，游兵也，所以劳我者也。《吴子》曰：“今使一死贼，伏于旷野，千人追之，莫不枭视狼顾，何者？恐其暴起而害己也。是以一人投命，足惧千夫。”追贼者，贼有脱逃之机，势必死斗；若断其去路，则成擒矣。故小敌必困之，不能，则放之可也。

【译文】

捉贼时之所以要关闭大门，不仅是因为怕他逃走，而且还怕他逃走后被

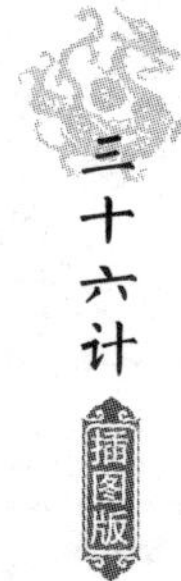

别人所得而利用。况且，对于逃走的贼不可再去追赶，以免中了贼的诱兵之计。所谓贼（军事上），就是指那些性情狡猾、善于奇袭、神出鬼没、专门引我疲于奔命的敌人。兵书《吴子》上写道："现在让一个亡命之徒，隐藏到广阔的原野，尽管是让千百人去追捕他，追捕者依然左顾右盼，顾虑重重，甚至视而不见。这是为什么呢？是怕贼突然跳出来伤害自己。所以，只要有一个人不怕死，就足以抵挡一千人。"追击盗贼，只要盗贼认为有脱逃的机会，他就必然为了逃命而拼死格斗；如果截断他任何脱逃之路，盗贼就必然会被捉住。因而，对付小股敌人，必须包围歼灭他，如果办不到，就暂时让他逃走。

【计谋精解】

"关门捉贼"，是指对弱小的敌军要采取四面包围，聚而歼之的谋略，如果让敌得以脱逃，情况就会十分复杂。穷追不舍，一怕它拼命反抗，二怕中敌兵之计。这里所说的"贼"，是指那些善于偷袭的小部队，它的特点是行动诡秘，出没不定，行踪难测。它的数量不多，但破坏性很大，常会乘我方不备，侵扰我军，所以，对这种"贼"，不可让其逃跑，而要断它的后路，聚而歼之。当然，此计运用得好，绝不只限于"小贼"，甚至可以围歼敌主力部队。关门捉贼是实现歼灭战的重要手段，其目的是全部或大部杀伤敌人，彻底剥夺敌人的战斗力。

实施关门捉贼之计，方法有很多种。其中，设计一个口袋阵，等敌人进入口袋后，堵其退路，扎紧口袋嘴，是常用的一种方法。紧紧包围住敌人的驻地，不准其逃跑，聚而歼之，也是一种方法。但不管哪一种，都要注意两个方面的问题：一是"关门"的地点既有利于全歼敌人，又有利于我方集中优势兵力。二是"关门"之后，部署兵力准备打援。

我们在运用关门捉贼之计时，应注意的问题：

（一）抓住有利时机，该关即关，该捉即捉，抓准时机是取胜的关键。所以，善于抓时机尤为重要。

（二）避强就弱。也就是只关弱敌而不关强敌。这是因为一旦将强敌围在"屋"里，一定会把"屋"闹得天翻地覆、门破屋塌。一般而言，所关之敌都是弱敌，即小股弱小力量。

（三）死守大门，防敌逃窜。“贼”被关在“屋”里一定不会老实、听之任之，他一定会竭力反抗，冲出重围，而大门肯定是其重点突破口，所以守好大门很关键。

当敌人采用关门捉贼之计时，我们可采用如下防范对策加以应对：

（一）探清敌情，切勿盲动。《孙子兵法》中说：“故知战之地，知战之日，则可千里而会战。不知战之地，不知战之日，则左不能救右，右不能救左，前不能救后，后不能救前，而况远者数十里，近者数里乎？”在同敌人作战之前，要详细准确地探明敌人的虚实，然后才能进入战地，这样才不致因情况不明而误入敌人的包围圈。否则，会落个被敌人关入门内的悲惨结局。

（二）以计攻计，金蝉脱壳。我们一旦被敌人关入门内，绝不能惊慌失措，在形势非常危急的关头，要冷静下来，对敌人设下的包围圈进行观察，一旦发现有可乘之机，就要果断地采取金蝉脱壳之计，逃离包围圈，切不可被动应战，更不可固执恋战。

（三）多备后路，以防不测。“狡兔”有“三窟”，以便于逃避灾祸，我们在应对狡猾善变的敌人时，更应该多给自己准备几条退路，一旦情况紧急，便可以找到退逃之路，有备才能无患，无备则处处被动。

政治谋略

曹操下邳困吕布

曹操在陈登父子的密切配合下，顺利地攻取了徐州，把吕布打得一败涂地，逃往下邳。曹操在徐州大犒军将后，欲马上进兵，一举攻克下邳。谋士程昱说：“我们不是要下邳一城，而是要除掉吕布。现在吕布仅有下邳一处可以安身，如果逼得太急，他则会拼死突围，一旦他逃出下邳去投袁术，那就更不好擒了。我们宜先切断他与外界的一切联系，关起门来，把他困在下邳，然后再伺机擒他。”曹操听罢，高兴地说：“如此甚好！”马上吩咐刘备说：“你率部严守下邳通往淮南的路径，切断吕布与袁术的任何联系，防止

吕布去投袁术。"另外又布置众将斩断吕布与山东诸郡的交通来往，防止外兵来救吕布，并防备吕布潜逃他乡。

下邳的吕布，经徐州一败后，锐气顿减。谋士陈宫先后向吕布献"以逸击劳"、"掎角之势"、"以攻为守"等计谋，吕布惧曹操势大，都不肯为之。终日在府中与妻妾饮酒解闷。

一天，谋士田楷、许记对吕布说："将军整天在家吃酒，不是坐以待毙吗？为何不去淮南求袁术帮我们解围？"吕布叹曰："去也无益。"田楷说："袁术与你结怨，是由婚约造成的，若我们答应继续履行婚约，他如肯出兵相救，我们与他内外夹击曹操，下邳之围定可解矣。"吕布依其言，遂遣二人为使，派张辽、郝萌二人护送，去淮南见袁术。

由于刘备在通往淮南的路径上疏于防备，竟使许记、田楷等顺利地冲了过去。在回来的途中，二位使者在郝萌的掩护下，又冲过了阻截，回到下邳。张飞只俘获敌将郝萌。

当刘备押解郝萌向曹操请功时，曹操问明来龙去脉，怒斩郝萌之后，厉言对众将说："各路关口一定要倍加防守，如果再有吕布及其将士走透出去，定要依法从事，斩首示众。"

刘备见曹操如此动怒，深知情势严重，暗中嘱咐关羽、张飞，一定要仔细守寨，不可怠慢。

吕布听二位使臣回报说，袁术答应来救应，但必须先把吕布女儿送来方信不食言。吕布无奈，只好照袁术要求去办。马上令高顺、张辽护送。吕布把女儿缠裹在身上，欲亲自杀出重围送女儿给袁术。

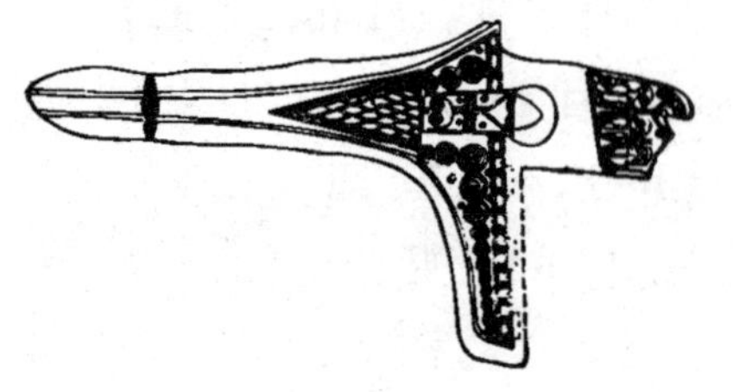

由于曹操切嘱众将严格把守关口，当吕布来到刘备寨前，受到了关羽、张飞的拦截。及至张辽、高顺欲掩护吕布冲出去时，曹操又派两员大将来助战，

杀败了张辽、高顺。吕布也因有女缚在身上，力不能支，被关羽、张飞打败，只好又退回下邳城。

吕布求援不成，只好每天坐在府中饮酒。由于下邳城内粮多而兵少，虽久困仍不见有可攻的战机。曹操见此情形，恐迁延日久，便对谋士说："下邳城内兵少粮多，与我相持一年也不成问题，我们宜暂回许都为好。"郭嘉阻止说："既然我们困城已久，吕布如瓮中之鳖，为什么要前功尽弃呢？我有一计可加速吕布受困而亡。"曹操忙问其计。这时另一谋士在侧说："是否决沂泗之水淹城之计？"郭嘉说："正是。"曹操听罢，马上令众军移居高阜地带，决开沂泗之水，坐视水淹下邳。

河水淹入下邳城后，城内一片恐慌，军民有米难炊，陷入一片混乱之中。此刻，吕布也成了热锅上的蚂蚁，恼怒无常，无故责罚将士，军中怨声载道。

在城外坐待其变的曹操，不一日，便见城内军将侯成盗了吕布的赤兔马来降。接着，在曹操攻心战术的作用下，吕布的部将宋宪又盗了他的画戟，并会同魏续，把吕布捆缚住，打开城门，把吕布献给了曹操。

军事谋略

黄巢"关门捉贼"复占长安城

公元 880 年，黄巢率领起义军攻克唐朝都城长安。唐僖宗仓皇逃到四川成都，纠集残部，并请沙陀李克用出兵打黄巢的起义军。第二年，唐军部署已完成，企图出兵收复长安，凤翔一战，义军将领尚让中敌埋伏之计，被唐军击败。这时，唐军声势浩大，乘胜进兵，直逼长安。

黄巢见形势危急，召众将商议对策。众将分析了敌众我寡的形势，认为不宜硬拼。黄巢当即决定：部队全部退出长安，往东开拔。

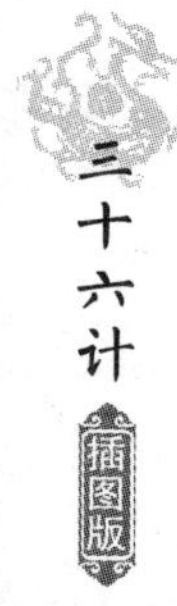

唐朝大军抵达长安，不见黄巢迎战，好生奇怪，先锋程宗楚下令攻城，气势汹汹杀进长安城内，才发现黄巢的部队已全部撤走。唐军毫不费力地就占领了长安，众将欣喜若狂，纵容士兵抢劫百姓财物。士兵们见起义军败退，纪律松弛，成天三五成群骚扰百姓，长安城内一片混乱。唐军将领也被胜利冲昏了头脑，成天饮酒作乐，欢庆胜利。

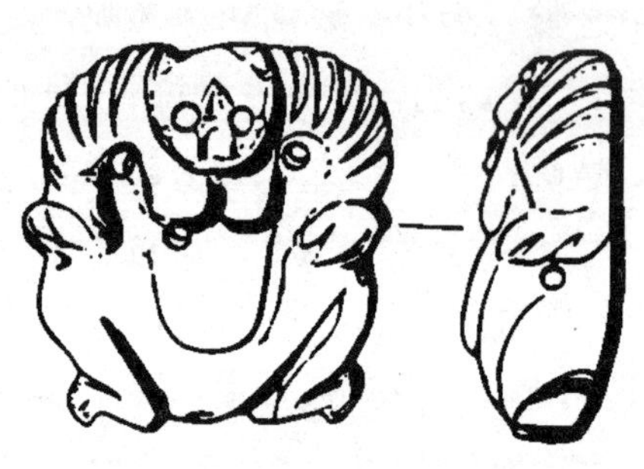

黄巢派人打听到城中情况得知敌人已入瓮中。当天半夜时分，急令部队迅速回师长安。唐军沉浸在胜利的喜悦中呼呼大睡。突然，神兵天将，起义军以迅雷不及掩耳之势，冲进长安城内，只杀得毫无戒备的唐军尸横遍地。程宗楚从梦中醒来，只见起义军已杀进城，唐军大乱，无法指挥，最后他在乱军中被杀。

黄巢用“关门捉贼”之计，重新占据了长安。

商战谋略

“三角经营”显神通

蛹口俊夫刚开始经营“蛹口药店”时，生意惨淡，勉强维持生活。

穷极无聊，蛹口便看书度日。这样的日子持续到他看到一本书为止。这本书叫《日本进攻大陆作战》，写的是日本在二战期间进攻中国作战的情况。

侵华日军在中国大陆占领的仅是城市，城市之间靠兵力保护的交通线连接，广阔的农村仍控制在抗日军民手里。一旦这些交通线的某一点被包围突破，占领军的交通线就会被切断，从而使城市陷入腹背受敌的困境，极易攻破。

看着看着，蛹口心中的灵感被激发出来：在经营中，对上述情况不是可以反而用之吗？

假设有三个不在一条直线上的小店，其地理位置处于一个三角形的三个顶点上，它们之间的连线就构成了一个三角形。

如果这三个小店是由同一领导统一经营的，互相保持密切的联系，形成连锁形式，那么其中任一个店某种药品缺货，只要一个电话打到附近的两个店，立刻就能得到支援。任何一个小店都会让顾客感到药品充足，无所不备。

药品是一种有统一质量标准的特殊商品，一旦需要，必有一种紧迫感，就尽可能就近购买，而不会考虑药店是否堂皇。

三角形内的消费者处于被包围状态，“无路可走”，肯定会在这三角形的连锁店系统中购买，这三个小店就会有较大的覆盖面，生意不好才是怪事呢！

从此以后，蛹口热情待客，勤奋节俭，用一点储蓄买下了附近的两家小店铺，第一个三角形连锁店终于形成了。

很快，蛹口的三角经商法发挥了令人吃惊的威力。除了原先预计的以外，他还发现，三角形的连锁店中任何一个店做广告宣传，就等于其他两个店也在做广告宣传。而且三个店可以联合一起进货，这样一次进货量多了，进货成本就可以降低了，从而价格竞争的能力也就增强了。加上货全，调货及时，服务态度好，药店的生意兴旺起来。

蛹口并没因此满足，接着进一步发挥了他的三角经商法。以任何两个老店为基础，发展一个新店，使这三个店构成一个新的三角形连锁系统。

由于两个老店的支援，新店和老店一样富有实力。这样每建立一个新店，就可以扩大一个新的覆盖面，一个能有效控制的、竞争对手无法进入的覆盖面！

不久，蛹口成立了蛹口药品连锁商店，他把经营范围扩大到全国，连锁店一家又一家地出现在日本各地。1981 年，蛹口的连锁店发展到 512 家，大有继续增加的势头。1987 年，其销售额占全日本药品销售额的 11%。

蛹口的三角经营法，正是“关门捉贼”计在经营中的灵活运用。

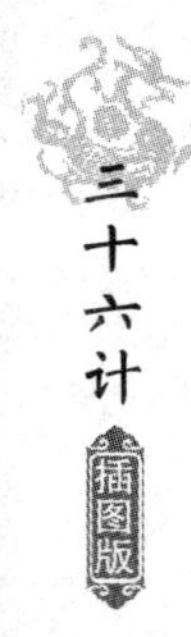

第二十三计　远交近攻

【原文】

形禁势格，利以近取，害以远隔。上火下泽。

【译文】

如果地理条件受限，形势发展受阻，攻取较近的地方就有利；攻取遥远的地方就有害。这是从《易经·睽》卦象辞“上火下泽”一语中领悟出的道理。

【按语】

混战之局，纵横捭阖之中，各自取利。远不可攻，而可以利相结；近者交之，反使变生肘腋。范雎之谋，为地理之定则，其理甚明。

【译文】

在攻势混乱的局面中，各种势力陷于联合与分裂，频繁变换之中，都为自己争夺利益与发展。远处不要去进攻，可以用利益与其友好相交；如果与邻近国家相交好，反而会使变乱发生在自己身边。战国范雎的谋略，就是以地理位置的远近，作为结交或攻击的准则，其道理是显而易见的。

【计谋精解】

远交近攻，是分化瓦解敌方联盟，各个击破，结交远离自己的国家而先攻打邻国的战略性谋略，当实现军事目标的企图受到地理条件限制难以达到时，应先攻取就近的敌人，而不能越过近敌去打远离自己的敌人。为了防止敌方，要千方百计去分化敌人，各个击破。消灭了近敌之后，“远交”的国家便成为新的攻击对象了。“远交”实际上是为了避免树敌过多而采取的外交诱骗。远交近攻是战略方面的运用，不是具体的战术运用。其主要目的是分化瓦解敌人的联合阵线，防止敌人联合行动，这样就有利于我方将敌人各个击破。

我们为何不采用近交远攻而采用远交近攻呢？采用远交近攻之计的好处，从正反两方面加以阐释，显而易见。

近交的不利之处有两个。一是卧榻之旁，岂容他人鼾睡。近处之敌即使暂时安抚下来，随时也有翻脸的可能。二是近敌就在我们的外围，就像蚕茧蛇蜕一样，紧紧束缚着我们向外发展。要想继续发展，非得冲破这个阻碍不可。远攻的不利之处有三个。一是远道袭人，风险颇大。《孙子兵法》说："百里而争利，则擒三将军。"二是舍近求远，劳民伤财。《孙子兵法》说："久暴师则国用不定。"三是即使取得了胜利，夺得了土地，因远离本土而无法保卫，反而成了沉重的包袱。

与上相对应，远交的好处有二。一是分化瓦解敌人的联盟，孤立近处的敌人，使其得不到援助而束手就擒。二是结交远者本身就是一种麻痹手段，使之放松警惕，以便日后突袭取胜。近攻的好处有三。一是进攻近敌可以拓展我们的地盘或势力范围。因新攻取的疆土与我们原有的国土连在一起，所以便于守护和利用。二是近距离作战便于集中力量，容易取得胜利。三是进攻近敌相对来说消耗的人力和物力要少，对国家财政不会产生严重影响。

远交近攻之计有以下三层含义：

（一）对于不同的敌人采用不同的应对策略。俗话说：到什么山唱什么歌。由于敌人所处的地理位置，客观条件不同，他们的价值观念不同，他们对危险的感受不同，因而对我们的用途也就不同。所以我们不能给他们吃大锅饭，而要看人下菜碟，对不同背景的敌人要区别对待，采取不同的对策。只有这样，我们才能处于有利地位，而不至于让敌人牵着鼻子走。对敌人采用不同的应对策略，从某种意义上说也是分化敌人的一种手段。

（二）从容易攻破的地方入手，其势如破竹，事半功倍。从容易攻入的地方入手，可以尽快打开局面，产生势如破竹的效果。"从易者始"就容易取胜，获取胜利之后，对士气就会是一种激励，反过来又会争取更大的胜利，这样会产生一种良性的循环。

相反，如果从难者始，久攻不下，下而不见其利，士气就会大减。对付众多的敌人，更应从容易的开始，然后有次序、有重点地予以歼灭。从地理位置上看，最容易攻取的当然是距离最近而又弱小的敌人了。进攻这样的敌

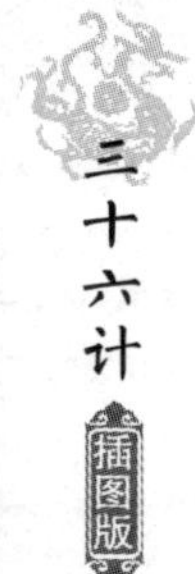

人，还有一个好处，就是“得寸，则王之寸也；得尺，亦王之尺也”。

（三）将敌人的联盟彻底瓦解，使其无力对抗。无论自身如何强大，众多敌人联合起来的力量都是难以应付的，在众多敌人联合的形势下，首先进行分化瓦解，破坏敌人之间的联盟，使他们同床异梦或彻底分开，变被动为主动，在敌人之间不能协同作战并且不能互相救助的情况下，各个歼灭敌人就变得轻而易举。

如果敌人采用远交近攻之计，我们应采取如下防范对策加以应对：

（一）及时识破敌人的阴谋，借机利用敌人。我们一旦发现敌人已把自己作为“远敌”而结交时，可根据具体情况积极接受他们的结交。这样做有益于我们赢得时间，在这段时间内，我们可以做好充分的准备，一旦敌人对我们采取攻击时，我们不致措手不及，这是一种以退为进的策略。另外，我们可以借机利用敌人，既然我们可以成为敌人的“远者”，反过来敌人也同样可以作为我们的“远者”而“交”之。我们利用其来主动送上门的机会，稳住他们，然后就可以实施我们的“远交近攻”之策。“道高一尺，魔高一丈”，我们在被敌人利用的同时，借机先行，巧妙地利用敌人给自己创造成功的契机。

（二）及时揭露敌人的阴谋，联合对敌。我们一旦发现敌人已经把自己视为“近敌”，难逃被攻击的厄运时，消极等待等于自取灭亡，要首先针对敌人分化瓦解的策略，广为结交，争取同情和援助，进而将敌人破坏的对敌同盟重新建立起来，只有这样才能防止被孤立，被击破。争取援助时要晓之以利害，公开地彻底地揭露敌人“远交近攻”的分化阴谋，激起盟友的义愤，大家联合成坚固的长城，共同对敌，使敌人的阴谋无法实施，很快破产。

（三）依据敌情，相机而动。依敌我双方的不同情况，争取不同的防御策略。如果我们的力量足够强大，同时又有广泛的同情和援助，并且有了充分的战斗准备，那么不妨来个“御敌于国门之外”；如果我们的力量较弱或敌人锋芒毕露，那么我们不妨来个“诱敌深入”；如果敌人方面有机可乘，我们不妨来个“围魏救赵”。这些防御措施的应用并非孤立存在，也非一成不变，要灵活运用，切忌生搬硬套。

智慧典例

政治谋略

范雎畅谈妙计助秦攻魏

魏人范雎因为受迫害，逃亡到秦国。秦昭王问他富国强兵之计，范雎说："秦国土地广大，兵马众多，统一天下，应该是不用费多大气力的，但是您的主帅和大王您，都有失策的地方。"秦王感到范雎说得有理，就请范雎指出他的过错。范雎说："您越过韩国、魏国去攻打齐国，这就是失策。齐昭王舍近求远攻打楚国，结果一寸土地也没有得到。不是不想得到土地，而是形势不允许他得到。诸侯国见齐国战线拉得很长，因为攻打楚国，部队累得疲惫不堪，就联兵攻齐，使齐国几乎灭亡。齐国攻打楚国，实质是养肥了韩国和魏国。所以大王您应该采取远交近攻的战略，得一寸土地就是一寸，得一尺土地就是一尺。大王一定要抓住韩国和魏国，因为此二国是天下的枢纽，是物产最丰富的地方。再用您的威信去影响楚国和赵国。楚国和赵国归附后，齐国就一定害怕。韩国和魏国就会成为秦国的俘虏。"秦王听后，连连点头。

公元前286年，秦国用范雎远交近攻的办法攻打魏国，取得初步胜利。此计谋为秦始皇统一中国奠定了良好的基础。

军事谋略

郑庄公争当霸主

春秋初期，周天子的地位实际上已经被架空，群雄并起，逐鹿中原。郑庄公在此混乱局势下，巧妙地运用"远交近攻"策略，取得当时的霸主地位。当时，郑国的近邻宋国、卫国与郑国积怨很深，矛盾十分尖锐，郑国时刻都有被两国夹击的危险。

于是，郑国在外交上采取主动，接连与较远的邾、鲁等国结盟，不久又与更远的实力强大的齐国签订盟约。

公元前719年，宋、卫联合陈、蔡两国共同攻打郑国，鲁国也派兵助战，将郑都东门围困了5天5夜。虽未攻下，但郑国已感到本国与鲁国的关系存在问题，便千方百计想与鲁国重新修好，共同对付宋、卫。

公元前717年，郑国以帮邹国雪耻为名，攻打宋国。同时，向鲁国积极发动外交攻势，主动派使臣到鲁国，商议把郑国在鲁国境内的一小块地盘交归鲁国，果然，鲁国与郑国重修旧谊。齐国当时出面调停郑国和宋国的关系，郑庄公又表示尊重齐国的意见，暂时与宋国修好，齐国因此也对郑国加深了“感情”。

公元前714年，郑庄公以宋国不朝拜周天子为由，代周天子发令攻打宋国，郑、齐、鲁三国大军很快攻占了宋国大片土地。宋、卫军队避开联军锋芒，乘虚攻入郑国。郑庄公把占领宋国的土地全部送与齐、鲁两国，迅速回兵，大败宋、卫大军。郑国乘胜追击，击败宋国，卫国被迫求和。就这样，郑庄公努力扩张，霸主地位形成了。

商战谋略

杨至耀远交近攻终成饮料大王

新加坡饮料大王杨至耀取得成功，便是运用了“远交近攻”之法。

新加坡乃弹丸之地，市场有限，但各类饮料厂家林立，竞争激烈。杨氏公司认为要想在新加坡立于不败之地，必须“远交”国外市场，将公司发展为跨国集团，以更强大的实力"近攻"新加坡国内的对手，并把其作为杨氏公司发展的战略手段。杨至耀认为东方市场的代表是中国，而西方市场的代表是美国，于是杨氏公司决定结盟中国和美国的企业发展国外市场。在中国，他发现可口可乐、雀巢咖啡已占领了相当大的一部分市场，于是独树一帜，在广州白云经营豆奶产业，试产试销一举成功。在美国，他发现其他东方食品进入美国市场很困难，问题在于经营的平等权利得不到认可，于是他出资5000万美元重金买下美国重庆食品公司的商标，使杨氏公司的产品大摇大摆地进入了美国各大超级市场，美国重庆公司也成为杨氏公司的经营伙伴。

杨氏公司结盟东方市场和西方市场之后，迅速成长为业务遍及全球的跨国集团，而那些眼光短浅或动作较慢的新加坡同行只能望"杨"兴叹，蛰居下游了。

阿姆卡远交近攻力拔头筹

美国电气行业执牛耳者的美国通用电气公司和西屋电气公司，以及实力不很强的阿姆卡公司都在研制新型低铁矽钢片，而竞争的结果却是阿姆卡公司拔了头筹。这正是阿姆卡公司十分重视信息情报工作的结果。

在研制超低铁省电矽钢片的过程中，他们发现"通用"和"西屋"也在从事同类产品的研制。远在地球另一端的日本钢厂也有此意，而且准备采用最先进的激光囊处理技术。阿姆卡公司分析形势后认为，以自己的实力继续独立研制，可能落在"通用""西屋"之后，风险极大，若要走合作研制之路，应必须选择好合作者。与"通用""西屋"联手，是"近亲联姻"，未必有利于加快研制过程，再者将来只得与之分享美国市场，还得考虑崛起的日本钢厂。与日本钢厂并肩合作，是"远缘杂交"，生命力旺盛，研制过程自然会加快，而且将来的市场大，可以以太平洋为界。于是，阿姆卡选择了日本钢厂作为合作伙伴，结果比预定计划提前半年研制成功。

阿姆卡的"远交近攻"，最后终于战胜了"通用""西屋"两大强劲的对手，从而适应了现代电气高科技对电气材料不断提出的新要求。

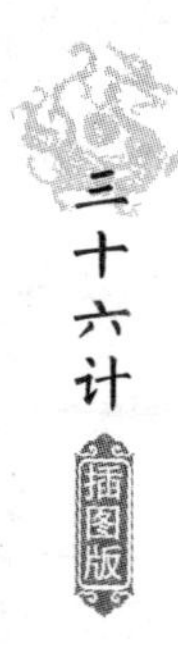

第二十四计　假道伐虢

【原文】

两大之间，敌胁以从，我假以势。困，有言不信。

【译文】

处在敌我两个大国中间的小国，当面临着大国胁迫而处于屈从的境地时，我国应立即出兵去援救它，并借机向里扩张自己的势力。但对于处在这种困境中的国家，只有空言而无实际行动，是难以令其信任的。

【按语】

假地用兵之举，非巧言可诳，必其势不受一方之胁从，则将受双方之夹击，如此境况之际，敌必迫之以威，我则诳之以不害，利其幸存之心，速得全势。彼将不能自阵，故不战而灭之矣。如晋侯假道于虞以伐虢。晋灭虢，虢公丑奔京师。师还，袭虞灭之。

【译文】

借道行军的举动，不是仅靠花言巧语所能蒙骗取得的，必须是这个中间势力处于这样的不利形势：不单独受一方的势力威胁，而是处于双方势力的夹击中。

在这种情况下，敌方必然会用武力逼迫他屈服，我方即可用不侵犯他的利益作诱饵，利用他侥幸图存的心理，迅速把我方的力量扩展进去，控制大局。这样他势必不能守住阵地，不经过实战就把他消灭了。例如春秋时代，晋国向虞国借道攻打虢国，虢公大败，逃奔到周朝的京都洛阳。晋军灭了虢国后，回师途中再度借道虞国，趁其失去戒心而加以袭击，灭掉了虞国。

【计谋精解】

假道伐虢：假道，是借路的意思。语出《左传 · 僖公二年》："晋荀息请以屈产之乘，与垂棘之璧，假道于虞以灭虢。”这是一种蒙骗利诱、借机攻取的谋略。此计谋的关键在于“假道”，“假道”的理由要充分，并且要诱惑被“假道”者。另外，还要隐蔽“假道”的真正意图。

假道伐虢之计可以理解为以下含义：

（一）过河拆桥，一举两得。晋国假借虞国的道路，顺利攻取了虢国，这样既使虞国放松了警惕，又使虞国失去了救援，所以在灭虢回师的路上，轻而易举地灭掉了虞国。这就如同借人家的桥过河，过了河之后，又顺手将人家的桥毁掉了一样。发动一次兵力灭掉两个国家，真可谓一举两得，收获颇丰。

（二）借桥过河，轻易获得。就是借用别人所提供的条件或帮助来达到自己的目的。做任何事情，必要条件是不能缺少的，这就如同过河必须有桥或船一样。在我们没有桥的情况下，我们可以利用自己的船将我们载过去，但我们不想用自己的船，一是怕磨损它，二是怕费力，所以，我们还有一个有利的条件可以利用，那就是借人家的船，在开口借时必须有冠冕堂皇的理由，让其相信，并乐意借之。这样我们就不用付出任何代价或付出极小的代价，就顺利到达彼岸。

（三）瞅准时机，渗透势力。乘对方有机可乘之时，借用某种名义，巧妙地把自己的势力渗透进去，一般情况下，要把自己的势力渗透到对方内部，并不是很容易的，运用武力要遭到反抗；只有花言巧语，空头许诺，没有实际行动，很难得到信任。最好的时机是在其外来势力相逼时，我们以不侵犯其利益为诱饵，利用其侥幸图存的心理，以出兵援助为名，迅速把力量扩展进去。这样可以不经战斗，就能全面地控制对方。

当我们处于弱势地位，被敌人虎视眈眈地注视，并借机采用“假道伐虢”计谋对付我们时，我们一定要识破强者的诡计，处处小心提防，不让敌人的企图得逞，使其“假道伐虢”的策略毁于一旦。具体而言，我们在应对敌人的这一计谋时，应采取以下防范对策：

（一）要搞好内部团结，不给敌人可钻的空隙。相反，如果内部分崩离析，会给敌人乘隙进攻的机会。所以，内部团结一致，共同对敌是十分重要的。

（二）要建立良好的外部关系，绝不可使自己陷入孤立无援的境地。敌

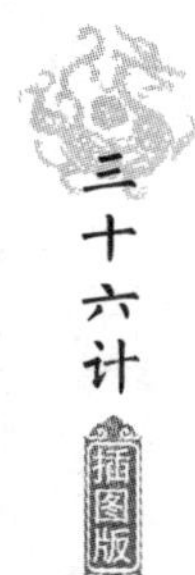

人在采用此计谋时，常常挑拨我们和盟友的关系，使我们陷入孤立，借机将我们打败。

（三）要头脑清醒，分析判断正确。对敌人的请求，如果一概不予理会，必会引起敌人的憎恨与愤怒。其后果是：恼羞成怒的敌人会向我们发起猛烈攻势，无情地将我们置于死地。所以，我们在借路给敌人时，一定要弄清楚敌人的真正意图，及时防范。

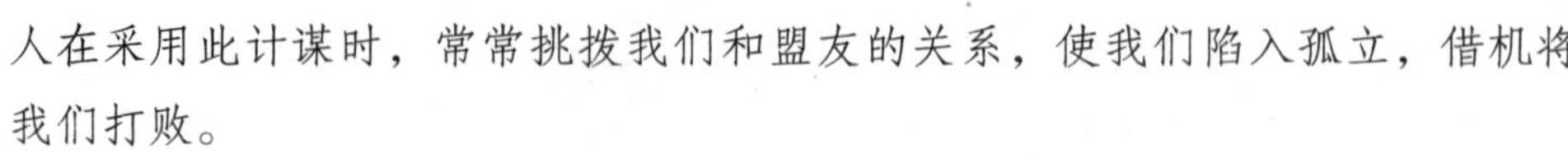

政治谋略

韩愈“跑官”又杀官

大文学家韩愈的仕途开始时很不顺畅，接连四次才考中进士。但还需经过吏部的考试，合格后才可授官，于是韩愈又考，不料又是一连三次的失败。此路不通，他只好开始“跑官”、可惜“跑官”的历程也同样不顺利，几番周折，最后选中了京兆尹李实。按照老办法，他在信中对李实一番吹捧，一番巴结，直说得李实心花怒放。而事实上李实却是一个十足的奸佞之辈，但是韩愈的信还是起了作用，他果然被提拔为监察御史，成为一名京官。

李实之奸，京师之人无不切齿痛恨，以韩愈的识见，竟然看不透这个人的奸相。事实并非如此，韩愈在担任监察御史后，立即上书唐德宗，曲折委婉地道明了李实的罪状。

韩愈既通过李实，做了京官，又被皇上提拔为监察御史，那么地位就不容易逆转了。然而依韩愈的禀性，又身为监察御史，他对李实坑害百姓的奸诈行为绝对不会坐视不管。因此，他向德宗状告了李实的罪行，这是李实当初万万没想到的。

军事谋略

晋国伐虢一举两得

公元前659年夏天，晋国兴兵攻伐虢国。伐虢就必须经过虞国，但是如果虞国不借道给晋国，晋国就束手无策。大臣荀息建议晋献公把自己国家的两件国宝——千里马和玉璧送给虞国国君虞公。

晋献公接受了荀息的建议，派人把千里马和玉璧送给虞公，虞公不听谋臣宫之奇的劝告，借路给晋国。晋军经虞国到达虢国，攻占了虢国的都城，迫使虢国迁都到上阳。

公元前655年，晋国聚集精兵良将，再次向虞国借路攻伐已迁都上阳的虢国。宫之奇劝说虞公道："虢虞两国相互依存，虢国灭亡了，虞国也就日薄西山了。所谓'辅车相依，唇亡齿寒'说的正是虢虞两国今天的形势，还请大王三思而行。"

可是虞公再次拒绝宫之奇的劝告，借路给了晋国。宫之奇知道大难不久将会来临，只好携带家眷，带领族人，逃离了虞国。

是年八月，晋国大军经虞国进入虢国，迅速攻克虢国国都上阳，虢国灭亡。凯旋途中，晋军趁虞公毫无防备之际，又一举消灭了虞国，虞公成了晋军的俘虏，千里马和玉璧也都重新回到晋献公手中。

荀息抓住了虞国国君虞公爱财的弱点，投其所好，使其放松了警戒，从而达到了借道的目的。而虞公在助纣为虐的同时，也葬送了自己的国家，实在可悲。

商战谋略

百度借道金山涉足杀毒市场

假道伐虢之计在商业领域的正面运用，主要有采取收购股份、战略合作方式进行业务拓展等形式。借道的一方往往利用对方在某一业务领域的优势

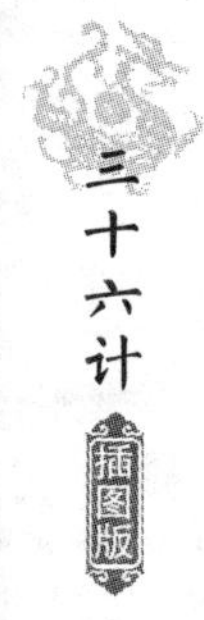

来壮大自己的实力，最终分得市场中的“一杯羹”，其目标一般不是消灭市场上业已存在的对手，而是使自己能够获得与之对抗的力量。

创立于 2000 年 1 月的百度公司，仅用几年时间就坐上了“全球最大的中文搜索引擎”的宝座，但是百度并不满足于只做搜索业务，更不满足于只做互联网平台搜索业务。先是与诺基亚宣布合作移动搜索，后又借道网络安全市场的龙头企业金山网络，将其触角伸向了网络杀毒市场。

2008 年 2 月，百度与金山合作推出百度安全中心，在国内网络杀毒市场搅起波澜。百度安全中心几乎完全涵盖了市场上同类杀毒产品的主流应用，将金山系统清理专家客户端产品提供的安全功能完全移植于线上。同时，免费的查毒、杀毒功能，大大降低了用户使用杀毒软件功能的门槛。尽管这个产品推出之后不到 1 年就被下线了，但百度的这个举动却再度彰显了其涉足整个互联网产业链，提供全系列互联网服务的野心。

2010 年 9 月，百度再次和金山合作，推出百度电脑管家。该产品提供软件下载、安装、卸载等功能，随后的版本更新中又推出了木马查杀、漏洞修复、实时防护等功能。

有了前番与杀毒企业的合作经验之后，百度于 2013 年推出了自主研发的一款永久免费的云安全杀毒软件——Baidu Antivirus（国际版）。此后动作频频。2013 年 3 月，百度移动应用更名为手机助手，增加了手机优化功能。此举意味着百度开始从移动安全角度与奇虎 360 形成正面对决。同年 4 月，百度推出百度安全管家。这款移动安全产品拥有手机体检、病毒扫描、拦截骚扰等功能。两个月后，百度联合卡巴斯基，推出免费杀毒软件——百度杀毒，随即又推出百度卫士。

至此，百度的借道之举，为其在国内杀毒市场站稳了脚跟，并且对同类杀毒产品的市场造成了挤压。

第五套　并战计

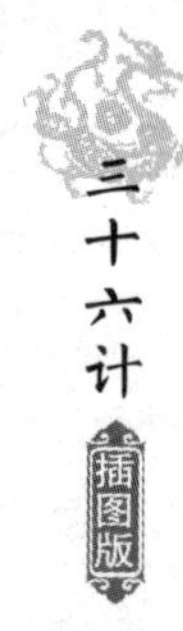

第二十五计　偷梁换柱

【原文】

频更其阵，抽其劲旅，待其自败，而后乘之，曳其轮也。

【译文】

采取措施多次变动友军的阵势，借以暗中调换其主力部队，等待它自趋失败后趁机制服它。这就如同《周易·既济·象传》所言：要想控制大车运行的方向，就必须控制住车轮。

【按语】

阵有纵横，天衡为梁，地轴为柱，梁柱以精兵为之。故观其阵，则知其精兵之所在。共战他敌时，频更其阵，暗中抽换其精兵，或竟代其为梁柱；势成阵塌，遂兼其兵。并此敌以击他敌之首策也。

【译文】

阵势有纵横之位，按首尾相对列队的天衡是阵势的大梁，列队处于全阵中央的地轴是阵势的支柱。大梁与支柱部位都是用精兵去镇守。因此，察看敌人的阵势，就能知道他的精兵主力所在。同友军布阵共同攻击敌人时，暗中将敌人的主力部队从天衡、地轴的位置上替换掉，或者以我军取而代之，从而形成对我军有利的形势，而将友军的阵势搞乱，这样就可以兼并友军归我所有。这是兼并控制此敌以击败他敌的首要良策。

【计谋精解】

偷梁换柱是用偷换的方法，暗中改换事物的本来面貌和实质内容，蒙混欺骗的策略。用在军事上，是指当敌人力量比较强大，而其主力又已完全暴露时，或我方的外部情况已为敌人所掌握的形势下，为了抓住关键，有效地控制敌人，可在敌人不知不觉中调开其主力。借以分散削弱其力量；或为了蒙骗敌人，可在暗中更换我们的部署，合并盟友的主力，借以增强扩大自己的力量，达到控制盟友的目的。此计谋常被用作奇谋妙计，置敌人于死地。

偷梁换柱就是用次要的换主要的，用假的换真的，用坏的换好的。调换必须在十分隐蔽的状态下进行，否则，不但达不到目的，反而会引火烧身。

偷梁换柱之计可以理解为以下含义：

（一）以坏换好，暗中调包。即神不知鬼不觉地用自己的东西换走敌人的东西。一般而言，都是用假的换掉真的，用坏的换掉好的，用次要的换掉主要的。这种调换不外是为了自己获利，使别人受损，或者两者兼而有之。

"调包计"一定要在暗中进行，只有敌人在没有发现任何破绽的时候，才会把假的、坏的，当成真的、好的。一旦敌人发现已被调包，那么，在使用前他就会把换过的东西再换回来，我们也就达不到目的了。所以，隐蔽进行、不露马脚是成功运用本计谋的关键。

（二）换敌主力，分解敌势。当我们的力量比较弱小，而敌人的力量比较强大时，直接同其对抗无异于自投虎口，聪明的做法是使用各种隐蔽欺骗的虚假行动，把敌人的主力调开，也就是把敌人的"梁"、"柱"偷换掉，这样就会使其由总体上的强大转化为各个局部上的弱小，我们就可乘机控制敌人，将不利局面彻底扭转。

（三）兼并盟友，一致对敌。当我们和盟友共同抗击敌人时，虽然大家目标是一致的，但是毕竟不是同一组织，所以难免步调不一致，缺乏统一的指挥和行动，这样不但不能给敌人以致命的打击，还很容易被敌人各个击破。为了形成强大的势力，在盟友一时没有认识到联合的重要性和必要性的时候，我们暗中将其合并过来，实行统一意志、统一行动，这对于整个战局意义重大。

我们应采取以下防范措施来应对偷梁换柱之计：

（一）处处设防，不给他人可乘之机。多元化的社会，竞争呈现出多极化，在这种情势下，我们除了要与面前的对手针锋相对之外，对于中立者、盟友等其他力量，也要时时处处加以必要的防备，不要轻信于人，更不能轻

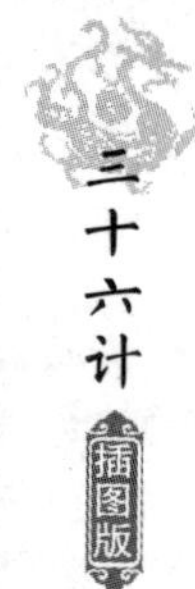

易把主力托付于人，以防被人吞并或彻底消灭。

另外，还要不断地补充自己的实力，从而使自己有独立竞争的能力和反抗能力，以防止被人吞并。总之，要做到小心谨慎、处处警觉，为自己设置坚固的心理防线，这些都是必不可少的。

（二）严守“梁”和“柱”，及时发现和补救。梁和柱具有非同寻常的作用，严密防护意义重大，我们要做到使敌人不易接近或无法偷换。还要做到事先将应急措施准备好，一旦发现梁柱被人偷换，立即补救以挽回损失。在这里，信息反馈就显得尤其重要。我们要与自己所属的各个部位，特别是重要的部位，经常保持信息沟通和紧密联系，一旦自己的梁柱被偷换，立即得到信息反馈，立即采取有效的补救措施，将损失减少到最小。

（三）要观点明确、表达清晰，不给他人可乘之隙。一旦我们的思想观点不明确或语言表达不清晰时，就给人造成含混不清、似是而非的感觉，所以很容易被人故意曲解或断章取义，这也给他人留下了偷梁换柱的机会和把柄。因而，我们在应该表达清楚的地方，一定要用科学规范的语言表达清楚，而且必要时加以解释和说明，使其无机可乘。

政治谋略

胤禛改诏夺位

雍正是清朝康熙皇帝的儿子，排行第四（四皇子），名叫胤禛。这位四皇子天资十分聪颖，而且文武双全，但他生性刻薄凶残，绝情寡义。

康熙皇帝有三十多个儿子，他仔细想来，能成气候的也只有三人：太子胤礽、四皇子胤禛、八皇子胤禩。因此，朝中的王公大臣们也分成了三派，各保其主。太子派以宝志为首，胤禛派是隆科多、年羹尧暗中支持，胤禩派的首领是佟国维与马齐。

三派中，八皇子胤禩性情温和，而太子与胤禛却如同水火不相容，明争暗斗互相倾轧。胤禛利用自己的心腹喇嘛僧以给太子献药为名，给太子吃了有毒的药，将他变成了癫子。康熙无奈，只得把太子废为庶人，并恨言不再册立太子，又得悉太子之所以至此乃四皇子所为，于是对胤禛更加憎恨。

边关传来战报，报奏青海地方有人作乱，康熙即刻升殿。问道：“边关吃紧，朕近来身体有恙，哪位皇子代朕出征？”

十四皇子奏曰：“父皇龙体要紧，儿臣愿前往征战，以绝后患。”

康熙大喜，即命十四皇子领兵赴青海。几个月后，十四皇子剿平叛乱，康熙对十四皇子更加宠爱，心中已定下主意。

康熙六十八岁那年，身患重病，日见沉重，自知不起。乃传旨命隆科多、年羹尧入宫，托付后事。

康熙曰：“朕身体日渐不支，恐不日去矣，对后事，朕已有诏书在此，尔等要按朕意行事才是。”

隆科多、年羹尧跪地叩首：“愿龙体早安。”

康熙取出一黄绫，曰：“朕意已决，尔等照办。”

隆科多接过黄绫一看，上边用朱笔御写：“朕如有不测，可即传位十四皇子。”看后，隆科多脸色一变，已知胤禛即位无望。

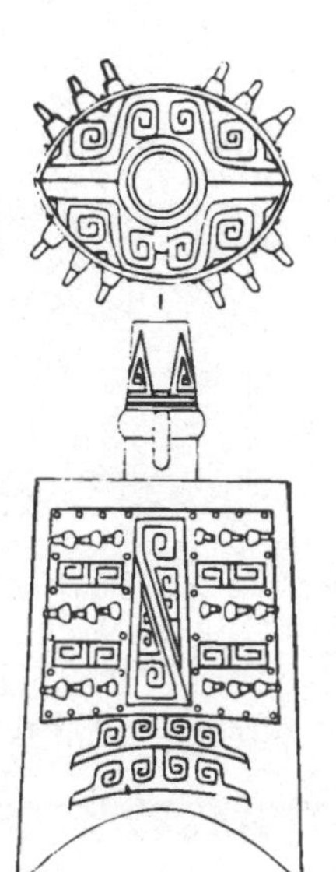

康熙发现隆科多脸色有异样，顺手将诏书取回，塞入枕底。

隆科多从宫中出来后，连夜来到四皇子处，和年羹尧一道，把康熙皇帝的传位遗诏向胤禛禀报。

胤禛急得在地上来回踱步，“这一下可完了，等十四皇子即位，我们全得完蛋！”

隆科多小眼一眯：“如能把诏书取出，改一下，岂不就……”

年羹尧献计：“把诏书上传位十四皇子的十加上一横，不变成传位于四皇子了吗？”

胤禛说：“好！事到如今，也顾不得许多了。”

商议停当，三人赶紧秘密进宫，闯入内宫。

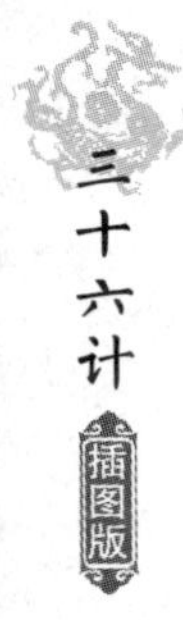

此时，康熙皇帝寿限已近，奄奄一息地躺在床上，眼睛紧闭。

胤禛和隆科多来到龙床边，将侍立在旁的太监全都赶了出去。

胤禛伸手到康熙枕下，慢慢将诏书抽出，稍微一动，康熙惊醒，见胤禛站在床前，叱曰："谁叫你入内！"

胤禛赶紧跪下，说："臣儿是奉父皇旨意进宫参见的。"

康熙大声问："十四皇子何在？"

隆科多赶快上前，说："十四皇子正在进京途中。"

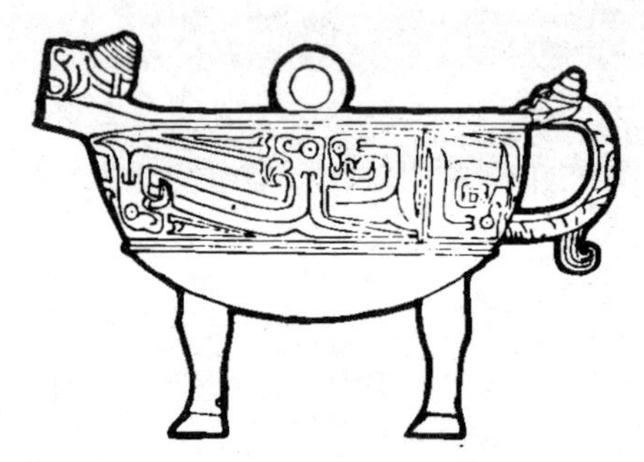

康熙一惊，忙翻枕底，诏书已不见了。此时，康熙气急，把套在臂上的佛珠捋下朝胤禛砸过去。

胤禛顺手一接，玉珠在手，忙跪下说："多谢父皇立儿臣登位，以玉珠为赐。"

康熙闻言，气得两腿一伸，归西去了。

隆科多连忙将诏书上的十字改为于字，然后，走出内寝宫，向各皇子宣读遗诏："先皇遗诏在此，四阿哥奉诏即位，有先帝佛珠为证。"

至此，四皇子胤禛便做了皇帝，号为雍正。

军事谋略

郑庄公与司马孔父嘉斗智

周桓王三年（前 717），郑庄公假托周天子之命，纠合齐、鲁两国兵马前往攻打宋国。

宋殇公听说郑、齐、鲁三国兵马入境，大惊失色，急忙召见司马孔父嘉问计。孔父嘉奏道：我已派人打听清楚，周天子并无讨伐宋国之命，齐、鲁两国是受郑庄公的欺骗才出兵的。现在三国合兵而来，其锋甚锐，不可与它正面争战，唯有一计，方可使郑军不战而退。殇公说：郑国明知今日攻宋，有利可得，怎会轻易退兵呢？孔父嘉说：郑庄公亲自出马，领兵攻打宋国，其国内防守必然空虚，由此，只要我们以重金收买卫国，要卫国联合蔡国，以轻兵袭击郑国本土，威胁郑都荥阳，这样，郑庄公就自然会退兵回援了；而郑兵一退，便群龙无主，齐、鲁两国兵马也不会再留下为郑国卖命了。宋殇公听从了孔父嘉的计策，并立即要他挑选200辆兵车，带上黄金、白璧、绸缎，连夜赶往卫国，请求卫国联合蔡国出兵袭击郑国。

卫宣公接受了宋国的礼物，果真派右宰丑领兵与孔父嘉会合，并且出其不意地直逼郑都荥阳城下，郑世子忽和大夫祭足急忙传令守城。这时，宋、卫的兵马已在郑都城外大肆抢掠，掳去了大量人畜辎重；接着，右宰丑便要趁势攻城。孔父嘉说：我们袭击荥阳得手，只是乘其不备，应该得利便止；如果继续留下攻城，万一郑庄公回兵救援，将会对我形成内外夹攻之势，那是很危险的；不如就此借道戴国，胜利回师；我估计当我军离开这里时，郑庄公的兵马也该从宋国撤退了。于是，按照孔父嘉的布置，宋、卫两国兵马向戴国进发，想从戴国假道。却不料，戴国国君以为宋、卫兵马是来攻打戴国的，便关上城门死守。孔父嘉大怒之下，多次攻城，但总也攻不下来。

却说郑庄公领兵攻打宋国，本来是很顺利的。郑军大将颍考叔已攻破郜城，公孙阏已攻破防城，分别向郑庄公大营告捷。怎料到正想乘胜挺进之时，忽然接到世子忽从国内送来的告急文书，说是宋、卫两国兵马正进逼郑都。这时，庄公表面上不动声色，只叫传令班师。当大军回至半路时，又接到国内送来军报，说是宋、卫军马已撤离荥阳城外，向戴国方向去了。

庄公听到这一情报后，想了一下，便传令颍考叔、高渠弥、公孙阏、公子吕四员大将，将兵马分为四队，偃息旗鼓，转道向戴国进发。

再说孔父嘉、右宰丑率领宋、卫联军进攻戴国，又得到蔡国领兵相助，满以为一举成功，却忽然接到探马来报说，郑国上将公子吕领兵救戴，已在离城50里处下寨。接着，又听说戴君得知郑兵来救，已经打开城门将郑军接进城内去了。这时，孔父嘉便对右宰丑说：现在戴国有了帮手，他们必定

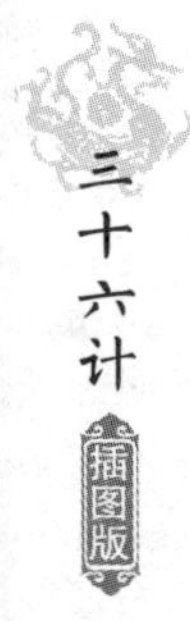

会合兵向我军求战，你我何不站在壁垒之上，观察城内动静，也好有所准备。于是孔、丑二将便一起登上壁垒，仔细观察城内情形，对着城内指手画脚。正在说话间，忽听一声连珠炮响，城上一时竟遍插郑军旗号，郑将公子吕全身披挂，站在城楼上，大声叫道：多多感谢二位将军费力，我们已经取得戴城了。

原来这是郑庄公设的“偷梁换柱”计：假说是要公子吕领兵救戴，其实郑庄公就坐在戎车之中，只等进了城，便就势并了戴国之军，把戴君给赶走了。孔父嘉在城外见庄公不费吹灰之力便占了戴城，一时义愤填膺，决心要与庄公决一死战。当他正在心中筹划之时，忽报：城中派人来下战书。孔父嘉当即批复来日决战，并约会卫、蔡两国，将3路军马，齐退后20里，以防自相冲突；由孔父嘉领军居中，蔡、卫军分列左右，3支军队相距不过3坚。如此部署之后，各军遵令行动。刚把寨营安好，忽听寨后一声炮响，火光接天，都说是郑兵到了，孔父嘉刚要出寨迎战，火光却又熄灭了，方要回营，却左边炮声又响，又是火光不绝。刚要看个究竟，却左边火光已灭，右边火光又起。孔父嘉认为这是庄公使的疑兵计，命令全军不许动乱！不一会儿，左边火光又起了，而且喊声震天，探马来报，说是左营蔡军被劫。孔父嘉正想前往营救，忽然右边火光再起，一时闹不清是哪家的人马，孔父嘉只叫继续挥军向左，慌忙间迷失了方向，遇上一队兵马便互相厮杀起来，结果发现竟是卫国的人马，于是两军合在一起，赶回中营，谁知中营却已被郑将高渠弥占了，且左有公孙阏，右有颍考叔领兵杀到，一直杀到天亮，孔父嘉无心恋战，夺路而走，遇上高渠弥，又杀了一阵，孔父嘉弃车徒步，跟随的只有20余人，右宰丑阵亡，余下的三国兵马辎重，全被郑军俘获，就这样，郑庄公用“偷梁换柱”计既得了戴城，又兼了宋、卫、蔡三国之师。

人才之战寓商战

当今商战，要取得胜利，最根本的条件是：要能制造比对方更物美价廉的商品。这需要有高水平的科学技术，而高水平的科学技术是人的智慧的结晶，因此，开发、吸收和利用人才显得极其重要。

美国能长期富甲天下，除了它的优越的自然条件外，主要是因它的科学技术在世界居领先地位，而这又有赖于拥有大批一流人才。美国除了自己培养人才外，还善于容纳、引进和罗致天下人才为己用。其吸引人才之法有二：一是给予高薪；二是为之提供良好的科研条件。

美国是最舍得在科研上花钱的国家。据统计，它的科研经费要多于主要西方发达国家之总和，并在逐年增加。

为了引进国外人才，美国还两次修改了移民法，对于有成就的科学家，不考虑国籍、资历和年龄，一律允许优先进入美国。因此，各国人才多乐于奔集美国。

瑞士有一位研究生研制成功一种电子笔和一套辅助设备，其性能可以用来修正遥感卫星拍摄的红外照片，这项重大发明引起全世界的注目。

美国一个大企业闻讯后马上派人找到那位研究生，以优厚的待遇为条件，动员他到美国去工作。

瑞士一些公司也千方百计地要留住他，于是希望得到人才的各方展开了人才争夺战，你给他加薪，我也再加薪，弄得不可开交。

最后，精明大胆的美国人说，现在我们不加了，等你们加定了，我们乘以5。就这样，这位研究生连人带笔一起被弄到了美国。

目前，在美国教育系统和科技系统，尤其是高科技领域，外国科学家和工程师占的比例相当大。

美国国家科学基金会1985年的调查结果表明，美国50%以上的高技术部门的公司大量聘用外裔科技人才，占这些公司科技人员总数的90%。

在美国著名的“硅谷”工作的科技人员有33%以上是外国人。

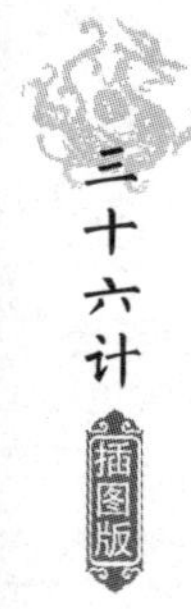

在美国从事高级科研工作的工程学博士后研究生中，外国人占66%。美国33%的名牌大学的系主任是华裔学者。在美国“星球大战计划”中扮演重要角色的也是外国科技人员。

据统计，自1952年至1975年，由于美国大量引进人才，为美国节省培养人才经费至少有150亿美元至200亿美元。更重要的是他们对美国经济发展起了重要的作用。在20世纪30年代，仅欧洲各国到美国定居的科学家作出的贡献，相当于为美国增加财富300亿美元。

正因为美国能集中天下人才为之从事科学研究，美国的科技才能走在世界的最前列。第二次世界大战后，美国引进科技人才最多，因而取得的科技成果也最多，占世界科技成果总数的60%至80%，获得颁发的诺贝尔奖金总数的一半。

科技高度发展促进了经济的繁荣，美国因此成为世界上最富裕的国家。

人才是商战的制胜之本。高明的企业家，既要千方百计地“偷”、“换”对方阵营里的“梁”、“柱”，又要防止自己的“梁”、“柱”被别人“偷”、“换”。

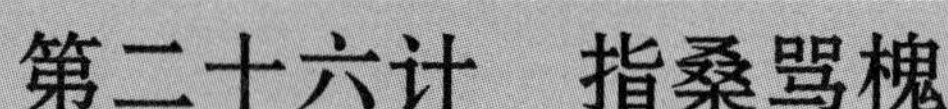

第二十六计　指桑骂槐

【原文】

大凌小者，警以诱之。刚中而应，行险而顺。

【译文】

强大者要慑服弱小者，需要用警戒的方法诱导其就范。这就如同《易经·师》卦中所言：适当的强硬，可以得到拥护；施用险诈，能够使人们顺从，从而获得最后的胜利。

【按语】

率数未服者以对敌，若策之不行，而利诱之，又反启其疑；于是故为自误，责他人之失，以暗警之。警之者，反诱之也，此盖以刚险驱之也。或曰：此遣将之法也。

【译文】

统率一个还没有顺服你的军队去对敌作战，如果你调遣他们，他们违抗命令，这时你用金钱收买他们，反而会引起他们怀疑；在这种情况下，你可以故意制造事端，惩罚某人发生的过错，借以暗示警戒那些不服从命令的人。所谓警告，就是从另一个角度来诱导制服他们：这是一种以刚猛险毒的手段驱使他们服从管制的方法。或者说：这也是一种调兵遣将的方法。

【计谋精解】

指桑骂槐，原意是指着桑树骂槐树，后来引申为一种骂人的艺术：指着此物骂彼物，使被骂物得以警戒，又找不到回击的把柄，即便咬牙切齿也无可奈何。运用指桑骂槐可以避免正面冲突。此计谋用在军事上，是指在面对众多下属的时候，为了统一组织内部的意志和行动，防止兵不服将，有令不行，有禁不止的现象出现，或在面对弱小敌人的时候，为了能不经直接的武力攻击就使其慑服，防止其伺机反抗，我们可在暗中借故对有关的人进行警告或采取适当强硬的态度加以诱迫。这是一种暗传信息，树立威信，统御众人的心理战策略。此计谋用在商战上，是指在激烈的市场竞争中，对自己的商品大加赞颂，在夸赞自己的同时，暗骂竞争对手的商品，从而将消费者拉拢到自己身边的谋略。

指桑骂槐之计可以理解为以下含义：

（一）杀鸡给猴看，使其警觉，从而乖乖就范。猴子是一种很顽皮的动物，经常不服调教，驯猴人无可奈何，便当其面杀鸡，用鲜血淋漓的惨状来威胁恐吓它，这样猴子便乖乖地驯服了。这是通过处理小的来警戒大的，有时在法不责众的情况下，也可以通过处理其中的某一个人来警戒众人，这就是杀一儆百的方法。杀鸡儆猴和杀一儆百都是间接警告、使其慑服的策略，其中一个杀其异类，一个杀其同类，而对要警戒的真正对象却不直接动手。

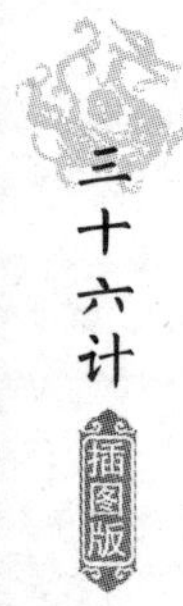

这是通过惩罚一个人来吓唬别的人，以使其顺从的计谋。

（二）旁敲侧击，无情责骂。在不便公开责骂时，就要绕个弯子，迂回地表达自己的责难或不满，而不是直截了当地指明意思。其实，旁敲侧击的责骂方式更具有杀伤力和震慑力。

（三）敲山震虎，警戒呈威。也就是用敲击山梁的办法来显示威风，进而震慑老虎，在这里敲山只是一种摆出来的架势，是在向老虎展示自己的威力和强硬态度。使老虎意识到对手是很强大的，是不可小觑的，也是很难对付的，如果不老老实实、规规矩矩地顺从或降服，就会被杀掉甚至吃掉。

当对方采用指桑骂槐之计时，我们应采取以下防范对策加以应对：

（一）仔细观察和分析，探清对方的真实情况，不能为假象所迷惑。我们一旦处于弱者地位时，探清对方的虚实很重要，因为如果对方是在虚张声势，而实则色厉内荏的情况下，我们误以为这些都是真实的，被其虚假的强硬所吓倒，就会失去难得的机会而吃亏、上当。相反，如果在对方确有很强实力的情况下，我们低估了他们的力量，不能尽快知难而逃，只会自投罗网，后悔莫及。

（二）联合众人的力量，绝不能将自己陷入孤立无援的境地。对方的力量确实很强大，而自己一时无法与之对抗时，摆脱困境的积极有效的办法之一就是联合众小以抗一强，众多弱小者联合起来，如果进攻则会形成“好虎抵不住一群狼”之势；如果防守，则会形成“法不治众”之势。有一句歌词写得好：众人划桨开大船。团结力量大。绝不要做离群的孤雁，其哀鸣只能证明它的痛苦和无助。

（三）积极救助“桑”树，使对方的企图无法得逞。我们都有这样的经历和感受：劈竹子的时候，头几节劈起来比较困难，只要劈开了头几节，无论竹子多粗多长，都会“迎刃而解”。指桑骂槐有时也会产生这种破竹之势，尽管我们暂时没有被当作“桑”，但是如果不及时有效地遏制住其“骂槐”的势头，我们自己也将难以自救。所以，在“槐”树被骂时，我们不能袖手旁观，应千方百计地给予支援，使它能顶住对方的气势，不致产生更大的突破口。这样，敌人指桑骂槐的阴谋也就无法继续，只得半途而废，无功而返。

晏子针锋相对“骂”楚王

春秋末期，齐国宰相晏子个头很矮。

有一次，齐王派他出使楚国。楚王听说能言善辩的晏子来了，便想借机侮辱他。

楚王先叫人在城门的旁边开了小门，打算让晏子从小门进城。

晏子一见，针锋相对地说：“出使狗国，才从狗洞里进城，我今天出使到贵国，不希望从狗洞子里进去。”楚王一听没了辙，只好让晏子从城门进来。

晏子拜见楚王时，楚王摆出一副不屑一顾的神态。他不但不请晏子入座，而且还拖着长腔问晏子：“你们齐国难道再没有旁人了吗？怎么把你给派来了呢？”

晏子回答说：“我们齐国的都城临淄有的是人。大伙要是把衣袖举起来，就能把太阳遮住；大伙要是挥手洒把汗，就能流成一条河，怎么能说齐国没有人呢？不过，我们齐国有个惯例，那就是在对外派使臣时，凡是有德有才的人当国王的国家，我们就同样派有德有才的人去出使；凡是缺德少才的人当国王的国家，我们就同样派没德没才的人去出使。我晏婴在齐国是个既无德又没才的人，所以齐王派我到你们国家来当使臣。”

楚王听了，羞得满脸通红，只得让晏子坐下。

晏子刚落座，就见有个人被捆绑着押了上来。楚王故意大声问道：“这是怎么回事？”

押解的人回答说：“这是个齐国人，犯了偷盗罪！”

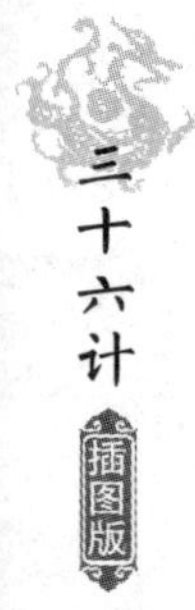

楚王以为这下子准把晏子难住，便冲着晏子说："你们齐国人都惯于偷盗吧？"

晏子回答说："我听人说，橘子树长在江南时是橘子，可是移栽到北方，就变成了枳子。橘子和枳子的叶子长得都一样，但是结的果子的味道却大不相同。为什么呢？因为江南和江北的水土不同！这个人在齐国时，不偷不盗，到了贵国，便成盗贼，为什么呢？大概是你们楚国的水土让他变的吧！"

楚王见难不住晏子，只好笑了笑，自言自语地说："我这真是咎由自取啊！"

朱元璋校场"斩"徐达

1356年，朱元璋率领红巾军攻下集庆后，准备攻打镇江。就在攻打镇江的拂晓，负责指挥这场战役的徐达将军迟迟未露面。突然，一条惊人的消息传到了大军聚集的校场：徐达将军已被抓了起来，马上就要问斩。

众将士吃惊非小。徐达将军自跟朱元璋起兵以来，东征西讨，立下了汗马功劳。究竟他犯了什么罪，以至于要砍掉脑壳？

过了一会儿，只见徐达将军被反绑着押了过来，后面跟着两名手捧钢刀、杀气腾腾的刽子手。朱元璋也在众卫士的簇拥下来到校场。

执法官用洪亮的声音宣布："徐达身为统兵大将军，不知管束部队将士，军中屡次发生欺压百姓的事情，坏我红巾军的名声。为严明军纪，对徐达应予斩首示众！"

众将士一听都吓得脸色惨白，见朱元璋要动真格的，一时不知如何是好。帅府都事李善长硬着头皮给朱元璋跪下，说道："徐大将军作战英勇，屡立大功，当下军务紧急，正是用将之时，望元帅宽恕他！"众将士也都一齐跪下，哀求说："军中发生的欺压百姓之事，不能只怪罪徐大将军，我们亦有责任。求元帅饶恕他！”

朱元璋坐在椅子上，脸色铁青，一言不发。半晌，他终于站了起来，口气坚定地问道：“我们起兵是为了什么？”众将士异口同声地回答：“替天行道，除暴安民！”

“大家说得对，”朱元璋点点头，“我们起兵反元，就是因为元朝官府欺压百姓。如果我们推翻了元朝，反过来又欺压百姓，那么我们不就和元朝官兵一样了吗？要不了多久，别人也会替天行道，起兵除我们的暴了！”

李善长见朱元璋语气有所缓和，又趁机哀求道：“徐大将军跟着元帅多年，战必胜，攻必克，劳苦功高，这一次就原谅他吧！”

朱元璋听后，沉吟了半晌，才指着徐达喝道：“看在众将士的分上，这次暂且饶了你。以后军中再发生欺压百姓之事，定斩不饶！”说罢，朱元璋拂袖而去。

松了绑的徐达又恢复了大将军的威风，他当场宣布：“打下镇江后，一不许烧房，二不许强抢，三不许欺凌百姓，四不许调戏妇女。违者砍头示众！”于是，徐达将军率领这支纪律严明的大军很快攻占镇江。进城后，大军秋毫无犯，当地百姓拍手称赞，奔走相告。

朱元璋见到这种情形后十分高兴，他把徐达叫来，一把拉住徐达的手说：“贤弟，校场那幕，实在委屈你了！”徐达笑道：“元帅高明，没有校场那幕，怎能有今天这样好的军纪！”

原来，红巾军自打下南京以后，军纪松懈，强买强卖、调戏妇女之事屡有发生，朱元璋为此忧心忡忡。他知道光靠抓几个违纪将士起不到应有的作用，于是就导演了假斩徐达这场戏。

《汉书·尹翁归传》说：“以一儆百，吏民皆服，恐惧改行自新。”朱元璋通过假斩徐达来告诫众将士一定要遵守军纪，这一杀鸡儆猴的计谋果然灵验。

郭威杀爱将以治军

五代十国时，后汉爆发了李守贞、赵思绾、王景崇沆瀣一气的“三镇之乱”，后汉朝廷派大将郭威统兵征伐。郭威出征前向老太师冯道请教治军之策，冯道说：“李守贞是员老将，他所依靠的是士卒归心，如果你能重赏将士，定然能打败他。”郭威连连点头。

郭威率兵进抵李守贞盘踞的河中城（今山西永济县蒲州镇）外，断绝了河中城与外界的联系，以长期围困的方法，逼迫李守贞投降。遵照冯道的教诲，郭威对部下有功即赏，将士受伤患病即去探望，犯了错误也不加惩罚，时间长了，冯道之法果然赢得了军心，但却滋长了姑息养奸之风。

李守贞陷入重围，几次想向西突围与赵思绾取得联系，都被郭威击退，几乎是一筹莫展。一天，李守贞忽然听到将士们在议论郭威治军的事情，眉头一皱，计上心来：他让一批精明的将士扮作平民百姓，潜出河中城，在郭威驻军营地附近开设了数家酒店，酒店不仅价格低廉，甚至可以赊欠。郭威的士卒们三五成群地到酒店喝酒，经常喝得酩酊大醉，将领们却不加约束。李守贞见妙计奏效，悄悄地遣部将王继勋率千余精兵乘夜色潜入河西后汉军大营，发起突袭。后汉军毫无戒备，巡逻骑兵都喝得不省人事，王继勋一度得手。

郭威从梦中惊醒，急忙遣将增援，但将士们你看我，我看你，竟畏缩不前。危急中，裨将李韬舍命冲出，众将士才发一声呐喊，鼓足勇气，跟了上去。王继勋兵力太少，功亏一篑，退回河中城。

这一次突袭为郭威敲响了警钟，使郭威痛感军纪松弛的危险，于是下令：“如果不是犒赏宴饮，所有将士不得私自饮酒，违者军法论处。”

谁知，军令刚刚颁布，第二天清早，郭威的爱将李审就违令饮酒。郭威又气又恨，思索再三，还是令人将李审推出营门，斩首示众，以正军法。

众将士见郭威斩杀爱将李审，放纵之心才有所收敛，军纪得以维护。不久，郭威向河中城发起攻击，一举平定李守贞，又平定了赵思绾和王景崇，“三镇之乱”结束了。

孙武军中无戏言

春秋时的孙武，著有兵书十三篇，吴王阖闾看过，叹为奇才，乃遣伍子胥聘他来做事。

见面之后，吴王说及本国兵微将寡，问怎样才可以扩军强国。孙武将当前形势分析过后，说：“我的十三篇兵法，不但可施于军旅，还可以动员妇人女子，驱而用之！”

吴王大笑起来，说：“我从来未曾听说过可以训练女人上战场杀敌的！”表现出轻视之意。

孙武说：“不相信可以当面试试看，如不成功，甘当欺君之罪！”

“真的吗？”吴王说，“好，且看看你的本领！”乃在后宫选出三百名宫女，交给孙武调遣。

孙武又请求吴王派两位宠妾为两队队长，以便号令。吴王允许，宣宠妾右姬左姬到来，对孙武说：“这两位美人是寡人最宠爱的，可充任队长否？”

孙武说：“可！但军旅之事，纪律森严，有赏有罚，号令才行。”当即令两人为队长，复立一人为执法，两人为军吏。以力士数人为牙将，击鼓鸣金传令。

孙武把宫女编成左右两队，右姬管右队，左姬管左队，各披挂兵器，示以军法：一不许队伍混乱；二不许交谈喧哗；三不许违犯约束，私自

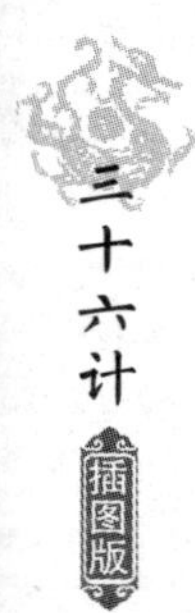

行动。

第二天一早，宫女们齐集校场训练，吴王也坐在楼上观看。三百多名娘子军个个全副武装，右手握剑，左手拿盾，分站两旁。吴王看见心爱的宠姬威风凛凛，心里着实欢喜。

孙武升帐了，传令布阵，将黄旗两面，授给两位队长，令为前导，众女跟随队长之后，五人为伍，十人为总，要紧随相继，不得脱离。听鼓声进退，脚步不得混乱。

传谕已毕，令队伍皆跪下听命。过了一会儿，孙武又下命令："鼓声一响，两队齐起；鼓声再响，左队向右转，右队向左转；鼓起三通，各挺剑互斗。锣声起时收兵！"

号令一出，众女都掩口嬉笑起来。击鼓的军士禀告，第一次鼓已去过了，各人或起或坐，参差不齐。

孙武离座正色说："约束不明，申令不信，将之罪也。可再申前令，解释清楚！"

军吏奉命再大声告谕一次。鼓吏再击鼓，但众女依旧嬉笑耳语，挨肩斜倚，像品评花会一样。

孙武卷袖而起，亲自擂鼓一通，又再次申解前令，但自队长以下，无不大笑起来，莺声燕语，好似百鸟归巢。孙武忽然双目一瞪，大发虎威，喝问："执法吏何在？"

"有！"

"约束不明，申令不信，将之罪也；今已约束再三，而士不听令，依法该当何罪？"

"当斩！"

"军士不能尽斩，罪责应及队长。左右，将队长斩首！"

左右见孙武正发怒，不敢违抗，便将两姬捆绑起来。

吴王看见，大吃一惊，急命人持节驰救，令曰："寡人已知将军的用兵能力了，但两姬乃寡人心爱之人，非此两人，食不甘味，睡不安寝，请看寡人面上，赦免一番！"

孙武拒绝，说："军中无戏言，臣已奉命为将，将在外，君命有所不受，若徇君命，赦免有罪，将何以服众？斩！"

不一会儿，两姬头颅已挂起来了，宫女无不身体发抖，牙关发颤，诚惶诚恐地跪在帐下听令。

经此一斩，全军凛然，进退左右，皆规规矩矩。

商战谋略

凯瑟琳“指桑骂槐”巧经营

从厨房里闯出来的美国面包大王凯瑟琳·克拉克，标榜自己的面包是“最新鲜的食品”，为了取信于消费者，她在包装上特别注明了烘制日期，保证绝不卖存放超过 3 天的面包。

许多人抱怨凯瑟琳未免太认真，一个面包放 3 天也坏不了，为什么非要 3 天换一次不可？

凯瑟琳认为，对于食品来说新鲜度是非常重要的，只要在消费者心中树立良好信誉，自己的面包就不同于别人的面包，就成功了一半。

针对经销商方面的问题，凯瑟琳实行了一套新办法。由公司派人把烤好的面包用车直接送给经销商，按地区编排了一个循环表，每 3 天送一次，同时把经销商店没卖完的面包收回。如果有的店不到 3 天就把存货卖完了，可以随时用电话通知，马上就送货上门。

这样的方法，麻烦了自己，方便了经销商，但却使自己的原则“超过 3 天不卖”得以坚持实行，保证了上市面包的新鲜。

一年秋天，一场洪水导致了面包紧缺。凯瑟琳公司的外勤人员由于没有接到特别的指示，照常按循环表出外到各经销店送刚烘制出来的新鲜面包和回收超过期限的面包。

一天，运货员开车从几家偏僻商店回收了一批过期面包，返程途中，停在人口稠密区的一家经销店前，立刻被一群抢购面包者包围住了，提出要购买车上的面包。

运货员解释面包是过期的，不能卖给大家，反而被误解为有意囤货“居奇”，人越围越多，几个记者也加入其中。

运货员被逼得无奈，只得重申：“各位先生、女士，请相信我，我绝

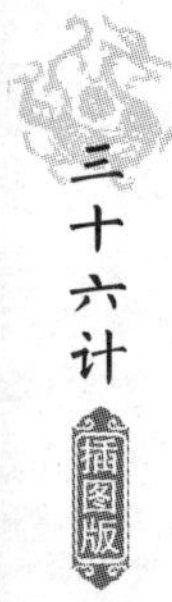

不是想囤货投机而不肯卖，实在是我们店规定太严了，车上面包全是过期的，如果老板知道我把过期的面包卖给了顾客，我就会被开除。因此请你们原谅。”

由于大家迫切需要面包，这车面包最后还是在双方的“默契”下，很快被“强买”一空。

在这场面包风波里，凯瑟琳指责运货员违反规定，卖过期面包给顾客，甚至要处罚他们。实际上是“骂”其他面包商的面包不新鲜，这就是巧使“指桑骂槐”妙计，树立起自己面包最新鲜的良好形象，对经常上当受骗的消费者来说，这自然是具有巨大吸引力的。

几位新闻记者将获得的这一新闻着力渲染，登在报上，成了轰动一时的新闻，凯瑟琳公司的新鲜、诚实无欺给消费者留下无比深刻的印象。

正因为这一点，凯瑟琳只用了短短十几年工夫，就把一个家庭式的小面包店完全变成现代化大企业，每年的营业额从 2 万多美元猛增到 400 万美元，跻身于世界经济强人之列。

瑞士表店巧扬家丑出奇制胜

瑞士一家表店门庭冷落，不甚景气。一天，店主贴了一张广告说：本店一批手表，走时不太精确，二十四小时慢二十四秒，望君看准择表。广告贴出，表店门庭若市，很快销完了全部库存积压的手表。

运用扬家丑的策略可以打消顾客对商品和企业的担心和不信任感，超越企业与顾客之间单纯的买卖关系。它更是直接站在消费者的立场上，设身处地为顾客着想，以诚为本，以诚相见，在人们心目中树立诚实的企业形象，以扩大商品在市场的占有率。

这一招数属于指桑骂槐的经营谋略，可以在竞争中起到心理上的威慑作用。在市场上，当对手蠢蠢欲动、企图挑战，或市场的潮流向不利于自己的方向发展时，凭借着自己的实力发出警告或进行干预，能以最快的速度将不利因素铲除，从而达到出奇制胜的效果。

第二十七计　假痴不癫

【原文】

宁伪作不知不为，不伪作假知妄为。静不露机，云雷屯也。

【译文】

宁可假装不知道而不采取行动，也不可假装知道而轻举妄动。要冷静沉着，藏而不露玄机。这是从屯卦象辞“云雷，屯，君主以经纶”一语中悟出的道理。

【按语】

假作不知而实知，假作不为而实不可，或将有所为。司马懿之假病昏以诛曹爽，受巾帼、假请命，以老蜀兵，所以成功；姜维九伐中原，明知不可为而妄为之，则似痴矣，所以破灭。兵书曰：“故善战者之胜也，无智名，无勇功。”当其机未发时，静屯似痴；若假癫，则不但露机，且乱动而群疑。故假痴者胜，假癫者败。或曰：“假痴可以对敌，并可以用兵。”宋代，南俗尚鬼。狄青征侬智高时，大兵始出桂林之南，因佯祝曰：“胜负无以为据。”乃取百钱自持，与神约：“果大捷，则投此钱尽钱面也。”左右谏止：“倘不如意，恐沮师。”青不听。万众方耸视，已而挥手一掷，百钱皆面。于是举兵欢呼，声震林野。青亦大喜，顾左右，取百钉来，即随钱疏密，布地而帖钉之，加以青纱笼护，手自封焉。曰：“俟凯旋，当酬神取钱。”其后平邕州还师，如言取钱，幕府士大夫共视，乃两面钱也。

【译文】

假装不知，而实际清晰明了；假装不做，而实际上是时机不成熟不能做，或是等待条件具备、时机成熟就行动。三国时，司马懿假装病，借口神志不清杀死曹爽；他又接到诸葛亮“馈赠”的妇女首饰，他并不为此感

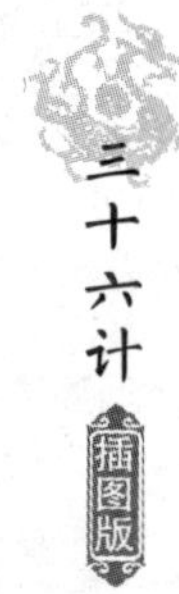

到受侮辱而恼怒，而是上表假装请战，却坚壁不出，借以疲劳蜀军，因此获得成功。姜维九次率兵讨伐中原，明知这样做不行而偏要轻举妄动，那就是真的痴了，所以他理所当然地遭到了失败。《孙子兵法》上说：“善于用兵而取得胜利的人，并不显示自己的智谋和争着出名，也不炫耀自己的勇敢与战功。”当他们的计谋还没有实行时，他们会像屯卦所说的那样，沉着冷静得像个呆子，如果假装癫狂，不仅会暴露战机，而且会因胡乱的行动而引起三军猜疑。所以，装作呆子必取胜，装作癫狂必失败。有人说：“假装糊涂发呆既可以用作对敌，又可以用作治军。”在宋代，南方少数民族有迷信鬼神的风俗。狄青率军征伐侬智高时，大军刚到桂林以南，狄青便假装拜神说：“天神啊！这次打仗胜负难料呀！”说着就拿了一百文铜钱向神许愿：“如果能取胜，请让丢在地上的这些钱正面都朝天吧！”左右随从部将劝他说：“这样做不行啊，倘若这些钱不都是正面朝天，恐怕会影响士气！”狄青依然不听从劝说。在千万人的注视之下，他大手一抛，百个铜钱落在地上全是面朝上！这时，全军举手欢呼，声音响彻山林和旷野。狄青也很兴奋，并命令左右随从，取来一百根钉子，在铜钱散落的原地，用钉子钉牢，并亲手用青纱盖上，说：“等到取得胜利，一定回来酬谢神灵，取回铜钱。”后来，狄青率军平定了邕州凯旋，按原先说的那样去取那些钱，他的士兵们都虔诚地蹲在周围祷告观看，却见那些铜钱原来两面都是一样的，都是正面。

【计谋精解】

假痴不癫，“假”，意思是伪装。装聋作哑，痴痴呆呆，而内心里却特别清醒。此计作为政治谋略和军事谋略，都算妙计。此计的关键在于“假痴”，“假痴”时要掌握分寸，不能过火，同时，还要做到“不癫”，即不能疯疯癫癫、走火入魔。否则，假痴也就变成了真痴。

此计用在政治上，就是韬晦之术，在形势不利于自己的时候，表面上装疯卖傻，给人以碌碌无为的印象，隐藏自己的才能，掩盖内心的政治抱负，以免引起政敌的警觉，专一等待时机，实现自己的抱负。用在军事上，是一种麻痹敌人，待机而动的计谋。指的是，虽然自己具有相当强大的实力，但故意不露锋芒，显得软弱可欺，用以麻痹敌人，骄纵敌人，然后伺机给敌人以措手不及的打击。

假痴不癫之计包含以下四个含义：

（一）难得糊涂。我国古代伟大的书画家郑板桥有著名的“难得糊涂”一语，意思是说糊涂是很难做到的，所谓的难，就难在本不是真糊涂，却要装成糊涂，使人完全相信你，并把你当成真糊涂来对待。

（二）大智若愚。真正聪明的人表面上看好像很愚笨、痴呆，其实这是一种韬晦之计，也就是暂时隐藏自己的锋芒或才能，不使其表现出来。在条件不利的情况下，为了保护自己，常常以装疯卖傻、装聋作哑来蒙混对方，这种假作不知、假作不为、假作不是的做法，会给人一种与世无争、弱而无能的印象，这样就可避免引起注意。

（三）不露玄机。也就是静不露机，蓄而待发。之所以要把所拥有的东西深藏起来，不让人知道，是因为要等待时机成熟，在时机不成熟的情况下，过早地暴露自己的意图，一定会遭到失败。

（四）深藏若虚。也就是本来很有秩序却表现出混乱的样子；本来很饱暖，却表现出饥寒的样子；本来人很多，却表现出人数很少的样子；本来很勇猛，却表现出很怯弱的样子；本来准备很充分，却表现出毫无防备的样子，借以麻痹对手，获取成功。

另外，此计谋还可以用作愚兵之计来治理自己的军队。其主要方法是“愚士卒之耳目，使之无知”。就是要蒙蔽士卒的视听，不让他们知道计划谋略的真实意图。之所以要“愚士卒之耳目”，一是为了保守军事机密。因为军事情报是不可能“广而告知”的，只要打算对敌人保密，就要在一定的范围内对自己的军队保密。二是为了稳定军心。在非常困难的情况下，特别是在非常危险的情况下，如果让士兵们知道了真情，就会引起恐慌、惊惧，带来思想及行动的混乱，直接影响部队的战斗力，甚至使军队无法约束。

当敌人运用假痴不癫之计时，我们应采取如下防范对策来应对：

（一）要善于观察分析，一旦发现真相，当面揭穿敌人的真面目。细致观察敌方的情况，利于发现敌人“假痴”的蛛丝马迹。《孙子兵法·行军篇》中说：“辞卑而益备者，进也。”即敌人原来的使者言辞谦逊，拖延时间，却正在加紧战备的，是准备向我军进攻。又说：“辞强而进驱者，退

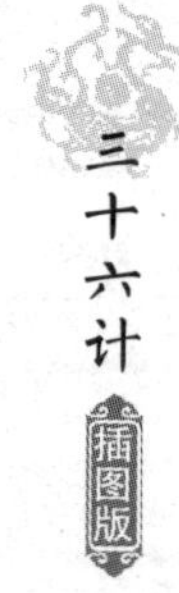

也。”即敌军来使措辞强硬而摆成进攻架势的，实际上是准备撤退。还说：“无约而请和者，谋也。”即没有约会而来讲和的，是另有阴谋。这些具体的相敌之法虽不可套用，但却向我们警示透过现象看清楚本质的重要性。在对方要“假痴不癫”鬼把戏的时候，当面将其丑陋的真面目揭露出来，因为他们事先毫无思想准备，遇到这种突然情况时，一时很难应付，只能处于十分被动、尴尬的境地。这样他们为此所煞费的苦心也就付之东流了。要当面揭穿对方的骗局，必须要掌握一定的证据，要一下子击中要害，不给其留下狡辩的把柄和反击的机会。

（二）以“假”当真，将计就计，引诱敌人入圈套。我们一旦发现了敌方正在对我们使用“假痴不癫”之计时，我们虽已识破其计，但是却暂时不揭破它。同时也来个假装糊涂，故意把其“假”当作真，让其相信我们已经上当，便放心大胆地继续演他的“假痴”之戏，却不知我们早已为他又布了一层圈套。这样，敌人不但没能欺骗成我们反而中了我们的圈套，害人不成，反害自己。

智慧典例　政治谋略

朱棣“装疯卖傻”夺皇位

大凡执政为官者，大都胸有城府，高深莫测，善于韬光养晦，这是政治本身的特性使然，也是稳固统治，明哲保身，从而有效达到统治目的的需要。

朱元璋死后，将帝位传给了孙子朱允炆。年轻的朱允炆并没有机会执掌朝政，大权旁落在他身为藩王的皇叔手中。这二十多个藩王中，最使朱允炆感到棘手的是燕王朱棣。

燕王朱棣是朱元璋的四子，他生性坚毅沉稳，足智多谋，英勇善战，又能以诚待人，在创建大明王朝的过程中屡立战功，颇为朝廷所推重，连朱元璋也对他另眼相看。

由于前面的三位兄长均已死去，如今燕王朱棣已成为诸王之长，若能除掉朱棣，其他诸王自然会俯首听命。

于是，一道削藩诏书下到了北平燕王府，朱棣接到诏书后只是轻蔑地一笑。他十一岁被封为燕王，二十一岁时，获得藩王爵位，曾多次出击元蒙残部，战功显赫，而朱元璋又把边陲重镇北平交与他把守。他本来以为朱元璋百年之后会将帝位传授于他，可没想到却传给了毫无魄力、只知舞文弄墨的朱允炆。他根本不屑于对这个侄子称臣。但是朱棣明白，他现在还不能公开同朱允炆翻脸，便借口有病不出，留在王府内，不停地秘密训练士卒。不料此事被人告发，朝廷派来使臣查问，却见到朱棣蓬头垢面，衣衫褴褛，而且还不住地胡言乱语，其状让人深信不疑。朱棣就这样装疯卖傻，骗过了朝廷使臣。

1399 年 7 月，朱棣突然发动兵变，逮捕朝廷使臣，然后举兵南下，经过三年征战，推翻了朱允炆，朱棣登基称帝，是为明成祖。

朱棣性格坚毅沉稳，足智多谋，是韬光养晦的集大成者。无论是从哪方面来讲，他都是当之无愧的皇位继承者，可是不知道朱元璋出于何种考虑，竟将帝位传给了朱允炆，朱棣无论如何心里也不会平衡。但是他知道，朝廷决定削藩的当时，他还不足以与皇上分庭抗礼，于是在使臣面前装疯卖傻，暗中却积蓄实力，等到时机成熟，才举兵南下。这也许是朱允炆始料不及的。

王羲之“醉酒”躲祸患

东晋著名书法家王羲之，被人誉为“神笔”。有一次，朝廷中一位叫王敦的大将军，把王羲之带到军帐中表演书法，天色晚了，就让他在自己的床上睡觉。王羲之一觉醒来，听见房间有人说话，仔细一听，原来是王敦和他的心腹谋士钱凤在悄悄商量谋反的事，可能他们一时忘记了睡在帐中的王羲之。听到谈话内容，王羲之担心会被杀人灭口，非常着急。恰好当晚他喝了点酒，于是，假装酩酊大醉，把床上吐得到处都是，接着，蒙头盖脸，打着

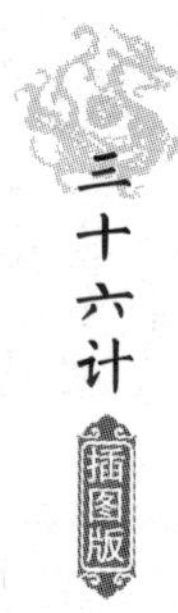

鼾声睡去。

王敦和钱凤密谋多时，忽然想起了王羲之，不由得心惊肉跳，脸色骤变。他们越想越害怕，最后竟手提尖刀，来到内室，打算杀人灭口。忽然王羲之说起了梦话，再一看，床上吐满了饭菜，散发出一股酒味。王敦和钱凤被假象所迷惑，认为王羲之酒后酣睡，便放弃了原来的打算。

王羲之临危不惧，急中生智，利用醉酒的假象，躲过了一场意外的杀身之祸。

军事谋略

蔡锷“金屋藏娇”

1911 年辛亥革命胜利后不久，袁世凯就在帝国主义支持下，威逼孙中山让位，自己当上了中华民国临时大总统，在北京建立了地主买办联合专政的北洋军阀政权。随后，又积极进行毁灭中国人民民主革命胜利成果、阴谋恢复帝制的勾当。

袁世凯一系列的倒行逆施，激起全国人民包括国民党革命派在内的强烈反抗。但他仍然一意孤行，顽固推行其反革命策略。为了保证称帝阴谋得逞，袁世凯一面叫自己的儿子袁克定训练所谓的“模范军”，加强自己的武装实力；一面则调遣部队加强上海、南京一线的防卫；同时还采取一系列暗杀手段剪除“异己”，只要是被他所怀疑的人，都在其暗算之列。一时间，暗杀事件迭起，包括宋教仁在内的一批国民党志士一个个都倒在刺客的枪口之下。袁世凯满以为，采取这些措施便可以震慑人心，为自己称帝扫清障碍了。可事实却恰恰相反，他的种种罪恶行径只能更加暴露其反革命嘴脸，激发人们用各种方式与他进行前仆后继的抗争。

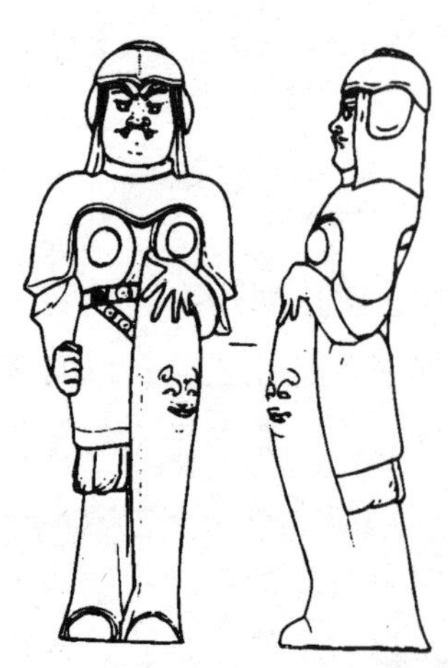

却说这时有一位人物也被袁世凯列为怀疑对象，他就是前云南都督蔡锷。蔡锷从云南卸任奉

调入京，便一直为袁世凯所密切注意。袁世凯表面上对蔡优礼有加，每天都要召入总统府中磋商“要政”，其实是有意加以考察和约束，防他生变。蔡锷是一个绝顶聪明的人，深知袁世凯的险恶用心，便尽力收敛锋芒，不露声色。每次与袁交谈都装作呆钝无知，一再表示自己年轻望浅，阅历不深，军事上略知一二外，其余都蒙昧无知，不识大体。袁世凯多次向他问难，蔡锷便多次装作失言，所答非所问，弄得袁世凯虽然对他极不放心，却也一时拿不定主意。于是听从左右心腹的意见，对蔡暂时实行收买政策，一次又一次给蔡锷封官，又是高等军事顾问兼政治会议议员及约法议员，又是将军府将军，又是陆海军统帅处成员，又是全国经界局督办，还被选为参议院参政，等等。袁世凯以为把这一大堆桂冠戴在蔡锷头上，也许可以稳住他的心了。而蔡锷呢？对这一切都看在眼里，始终不露声色，无论袁世凯封他什么官，都随来随受，得了一官也不表现出十分欣喜，添了一职，也从不推辞，搞得袁世凯也有些莫名其妙了，但他打定主意，还是要对蔡进一步考察。

一天，袁世凯又在总统府召见蔡锷。这次见面，袁世凯开门见山便谈起了恢复帝制的事，并问蔡锷的意见。蔡锷听了，立即离座起身说道：我起先是赞成共和的，但见到南方二次兵变，才知道我国确实是不能没有皇帝啊！前一阵子，因为担心别人说闲话，未便开口，今天您有这个想法，那真是好极了，我首先表示赞成！袁世凯听了蔡锷这番话，有如醍醐灌顶，心里舒服极了，但转念又想，蔡锷本是国民党要人，他说的是真心话吗？仍然有些不放心，便又探问道：你既然早有这个想法，可前次赣宁起事，你为什么却想出面调解呢？蔡锷见袁世凯问起了前事，便支吾答道：“彼一时，此一时，那时我还在云南，离北京很远，长江一带，多是国民党势力，我有点投鼠忌器，才不得不作点姿态呀！失言之处，还请您多多包涵！”袁世凯听了蔡锷的这番解释，也觉得无懈可击，随便扯了几句，便端茶送客了。

离开总统府时，蔡锷手心里真是捏了一把汗，心想：亏得自己临机应变才遮掩过去，好危险哪！想着自己现在羁身虎口，险象环生，真悔恨不该来

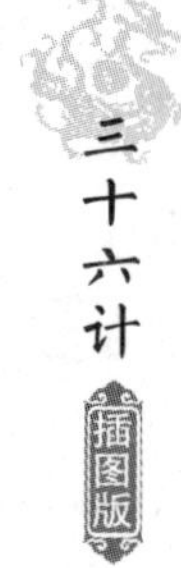

北京，又带来了家眷，真不啻自投罗网，如今要想一个人脱逃也不可能了。回到家中，一个人躺在床上左思右想，才又想出一个主意。

自从袁世凯在总统府与蔡锷摊牌要推行帝制后，蔡锷凡是遇到帝制派人物，什么六君子、十三太保等，一概都与他们握手言欢，表示亲昵，还同他们组织了一个“消闲会”，每当公务之暇，便凑拢在一起，饮酒谈天，闹着闹着，连六君子、十三太保也觉得过去对蔡锷有误会，是错怪了“好”人。他们在闲谈中，少不得还要谈起女人，说到北京妓女谁谁好，特别是谈起名妓小凤仙如何有姿色、有风韵，更是眉飞色舞。

蔡锷听到这些，心想：如果自己装作一个浪荡公子，成天寻花问柳，或许更能消除袁世凯的疑心，从中找到某种脱身之路哩！于是他便扮成一个大商人到云吉班去会小凤仙。谁知小凤仙竟是一个非同寻常的女性，她与蔡锷初次相会便一见倾心，并且猜出了蔡锷非等闲之辈，更是钦佩不已。这样，蔡锷便经常出入云吉班与小凤仙相会，连公务都搁置不理了。有人把这事告到袁世凯那里，袁世凯非但不生气，还笑着说：“松坡（蔡锷的号）果真乐此不疲，我也就高枕无忧了。”但是，老奸巨猾的袁世凯还是不放心，命令他的密探继续跟踪，把蔡锷每天的行止报告给总统府。蔡锷也觉察到了这一点，索性装作花天酒地，闹个不休，并且故意对袁世凯的心腹梁士贻说，想要购置一栋公馆，以便“金屋藏娇”。真是假戏真做，越演越像了。这时，蔡锷又与夫人商议，再搞一个“苦肉计”，说是夫人对蔡锷在外面胡混很不满，成天寻着蔡锷吵闹，连家里的东西也打毁了不少，蔡锷一气之下，拳脚交加，把一个好端端的夫人打得鼻青脸肿，表示坚决要与夫人离婚。夫人不甘受辱，连夜收拾行装，带着佣人回了老家。

蔡锷“赶”走了夫人，剩下只身一人，免除了后顾之忧。于是，有一天他趁人不防，到邮局给云南唐继尧、任可澄拍去一个密电，说是“帝制将成，速做准备”。这八个字，任凭怎样解释都可以，但蔡锷的本意是要唐、任二人速做起义准备，以后蔡锷便利用小凤仙作掩护，偷偷地搭乘火车离开北京到达天津，又从天津转至日本，再从日本取道越南到达云南与唐继尧、任可澄会合，成立了以唐继尧为都督的护国军军政府，并于 1916 年元月正式发布讨袁檄文，展开了讨伐袁世凯的护国战争，又叫云南起义。

拿破仑大败俄奥联军

1805年，拿破仑第三次与反法同盟作战。奥俄联军大败，拿破仑乘胜追击奥俄联军至奥斯特里茨。年轻的沙皇亚历山大调来了精锐的警卫军和其他增援部队，自认为实力超过拿破仑，是取胜的绝好机会。

当时在联军内部，关于下一步的作战行动问题，出现了两种截然不同的意见。60岁的俄军名将、联军总司令库图佐夫主张暂时避战，如法军来攻，应继续撤退，摆脱仍处于全军覆灭的危险境地。而年轻气盛的联军参谋长瑰洛持则认为拿破仑惯于声东击西，虚张声势，实际上法军早已疲惫不堪，战斗力大大削弱，且联军数量上已远远超出法军，主张立即转入对法军的进攻。

此时的拿破仑正在密切注视着亚历山大的动向，决定以假象迷惑敌人，寻找时机，消灭强大的敌人。

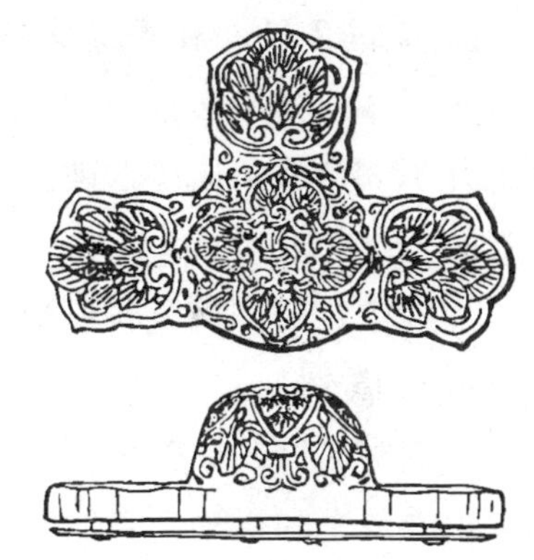

11月3日，拿破仑给外交大臣塔列兰写信，承认法军目前处境十分困难。正面敌人兵力占绝对优势，两翼敌人咄咄逼人，两支普鲁士大军也跃跃欲试。

同时，拿破仑命令法军部队从某些前沿阵地开始后撤，做出被迫退兵的样子，并故意散布法军兵力不足，需要收缩战线的流言。

11月25日，拿破仑派其侍卫长萨瓦里将军打着休战旗前往联军司令部，向年轻的沙皇亚历山大递交一封国书，建议休战，要求与俄军讲和，请亚历山大派全权代表进行谈判。

亚历山大看到拿破仑要求讲和，果断地认为拿破仑已经害怕，现在正是歼灭拿破仑的最好时机，库图佐夫虽然竭力反对，但亚历山大却不予理睬。

亚历山大派自己的侍卫长道戈柯夫公爵进行回访，进行象征性的谈判，同时也嘱咐这位心腹，注意观察拿破仑的动静。

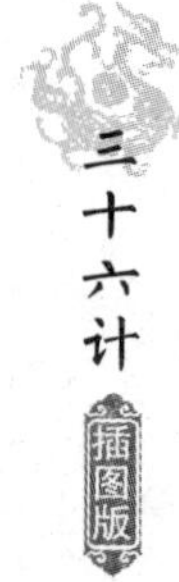

拿破仑在会见道戈柯夫公爵时，抓住时机，制造假象，进一步欺骗对手。

拿破仑首先表现出自己十分疲劳，一副精疲力竭的样子，同时，他又故意摆出大国皇帝的样子，以示不能丢失尊严。他巧妙地回绝了沙皇使者的要求，坚持不能放弃意大利和其他一些占领地的立场，但在一些枝节问题上表现出一定的让步妥协。

会谈之后，沙皇使者认为拿破仑外强中干，外表虽然故作威严，但实际上已心中有虚。道戈柯夫公爵兴奋地向亚历山大报告了他关于拿破仑信心不足和胆怯的印象，年轻的沙皇高兴地踱来踱去，并向侍卫长敬酒致谢。

数日后，俄、奥皇帝经过会晤，决定立即向“正在退却的削弱了的拿破仑军队进攻”，从而中了拿破仑的计谋。

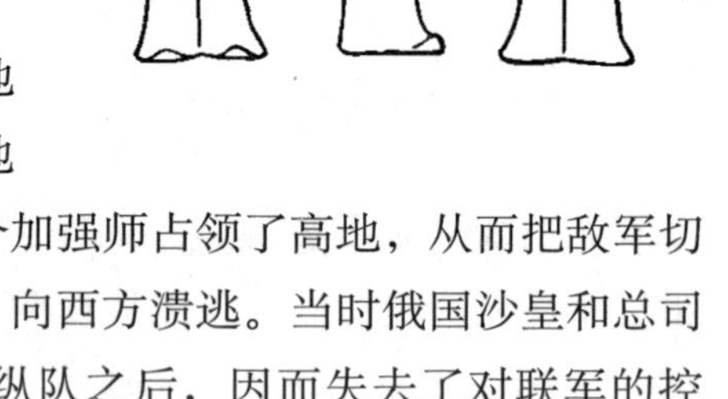

12 月 2 日，在奥斯特里茨村以西、维也纳以北 120 公里的普拉岑高地周围，展开了大会战。这是拿破仑战争史上最著名的一次会战。

拂晓之前，俄奥联军开始进攻，大有不可一世之势。

胸有成竹的拿破仑在望远镜里密切地注视着敌军的行动。当他发现普拉岑高地俄军防御力量十分薄弱时，立即命令两个加强师占领了高地，从而把敌军切成两段，俄军受到侧面攻击，秩序大乱，向西方溃逃。当时俄国沙皇和总司令库图佐夫以及他的司令部都跟在这支纵队之后，因而失去了对联军的控制，首尾不能相顾。

拿破仑完全控制住普拉岑高地之后，随即命令近卫军和骑兵师及两个步兵师向敌人展开全面的猛烈的进攻。将北段 4 万多敌军团团包围并压缩到狄尔尼兹半结冰的湖泊上，湖泊上的冰块被法军炮火击碎，致使敌军整团整团地淹死、被击毙和生俘。

俄奥联军在几小时内被全歼，俄国亚历山大和奥地利弗兰西斯两个皇帝狼狈逃跑，总司令库图佐夫受伤，险些被俘。奥斯特里茨战役中俄奥联军 8.2 万人，死伤 1.5 万人，被俘 2 万人，损失大炮 133 门，余众四处逃命。

夜幕降临了，一切都结束了。拿破仑在一群元帅、近卫军将军的陪同下，在从四面八方跑来的士兵的欢呼声中，踏着人和马的尸体视察了战场。

奥斯特里茨战役结束的第二天，奥地利皇帝要求休战，拿破仑当即同意，条件是要求所有俄军撤出奥地利，退回波兰。

12 月 26 日，法奥在普莱斯堡签订和约，奥地利把威尼斯割让给法国，拿破仑将其并入意大利王国。

法奥的普莱斯堡和约结束了第三次反法联盟，并导致德意志神圣罗马帝国的终止。

奥斯特里茨战役使拿破仑获得了欧洲第一名将的荣誉。在这次战役中，拿破仑突出地表现了他指挥作战的非凡才能。

作为政治家，他成功地利用“假作不为而将有所为”的手段，诱骗敌人，影响着形势的发展，为自己赢得胜利创造了条件。作为军事统帅，他巧妙地运用了作战指挥艺术，在战略上以少胜多、在战术上以多击少，为彻底打败敌军奠定了基础。

商战谋略

利特尔强忍“假痴”终鸣人

利特尔公司是世界上最著名的科技咨询公司之一。它的前身是其创始人利特尔 1886 年建立的一个小小的化学实验室，当时鲜为人知，也丝毫不引人注目。

在这个小小的实验室里，利特尔经过反复实验，从醋酸纤维中制造了第一批可供生产的纺织原料。之后，由于不断地刻苦钻研，他又搞出了一系列新发明，从防爆汽油到光学纤维传输的电报等。利特尔公司逐渐小有名气。

1921 年的某天，在一个企业家的集会场所里，休息时间与会者纷纷来

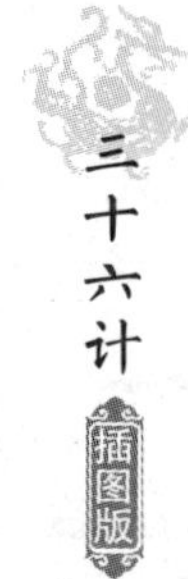

到休息厅里，有的抽烟，有的喝饮料，彼此礼貌性地寒暄。话题转到科学与企业生产的关系上，当时一些企业家看不清这二者的关系，只顾眼前，得过且过。

“科学，那是书本上的事。商品生产，才是真枪实弹的硬功夫。它们正像纽约自由岛上的自由女神像和堪萨斯的牛仔，根本扯不到一起来！”一位大腹便便的大亨高谈阔论地发表自己的意见。

“先生，虽然你从东海岸扯到西部草原，但是你的目光未免太短浅了。”一向崇拜科学的利特尔略带轻蔑地微笑说。“请问，有哪一个企业的发展，能不依赖科技进步？你的企业难道是原始的工作坊，全靠工人的双手生产商品吗？只有不断地引用先进的科技，企业才能长出翅膀，越飞越高，越飞越远。”

“利特尔先生，你的科学弄出的那些东西虽然我有所耳闻，可惜我没福气，全用不上它。更遗憾的是在座的各位可能还不知道，是否需要我为你效劳，给你介绍介绍呢？”嘲讽之余，那位大亨又用挑衅的口吻说：“我的钱太多，现有的钱袋已经不够用了，想找猪耳朵做的丝线袋来装。到处都没有这样的钱袋卖，你的科学能帮我的忙，制造这钱袋吗？如果真的制成了，我想不用我介绍，诸位自然都会知道你的大名的！”说完哈哈大笑，笑得连大肚皮也颤动起来。

聪明的利特尔觉得这是一个千载难逢的机会，只要真的用猪耳朵做成了丝线袋，那么既可以给这位藐视科学的家伙一记响亮的耳光，又可以如其所言，能在企业界里大大地提高自己的知名度。所以他强忍下来，没发脾气，他要一鸣惊人。

在以后的一段时间里，市场上猪耳朵被利特尔公司暗中收购一空。购回的猪耳朵经过利特尔公司的化学家一再努力，被分解成胶质和纤维组织，然后又把其中的纤维组织内的物质制成可纺纤维，再纺成丝线，并染上各种不同的美丽颜色，最后编织成了五光十色的丝线钱袋。

这些特殊的钱袋再加上精彩的广告宣传后终于投入市场，一下子就被抢购一空。

我们姑且不论制造这种钱袋的直接经济效益如何，但是“用猪耳朵制钱袋”看起来似乎是荒诞不经的恶毒挑衅，却被彻底地粉碎了。那些不相信科学是企业的翅膀，并看不起利特尔的人，不得不对利特尔刮目相看。利特尔公司从此声名大噪，企业家纷纷登门求教，一时间利特尔公司门庭若市。

如果利特尔当时不是忍气“假痴”，而是暴跳如雷地与那个大亨大吵大闹，或者义正词严地加以驳斥；如果利特尔公司不能做到“不癫”，而暗中将“猪耳朵制成丝线钱袋”变成事实，利特尔公司会有今天这样的名气吗？

同意退货不赔钱

在商战中，企业可以运用“假痴不癫”这一经营谋略，来与对手展开激烈的竞争。在运用“假痴不癫”这一经营谋略时，其目标首先应该是取得我方利益，但这绝不意味着要去损害别人的利益，即使其中一方不得不作出重大牺牲，整个格局也应该是各有所得。而且，运用“假痴不癫”之妙计，要有长远的战略眼光，也就是要基于企业长远发展的利益。那种短视、势利及一锤子买卖的想法是要不得的。

上海华实制鞋厂与日本一家株式会社达成一笔布鞋生意。因日方预测失误，加上海上运期长，布鞋运到日本后错过了销售的黄金季节，大量积压。日方提出退货，按惯例这显然是行不通的，但中方原则上却同意。

此事一传开，中方有关部门及一些国际上的朋友立即哗然，认为这是自找麻烦。因为那是价值 260 万日元的大笔生意呀！但华实制鞋厂还是坚持退货。

后来，中方在出口替代的一批货时，不但保质保量，而且迅速按时发货，使日方大赚一笔，救了他们。当然，中方也相应地获利不少，而且名声大震，信誉大增。

此事在日本见报后，马上就有几家大公司来人来函要求与华实制鞋厂合作。

华实制鞋厂不但没有赔钱，反而由此身价倍增，产品供不应求，而日方的这家株式会社，经过这次风浪后愈感到华实是个忠实的合作伙伴，提出愿当中方在日销售的总代理，华实的产品全部包销，一订就是十年合同，而

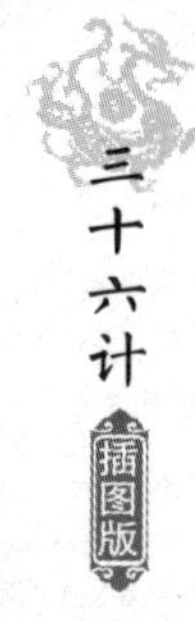

且还积极向中方提供国际市场上有关信息，两家的竞争、伙伴关系又加深一层。

“同舟共济”使两家企业各有所图，各有所得，因此说明，有对手，才有自身发展的动力，蓄意毁灭对手，自己最终也会被毁灭。

所以说，企业之间的竞争，应该在竞争中互滋互补求团结，在团结中取长补短求发展，“同舟共济”，共获利益。

第二十八计　上屋抽梯

【原文】

假之以便，唆之使前，断其援应，陷之死地。遇毒，位不当也。

【译文】

故意借给敌人方便条件，以诱导敌人盲目向前冲，然后乘机切断他的前应和后援，将他陷入死地。这是从噬嗑卦象辞“遇毒，位不当也”一语中领悟的道理。

【按语】

唆者，利使之也。利使之而不先为之便，或犹且不行。故抽梯之局，须先置梯，或示之以梯。如慕容垂、姚苌诸人怂秦苻坚侵晋，以乘机自起。

【译文】

所谓唆，就是用利益去引诱敌人进圈套。然而，如果只用利益引诱他而不给以方便，那么敌人就会犹豫不前。所以，要采用“上屋抽梯”之计，就必须先给敌人设置好梯子，或让敌人知道有方便上屋的梯子。前秦（五胡十六国）权臣慕容垂、姚苌皆怀二心，他们怂恿苻坚攻晋，苻坚为之心动，大军倾巢而出，结果大败于淝水。慕容垂、姚苌乘机而起，称帝立国。他们设了一座险梯让苻坚去爬，然后扯了苻坚的后腿。

【计谋精解】

上屋抽梯，原意是诱惑人爬到房顶，然后将梯子搬走，使其陷入进退两难的困境，最后只得屈服。

此计用在军事上，是指利用小利引诱敌人，然后截断敌人援兵，以便将敌围歼的谋略。这种诱敌之计，自有其高明之处。但敌人一般不是那么容易上当的，所以，你应该先给它安放好“梯子”，也就是故意给以方便。等敌人“上屋”，也就是进入已布好的圈套之后，即可将“梯子”搬走，使敌人陷入危难境地，利用此良机，一举围歼敌人。

诱敌“上屋”，是实施此计的关键。一般来说，可以诱骗的对象有四种：一是贪而不知其害者；二是愚而不知其变者；三是急躁而盲动者；四是情骄而轻敌者。这里，安放“梯子”大有学问，要根据敌人的特点来安放“梯子”：对性贪之敌，则以利诱之；对莽撞无谋之敌，则设下埋伏促使其中计。

实施本计的前提就是为敌人安放“梯子”。安放“梯子”时要注意两个方面的问题：一是要做到示之以利，也就是用一些对方希望得到的利益来引诱。二是要做到示之以弱。欺软怕硬是人的本性。如果我方佯装弱小，敌人就会肆无忌惮地前来，钻入我方事先设置好的陷阱。

在运用本计谋时，“抽梯”既要及时快捷，又要讲究技巧。根据不同的情况采用不同的抽法，或快或慢、或明或暗、或真或假、或缓或急。究竟采用哪种抽法，都要依当时的客观形势而定，切忌主观臆断、生搬硬套，否则，此计谋无法得以顺利实施。

本计包含以下几种含义：

（一）诱敌深入。根据敌人的特点，采用恰到好处的利诱措施，也就是给其“梯子”，使其无法抵挡诱惑，进而深入我方内部，进入我方内部就等于进入了我方预先设置的“口袋”或“死胡同”，其必然只有死路一条。

（二）断其退路。当我们把敌人引入我们的包围圈后，迅速将敌人的来路彻底切断，使其无法脱逃，有来无回，断绝敌人退路的目的主要是使其“不可脱”，只有“不可脱”，才能全部干净地将其消灭。

（三）以势压敌。我们趁敌人无路可退之机，巧妙地利用敌人“不可脱”

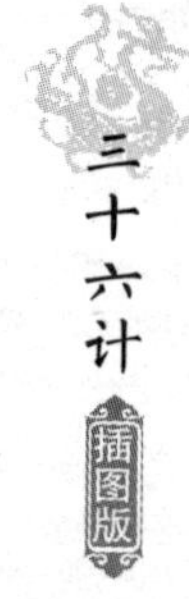

的危险形势，给敌人造成心理上的巨大压力，使其被迫就范。

（四）断其援应。在敌人落入陷阱之后，我们抽掉他们的“梯子”，无异于致其死命。这样可以使敌人无力独自坚持而不攻自破。这种策略也叫围敌打援。围敌打援之“援”也可理解为“后勤补给”，把敌人推到战场之后，切断他的后勤补给，也就等于“抽掉”了其保持战斗力的“梯子”，使他们陷入进退两难的境地。

（五）势可压敌。敌人在濒临灭亡之前，很可能会狗急跳墙。所以使用此计时，我方的力量一定要大大超过敌方的力量，或者我方在地理位置上要占绝对的优势才行。否则被敌人挣个鱼死网破，不但无法实现我方的目的，而且会使自己大伤元气。

当敌人采用此计谋时，我们应该采取以下防范措施加以应对：

（一）探明虚实以防落入陷阱。当我们对敌人的兵力、情势不十分清楚的情况下，先不要冒险行事，可先来个投石问路，探明虚实，在确定前方没有陷阱的情况下，再摸着石头过河。用来作为探路的石头，可以是虚假的动作，可以是小股的部队，也可以是侦察人员。不管采用什么样的方式来探明情况，我们都应该采取审慎的态度。

（二）灵活应变以脱离僵局。我们一旦不慎被敌人骗“上屋”，并且梯子已被抽掉时，切不可惊慌失措、听之任之，从此一蹶不振，也不可鲁莽蛮干、忘乎所以。理智的方法是另寻“下屋”之路，要坚信解决问题的办法有千种万种，此路不通另找别路，不要“一棵树上吊死人”。

（三）善于观察和分析以防上当受骗。我们防止受骗上当的有效措施就是要随机应变，如果反应迟钝，固执教条，刚愎自用，就很容易被人利用。要做到随机应变，首先需做到眼观六路，耳听八方，善于观察，善于分析。对于任何微小的可疑情况也不放过。

（四）多备几套解决问题的方案，针对不同的问题拿出不同的解决方案。我们要多准备出几套行动方案，并且经常变幻莫测以迷惑敌人，使敌人无法摸到我们的规律。另外，遇事要沉着冷静，不要惊慌失措，要针对不同情况拿出不同的应对策略。

（五）不为小利所动。敌人在使用本计谋时往往会拿出一些小利作诱饵，所以当一些小利出现在眼前时，不要不作分析见利就取，而应先仔细研究其是否为可取之利。特别是在对方也同样可取，但却不取的情况下，这种利就可能是钓鱼之饵，我们就更应谨防上当。只有在判断其万无一失时，才可动手取利。如果判断不清时，我们宁可放弃，也绝不冒风险，特别是对那些取之无大益，失之无大损的小利，绝对不能贪图。

智慧典例　政治谋略

赵高谗言李斯进宫

秦朝末年，秦二世荒淫无度，赵高助纣为虐，百姓生活在水深火热之中。

丞相李斯力谏秦二世，均不见效，反而因此被赵高怀恨在心。为此，赵高决心使用上屋抽梯之计，将进谏的李斯置于死地，好实现自己位居丞相之位的梦想。

一日，李斯有恙，赵高假意前往探视。二人谈起秦二世时，赵高叹了一口气说："函谷关以东盗贼纷起，可皇上却大量从那里抽人服役，修建阿房宫，这不利于国家啊！"

李斯说："作为臣子，吾等都应从国家社稷出发，多为皇上出善谋啊。"

赵高赶紧吹捧李斯："您是三朝元老，德高望重，又居丞相高位，敢于犯颜劝谏，可这件事，你为什么不劝劝皇上呢？"

李斯沉吟道："我何尝不想劝谏皇上呢，可近年来，皇上连朝政都不管，身居深宫，我怎么能有机会见到他呢？"

赵高故作同慨状，说："我虽侍候在皇上左右，可我的话皇上根本不听，只听你们当丞相的，我仔细候着，等着皇上空闲时，我一定通知您进宫求见。"

李斯说："那全仗赵大人的一片厚意，你我为了大秦江山，当尽臣子之责。请赵大人务必见机召老夫觐见皇上啊！"

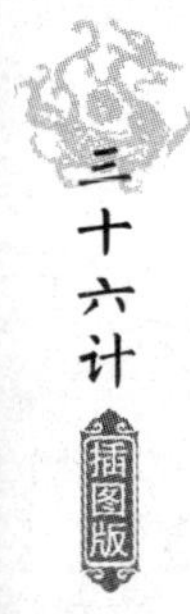

可赵高离开丞相府后，再无音信，眼看边关军情紧急，李斯夜不能寐，天天在宫门口请求觐见秦王。

深宫内，秦二世醉眼蒙眬，怀拥美女，举杯痛饮，赵高侍候在旁，与二世同乐，殿内舞女婆娑挥袖，乐池内笙箫婉约。

秦二世喝得兴起，走下龙床。进到舞池，与宫娥共舞。

正当秦二世玩在兴头上，赵高叫人通知李斯。对李斯说，皇上现在正有空闲，请丞相赶紧求见。

在宫门外的李斯得此口信，十分高兴，赶紧将奏章递与殿门的锦衣卫士，要求觐见秦二世。

舞罢一曲的秦二世正拥着一绝色美女狂饮，闻听李斯求见，十分恼火，“丞相真是败我雅兴，不见！”

锦衣卫士将奏章退与李斯，李斯仰天长叹：“老天啊，大秦江山危在旦夕。”随即闯宫求见。

秦二世闻听李斯闯宫求见，大怒。赵高看在眼里，喜在心头，赶紧上前，附耳对秦二世说：“大王，李斯来者不善，臣早就听说李丞相对皇上心怀不满，认为皇上勤政不如先帝，不懂治国之道，咒我大秦劫数已尽啊！”

秦二世十分震怒：“这个李斯，我与先帝待他不薄，他怎敢如此犯上，咒我江山！”

赵高趁机进谗言说：“刚才他还在宫门口大呼大秦危在旦夕，真是妖言惑众，有反叛之心！”

秦二世拍案而起：“果真如此，要这等丞相何用？”

赵高赶紧把宫门锦衣卫士唤进，问道：“刚才李丞相在外高呼什么？”

锦衣卫士伏地答道：“皇上不见丞相，李丞相十分着急，仰天叹道大秦江山危在旦夕。”

秦二世闻言，立即传旨：“来人，将犯上作乱的李斯抓起来，打入天牢！”锦衣卫士领旨出宫将李斯捉拿，押入天牢，后被斩杀。赵高的上屋抽梯之计得逞后，不久即被秦二世封为丞相。

贾后废太子

晋惠帝司马衷即位后，立司马通为太子。司马通是司马衷登基前与宫中的一个才人谢玖所生。母因子贵，司马通立为太子后，他的母亲也由才人升为淑媛（嫔妃的称号）。

皇后贾南风嫉妒成性，自己没生下儿子，对太子横竖看不顺眼。在亲信的支持下，贾后决定用上屋抽梯之计废掉太子。

一天，贾后以皇帝身体不适为由，召太子入宫。太子进宫后，并没有见到皇帝，而是被引到一间侧室。一个宫女端着3升酒和一大盘枣走了进来，说这是皇上所赐，要太子就着枣把酒喝完。太子说："陛下的赏赐我不敢推辞，只是我平素吃不了3升酒，现在空着肚子更喝不了这么多！"宫女照着贾后教给她的话说："你真是不孝！皇上赐酒，难道你怕其中有毒不成？"太子没办法，只得把3升酒全部喝下。

正当太子醉得迷迷糊糊的时候，一个宫女手拿一份文稿对太子说："皇上有令，让太子把这份文稿抄上一遍。"太子醉得难辨真伪，不长的文字抄得丢三落四。回宫后他倒头便睡，根本记不清做了些什么。

第二天，惠帝临朝，那篇由太子抄写的文稿被送了上来，只见上面写着："陛下应当自己了结，你自己不了结，我就入宫把你了结。皇后也应当自己了结，如果她自己不了结，我将亲手将她了结……"惠帝见是太子的笔迹，不禁大惊失色，忙与众臣商议如何处置太子。贾后死党董猛说："太子犯上，理应处死。"惠帝还是动了恻隐之心，废太子为庶人，免其一死。不久，太子被押到金墉城幽禁起来，他的母亲谢玖惨遭杀害。

原来，那篇文稿是贾后事先让人起草好的，太子醉酒后抄漏了几个字，贾后又让人模仿太子的笔迹补了上去。就这样，太子稀里糊涂地上了贾后的当，成了一名阶下囚。

军事谋略

王镇恶巧计收军心

公元417年，晋将王镇恶带领水军从黄河进入渭水，直逼长安。这天清晨，晋军全体将士奉命吃饱早餐，船队靠近长安的东渭桥，在河面狭窄、水流湍急之处，王镇恶突然下令，全体将士携带武器，披甲上岸，行动迟缓者斩。当时将士们以为发生了紧急军情，于是急忙上岸，连兵船都来不及拴住。当他们来到岸上列队成行时，兵船早已被河水冲得无影无踪了。

此时，王镇恶大声号令全体将士：你们远离家乡万里之外，兵船、衣食全被急流冲走，而长安就在眼前，只要奋力杀敌就会衣食无忧，否则连尸骨都难以带回家中！将士们听到这一番话，都争先恐后冲向东渭桥。秦军来不及抵挡这突如其来的阵势，不战而溃，王镇恶率军顺利攻入长安。

王镇恶驱兵万里深入敌境攻打长安，取胜的难度可想而知，但是发兵万里克敌，劳民伤财，一旦战争失利，对国家和人民造成的损失将会不可估量。王镇恶深知这一点，因此决定断绝士兵们的后路，采取"上屋抽梯"这一计策，令将士们置之死地而后生，最终一举攻下了长安。

田单巧布火牛阵大败燕军

战国时期的田单本是齐国安平地区一个管理市场的官，燕军攻打齐国时，田单带领全族人从安平逃到即墨城。因为即墨城守城官战死，大家看田单足智多谋，就推举田单为将，率领大家守城抗燕，并伺机反击。

田单出任将领之后，担心自己是外乡人，怕大家心不齐，就出一个计策。他命令全城人吃饭时，一定要在院子中间设供桌，空中飞的鸟看见院子中的食物，就飞下来吃。田单就乘机说："这是天上的神灵在帮助我们。"假借神灵来指挥全城兵士百姓抗击燕军。

田单为了坚定军心，又想出一个办法，他派人夜里偷偷来到城外散布说："田单最怕燕军捉到齐军的俘虏，把俘虏鼻子割掉，挂在军前，那样即墨城的兵，会不战就降。"燕国人听说后，就把俘虏的齐人都割掉鼻子挂起来，即墨城中的军民见此情景，宁死也不想投降。又散布说："田单最害怕燕人挖掉齐人的祖坟，那样齐人就会全部投降了。"燕军听说后，就挖掉即墨城外面的齐人祖坟。把死人拖出来放火烧了，守城的齐人看到了，悲痛欲绝，个个要求与燕军决战到底。

田单看到士气高昂，认为作战的时候到了，就发动士兵修筑工事，修好之后，让士兵全部隐藏起来，让老弱病残和妇女登城守卫，又派使者带着收集的黄金送给燕将，告诉他们"齐军要投降了"。

燕军一听非常高兴，对齐军的防备也松懈下来。田单又收集了千余只耕牛，在牛的双犄绑上尖刀，身上画上龙纹，把芦苇灌上油脂系在牛尾巴上，然后把城墙打开几十个大洞，趁夜黑人静之时，给牛尾巴点上火，把牛一下从洞口中全放出去。牛疼痛难忍，一窝蜂似地直冲向燕军阵地，田单又命几千名壮士跟在牛后面，乘势追击，成为火牛阵。燕军惊慌失措，一下乱了阵脚，大败而逃。

结果田单率领齐人把燕军全部赶出了齐境，收复了齐国的失地，把齐襄王也从莒国接回齐都。

田单的计谋是先以假象给对方以方便，而后使对方就犯。

商战谋略

洛克菲勒的贷款陷阱

在商战中，设下圈套，诱使对手上当，从而达到自己的商业目的，正是孙子所言的"登高而去其梯"。对于企业的经营者来讲，一定要弄清对手的

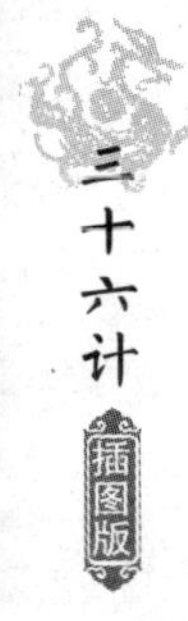

真实意图，避免上当。

有一年，德国人梅里特兄弟移居美国的一个小城镇，他们无意中发现那里蕴藏有丰富的铁矿，于是他们悄悄地买下了这块地皮，成立了一个铁矿公司。洛克菲勒得知了这一消息，很想得到这块地皮，无奈，梅里特兄弟已抢先一步。洛克菲勒只好等待时机，机会终于来了。1873 年，美国发生经济危机，梅里特的公司陷入困境。洛克菲勒托当地的牧师劳埃德拜访了梅里特，并以劳埃德的名义借给他们兄弟俩 42 万美元，利息三厘，并且立了字据。过了半年，牧师又上门告诉他们，要求马上归还贷款。这时，梅里特兄弟才知道那笔钱是属于洛克菲勒的，可是他们早把那些钱投在了矿产上，根本无力还债。于是两人被告上法庭，原告律师直接拿出那张字据作证，字据上写得非常清楚，这是一笔可以随时收回的贷款。梅里特兄弟当时并没有考虑这么多，所以落入了陷阱。为偿还债务，兄弟俩不得不以 52 万美元的代价将矿产全部卖给洛克菲勒。

洛克菲勒为了得到梅氏兄弟的铁矿，精心设计了圈套。先是帮兄弟俩“登高”，然后等时机成熟再“去其梯”，等到梅氏兄弟发现上当时，已然没有退路。就凭这一计，洛克菲勒轻而易举地得到了他所想要的铁矿。

第二十九计　树上开花

【原文】

借局布势，力小势大。鸿渐于陆，其羽可用为仪也。

【译文】

借助其他局面布成有利的阵势，虽然兵力弱小但阵势却显得强大。鸿雁高飞，横空列阵，全凭着羽毛丰满的双翼助长自己的气势。

【按语】

此树本无花，而树则可以有花，剪彩粘之，不细察者不易觉。使花与树交相辉映，而成玲珑全局也。此盖布精兵于友军之阵，完其势以威敌也。

【译文】

这棵树的干上本来没有生长花朵，然而可人为地使它有花。把彩色绸绢剪成花朵粘在枝上，不仔细察看的人就不容易发觉。让美丽的假花和树干交相辉映，可造成一棵精巧逼真的完整的花树。这里是指把精锐兵力布置到友军的阵地上，形成一个完整的阵势以震慑敌人。

【计谋精解】

树上开花，原意是指树上本来没有开花，但可以用有彩色的绸子剪成花朵粘在树上，做得像真花一样，不仔细去看，很难分辨是真是假。此计用在军事上，指的是：在敌强我弱的不利形势下，可以借助友军势力或借某种因素制造假象，使自己的阵营显得强大，也就是说，在战争中要善于借助各种因素来为自己壮大声势，造成敌人在判断上的错误，使之不敢贸然来战，并以此从心理上慑服敌人的策略。

运用此计谋，关键在于善于借助某种因素制造假象。树上开花中的“树”指那些被借来张势的因素，它可以是别人的声势或者是别人的力量，也可以是一种客观的势。“树”是“花”的依傍，“树”是否选择精当，关系到此计谋能否被成功运用，所以，在选择“树”时要采取审慎的态度，其次“花”的巧妙设置、精心伪装也很重要，否则再好的树也无法掩饰假花，真树假花的骗局一旦被对方看穿，其以弱示强的目的也就泡汤了。因此，在使用本计谋时要特别注意。

树上开花之计可以理解为以下几种含义：

（一）借树开花。也就是借助别人提供的有利条件因利乘便，在别人的树上开花结果。之所以要借树开花，主要是因为自家的树太弱小，不能开花。此计谋用于军事，也就是借用别人现成的局面，布成有利于自己的新阵势，或者是利用别人的力量来为自己服务，增加自己的势力，扩大自己的影响。主要是因为自己的力量暂时还比较弱小，无力独自形成一种所需要的强大声势。

（二）借鸡生蛋。借用别人的力量，可以在不增加自己投入的情况下，

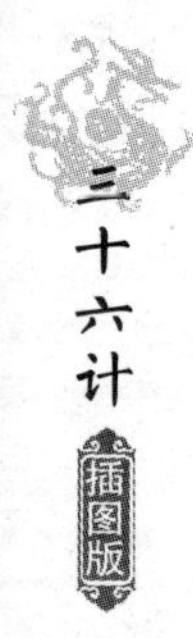

实现自己原来所不能实现的目的。

（三）狐假虎威。自己的力量比较弱小，为了吓唬或迷惑对方，便千方百计地假装出强大的气势。它可以使本来并不强大的力量，在对方面前显现出非常强大的声威气势。

（四）虚张声势。它所造成的声威气势，只是一种虚假的力量，是一种虚幻的假象，它不会对敌人产生真正的威胁，只对敌人产生一种心理上的威慑效果。

（五）巧妙伪装。在运用本计谋时，必须伪装得完整逼真，不要露出半点破绽，否则，吃亏的必然是自己。

当敌人运用树上开花之计时，我们应采取如下防范对策加以应对：

（一）探明真伪，以防上当。《孙子兵法 · 虚实篇》中说："角之而知有余不足之处"，就是进行战斗侦察，以探明敌人兵力部署的虚实强弱。在这里虽然摆开了打的架势，但是并不要真的打起来，只是一种试探，这种较量可以获得比较全面的情报资料。使用这种办法不但可以不冒大的风险，而且可以灵活机动地变化战略战术，如果发现对方是虚张声势，我们可就势打下去，打它个苟延残喘，直至一败涂地。否则，迅疾撤退，不损一兵一卒。

（二）离间破势，各个击败。一旦发现敌方同其友军互相利用或是互相联合形成一种强大真实的威力，这时应想办法离间分化他们之间的关系，然后采用有拉有打或各个击破的办法，就可破解对方的声势，绝不可消极逃跑，更不可死打硬拼。另外我们在对对方实行离间分化措施的同时，也可以找我们自己的可借之局加以利用，变被动为主动。

（三）以牙还牙，将计就计。当敌人用"树上开花"之计来对付我们，企图吓倒我们时，我们不可消极应战，而应该"以其人之道，还治其人之身"，将计就计也来个"树上开花"，迷惑他们。这样，我们虽然搞不清对方的虚实，但也使对方搞不清我们的虚实，把原来只有我们担心的被动局面，改变成为两头都紧张的较为主动的形势。

李园奉献娇妹夺政权

楚国考烈王没有儿子，楚相春申君找了不少有生育能力的女子献给楚王，也没有生下一个儿子。春申君为此忧心忡忡，又无计可施。

赵国人李园想乘机把自己的妹妹献给楚王，可又担心妹妹也生不出儿子而失宠，因此设法将他的妹妹留在春申君身边，他们两人同居，其妹很快怀了孕。妹妹在哥哥李园的鼓动下，又去说服春申君："楚王很看重您，即使他的兄弟也比不上。可是楚王没有儿子，百年之后，肯定会让他的兄弟继位，如果新王继位，您很可能失宠，灾祸就会落在您的头上。我现在有孕在身，别人都不知道。我跟您同居时间不长，如果能够借重您的地位把我献给楚王，楚王一定会和我同居。如果我生了个男孩，您的儿子就可以继承王位，整个楚国就会为您所有，这与遭受灾祸相比，哪一种结果更好呢？"春申君同意了这一计划。

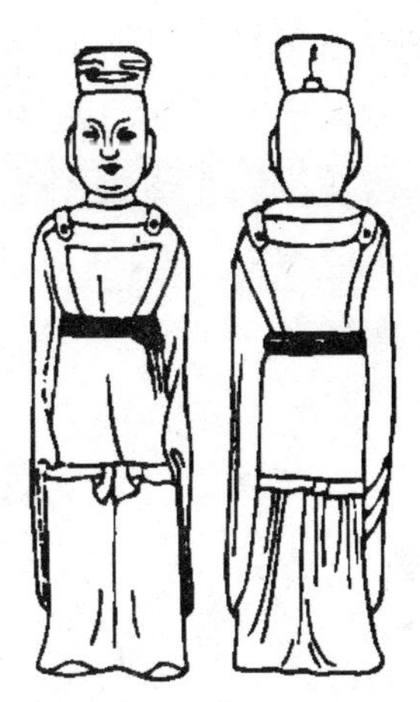

很快李园的妹妹进了宫，与楚王同居，果真生了一个男孩，男孩被立为太子，她也被立为王后。李园从此飞黄腾达，不可一世，把知道真相的春申君视为眼中钉，准备杀掉他以灭口。

有人向春申君建议早做准备，以防不测。春申君则认为李园不可能对他下毒手，便置之不理。

果然，楚王一死，李园先进宫，在宫里安排了刺客，当春申君匆匆赶来时，刺客将其刺死，割下了他的头。李园又派人把春申君满门抄斩。

李园的妹妹所生之子成了楚幽王。

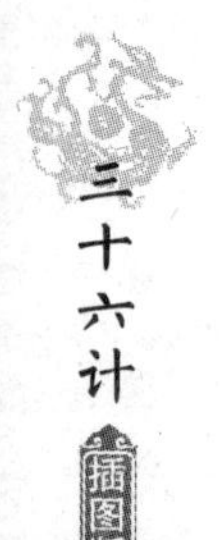

猛张飞吼断长坂桥

公元208年8月，曹操率30万大军由许昌出发，经新野、樊城向江陵进发，荆州牧刘琮闻讯投降。屯驻樊城的刘备因兵力单薄，急忙向南撤退。曹操恐江陵有失，亲率精骑昼夜兼行，追赶刘备至长坂坡，双方交火，刘备大败，只得继续败退，令张飞断后，设法阻截追兵。

张飞只有二三十个骑兵，怎敢与曹操的精骑硬拼？面对危境，张飞临阵不慌，不仅勇猛，而且有计有谋。他命令所率骑兵都到长坂坡树林里去，砍下树枝，绑在马后，然后骑马在林中飞跑打转，闹得坡上尘土弥漫，显然是一个迷魂阵。自己一人骑着黑马，手持丈八长矛，英姿飒爽地站在长坂坡的独木桥上。

曹军追兵赶到，见张飞独自立马横矛站在桥上，好生奇怪，又看见树林里尘土飞扬，追击的曹兵疑惑地停下马来，以为树林之中定有伏兵。此时，张飞大吼一声，吼声震天响："曹贼拿命来！"曹军一看以为中了埋伏，慌忙掉转马头后撤30里。这样，张飞及二三十名骑兵，阻止住了曹兵的猛追，为刘备率部顺利后撤赢得了时间。

树上开花在军事上是指要善于借助各种因素来为自己壮大声势，长坂坡之战靠的就是这树上开花之计。

巧借亚运之“树”扬名四海

秦皇岛市建国家具厂，是一家生产家庭、宾馆及办公室用具的专业厂家。几年来，他们生产的“海星”牌家具在激烈的市场竞争中始终畅销不衰，深受用户的好评，这个厂也因此迅速发展起来。他们先后从德国、意大利、日本等国家引进了多种现代化的设备和先进的工艺技术，并且自筹资金建起了一座大型的家具展销厅和两栋职工住宅楼。那么“海星”这颗璀璨的明星是怎样亮起来的呢？其秘诀之一就是厂长宋连绪能以一个企业家的气魄，抢抓机遇，充分利用各种有利条件，借机、借势发展自己。

在亚运会筹备期间，秦皇岛亚运村需要订购一批高档家具。这个消息刚一传来，全国各地以及市内的12个家具生产厂家，甚至香港厂商也纷纷前来争夺这批订单，大有剑拔弩张之势。但当得知这批订货质量要求极严，而价格又偏低时，有些厂觉得没有多少“油水”可赚，便自己先泄了气。建国家具总厂的领导们却不这样看，他们感到为亚运会这样一个举世瞩目的大工程提供家具，正是宣传自己产品的难得机会。因此，全厂上下一起行动，经过190天的艰苦努力，终于以最优良的质量，最新颖的设计，最合理的价格，在众多竞争者中一举中标。建国家具总厂的“海星”牌家具打进亚运村的消息经各种新闻媒介在人人关心的“迎亚运”节目中播出之后，海星家具名声大震。以后凡亲自用过“海星”牌家具的四海宾客们，也都有口皆碑，海星家具便借此而名扬天下了。

海星家具名声大了，买的人自然多起来了。为了方便用户购买，就要扩大销售渠道。厂长宋连绪又四处联络，广交朋友，在全国20个省市自治区，建立了230个销售网点。利用这些网点，海星牌家具又无脚“走”遍天下。销售多了，就要扩大生产，他们同新西兰一家公司合资，借助国外企业的力量，扩大了自己的生产能力。

建国家具总厂厂长宋连绪是一个很善于使用“树上开花”之计的企业家。他利用亚运会这样的机会宣传了自己，利用各地的销售网点扩大了自

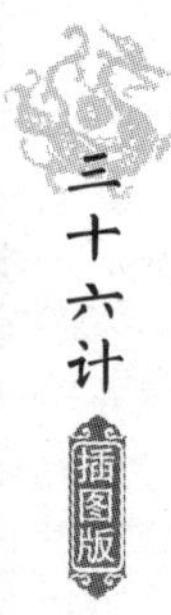

己，同时又利用联营合资的形式武装了自己。当然这一切都离不开海星家具本身的高质量这个大前提。

泸州老窖借局布势全球“开花”

四川泸州老窖酒厂是一家历史悠久的酒厂。该厂生产的泸州老窖大曲酒(特曲)，到 1990 年为止已 4 次荣获国际金奖。第一次是 1915 年，荣获巴拿马国际食品博览会金奖。

1987 年 9 月，泸州老窖特曲酒荣获曼谷国际饮料食品展览会唯一金奖——金鹰杯奖。喜讯传来，厂领导和公关部门决定利用这次机会大搞一系列庆祝和宣传活动。经过精心策划，庆祝和宣传活动拉开了序幕。

首先，他们组织了迎金奖大游行。游行队伍敲锣打鼓，到火车站迎接金鹰奖杯，此举轰动了整个泸州城。市民们争睹金奖，纷纷夸赞泸州老窖酒厂为泸州人争了光，为国家争了光。其次，他们专门为此而向省、市领导报喜，感谢省、市领导的支持与指导。省政府马上发来了贺电，市政府则专门召开全市大会予以高度赞扬。最后，他们还在北京人民大会堂召开庆祝大会，邀请全国人大和政协的领导人、一些部委的领导人，以及首都各大新闻单位的记者到会同贺。会后，50 多家新闻媒介发了专稿。泸州老窖的大名传遍了全国。

1990 年，泸州老窖特曲酒又获第十四届巴黎国际食品博览会金奖，是中国唯一获金奖的白酒。泸州老窖酒厂对此大力庆祝宣扬。他们在全国许多大报上刊登大幅广告，在许多省级以上电视台播发长时间的广告，宣扬这次荣获国际金奖的信息，并表示衷心感谢国内外广大消费者的信赖和推崇。泸州老窖的美名又一次在长城内外大江南北震响，又一次在欧美亚非澳传播，成了饮料食品市场上的高档抢手货。

四川泸州老窖利用国际展览会两次荣获大奖的机会，大力庆祝宣扬，提高了自己在全国、全世界的知名度和荣誉度，销量猛增，他们正是运用了借局布势、树上开花之计谋。

第三十计　反客为主

【原文】

乘隙插足，扼其主机，渐之进也。

【译文】

乘着敌人的间隙插足进去，以至掌握其首脑机关，这是循序渐进的过程。

【按语】

为人驱使者为奴，为人尊处者为客，不能立足者为暂客，能立足者为久客。客久而不能主事者为贱客，能主事则可渐握机要，而为主矣。故反客为主之局，第一步须争客位，第二步须乘隙，第三步须插足，第四步须握机，第五步乃成为主。为主，则并人之军矣，此渐之阴谋也。如李渊书尊李密，密卒以败。汉高祖视势未敌项羽之先，卑事项羽，使其见信，而渐以侵其势，至垓下一役，一举亡之。

【译文】

受他人驱使的人是奴仆，受他人尊重的人是贵客；到他人家做客，不能站稳脚跟的是暂时的客人，能够长久立足的是长久的客人；虽然能站住脚跟长期当客人，但不能主事的是地位卑下的客人，能主事并且可以渐渐掌握其主脑机关的人，就成了主人了。所以“反客为主”的演变过程为：第一步要争得客位；第二步要善于发现有利的机会；第三步要乘机插足进去；第四步须掌握他的首脑机关；第五步大功告成，成为主人。做了主人，就可以兼并别人的军队为自己所有了。这是一个循序渐进的阴谋。隋末李渊打天下，在尚未立足之前，采低姿势，致书尊崇称霸一方的李密，李密对李渊因此疏于防备，让李渊有乘隙插足之机。刘邦评估自己尚难与项羽抗衡时，便谦卑地

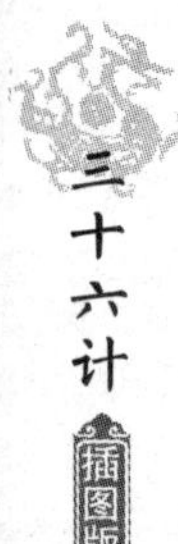

侍奉项羽，取得项羽的信任，争取到保全实力的契机，然后逐渐坐大，在垓下一役，一举灭了项羽。

【计谋精解】

在军事上，一般来说，深入敌国作战为“客”，在本土防御为“主”。“反客为主”，就是寻找敌人防御的漏洞，乘机插入敌方腹地攻其要害，控制敌方指挥系统，变被动为主动，争取掌握战争主动权的谋略。尽量想办法钻空子，插脚进去，控制它的首脑机关或者要害部位，抓住有利时机，兼并或者控制他人。

反客为主之计包含以下几种含义：

（一）先发制人，变被动为主动。当我们处于被动或弱小的情况下，便积极采取首先发动进攻的方法来争取主动，制服对方。在军事上，一般情况都是“先发制人，后发制于人”，只有先下手，压制住对手，才能变被动为主动。

（二）转攻为守，变主动为被动。首先发动进攻，深入对方阵前挑战的被称为“客”；而在自己的阵地上进行防御的则称为“主”。为“客”的远道而来，不仅会因长途跋涉而疲劳不堪，还会因远离根据地而供应困难。而被称为“主”的一方因为以逸待劳，则“饱有余”。如果我们原来是“客”方，为了改变这种不利的局面，就要变客为主。其方法是挑动敌人来向我进攻，而我们则转攻为守。这样一来，既达到了同敌人交战的目的，又将有利的条件留给我们自己，将不利的条件转给了对方。另外，我们反客为主，转攻为守不仅具有选择地利的主动权，也增加了战胜敌人的有利因素。

（三）喧宾夺主，取代主人位置。喧宾夺主的原意是大声说话的客人抢占了主人的位置。后用来比喻外来的占据了原有的事物的位置。这种含义就是在对方有机可乘的时候，先插进一只脚，然后慢慢地用力把对方挤出去，自己取而代之，成为其主人。

（四）兼并盟军，为自己所有。一般是借着援助盟军的机会，打入盟军的内部，待站稳脚跟后，再步步为营，逐渐地支配和控制盟军，最后稳步顺手把大权夺过来，本计所使用的是逐步蚕食的方法，是一个循序渐进的过程。

我们应采用如下防范对策来应对反客为主之计：

（一）不给对方可乘之隙。俗话说："苍蝇不叮无缝的蛋。"苍蝇不是不想叮，而是它根本无法下口，想叮也叮不到。反客为主的突破口就是"乘隙插足"。敌人之所以能插进足来，主要是因为我们为其提供了可"叮"的间隙，也就是可供利用的条件，所以要不使敌人插足，就不能给对方可乘之隙。不给敌人可乘之间隙，应做到：做事要小心谨慎，防患于未然，或者在出现某些问题时，也能及时发现，及时弥补；有了问题也要善于掩盖隐蔽，不使客方轻易发现，做到"家丑不可外扬"。只要漏洞不被发现，对方也就无法利用。

（二）不让对方掌握机要大权。我们一旦发现敌人已经插足进来，成为常客，他就必然会有"掌握首脑机关"的要求，这时我们绝不能对其轻易相信，过分信任，不能随便地将机要大权相托，更不可相让。

（三）不要碍于情面留客入住。我们对于那些不请自来的"客人"，往往碍于情面，无法驱逐，其必然贻害无穷。因为这些不速之客大多都怀有不可告人的目的，他们为了能争得客位，常常不择手段，什么样的招数都能使得出来，而我们很容易被其迷惑，将他们认作朋友，热情加以款待久而不去，或虽有所察觉，但碍于情面，不将他们驱逐出门。其结果必然是他们变"客"为"主"，掌控大权，无情地将我们踩在脚下。

（四）将计就计，转败为胜。我们一旦被人用反客为主之计所取代，自暴自弃，任其所为，只会助长敌人的嚣张气焰，使自己一败涂地。我们应采取理智的做法：重整旗鼓，时刻准备东山再起。我们应该将计就计，"以其人之道还治其人之身"，重新夺回主人之位。

政治谋略

唐高祖篡权夺位

隋炀帝大业三年秋，李渊（唐高祖）联合突厥，率兵 3 万从太原出发，打着尊立代王的旗号，兴起义师，向关中进军。大队人马行至贾湖堡处，因

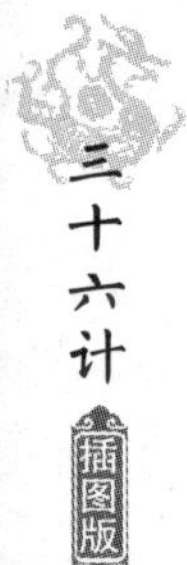

遇大雨滂沱，不能行军，只得暂时驻扎下来。这时，李渊接到军报，说是魏公李密领众数十万，历数隋炀帝十大罪恶，布告天下，起兵反隋。李渊听知这一消息，不禁大吃一惊，便与儿子李世民商量对策。世民说道：李密兵多势大，不宜与之对敌，不如暂且与他联络，也可使我军免除后顾之忧。李渊同意了世民的献策，即命记室温大雅给李密写信，希望结成同盟，共图大事。信送去不久，便收到李密的回信。李密信中言辞十分傲慢，虽然表示愿意结为同盟，但李密自称是盟主，并要李渊亲自去河内缔结盟约。

李渊父子二人看了李密的回信，心中很是不满。但李渊转念一想，迫于势力悬殊，还是忍让为好，便又对李世民说道：李密狂妄自大，即便订了盟约也未必实行，但我们现在正进军关中，如果断然拒绝结盟，与他绝交，只会又增加一个敌人，倒不如暂忍一时，先以卑谦之词对他大大颂扬一番，让他更加志气骄盈，安住他的心，这样既可以利用他为我军塞住河洛一线，牵制隋军，又可以使我军专意西征，岂不是两全其美？待到我军平定关中后，便可“据险养威”，看着他与隋军鹬蚌相争，让我军坐收渔人之利，岂不更好？李世民非常赞成父亲的用计，于是便再要温大雅给李密写信，大意是说：现在天下大乱，亟须有统一之主，您李密功高望重，这统一之主自然非您莫属。我李渊年事已高，对您表示诚心拥戴，只求您登位之后，仍然封我为唐王就行了……

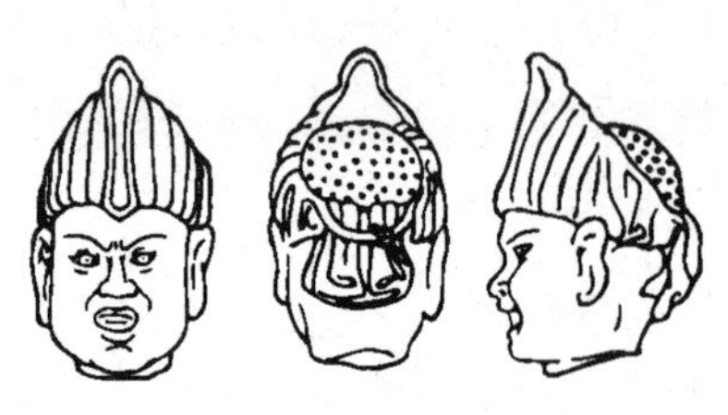

李密收到李渊的复信，心里甜滋滋的，别说有多高兴了，满口答应李渊的要求。这样，李渊免除了后顾之忧，便挥军西进了。一路上，攻霍邑、临汾，直取长安，把一个13岁的代王侑拥立为皇帝，并且改元易年，到第二年，隋炀帝被弑，又逼迫代王侑退位，自立为帝，称唐高祖。

且说李密自与李渊结盟后，率兵东进，所到之处，攻城略地，节节胜利，除东都一地被隋将王世充坚守受阻外，其余如永安、义阳、弋阳、齐郡等地，以及赵魏以南、江淮以北所有揭竿诸军都望风归附。于是，李密继续强攻东都，与王世充作最后决战。这时，唐高祖李渊也派李世民、李建成领兵来到东都，名为援兵，实际上是来争地盘的。李密进攻，李世民和李建成派兵从中阻挠，以致东都久攻不下。

正当李密踌躇满志，决心攻下东都自立为王时，却因他骄傲自大，刚愎自用，不听贾润甫、裴仁基与魏徵等人的再三忠言劝告，以致两次中了王世充的诡计，东都城下之战，竟然大败亏输，走投无路，数十万大军只剩下2万人马跟随李密惶惶退入关内投奔唐王李渊。当时李密还料想，李渊会念昔日结盟之情和灭隋之功，给自己封以台阁之位，说不定有朝一日，还能东山再起呢！可谁知这时已“反客为主”的唐主李渊却点封他一个光禄卿的闲职，另外还赐了一个邢国公的空头爵号，这使得李密大失所望。

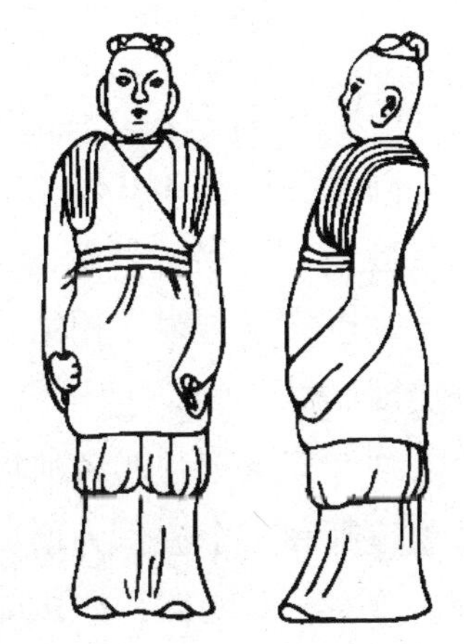

且说李密降唐以后未得重用，心中很是不满。这一切李渊都心中有数，但表面上却格外加以羁縻，称李密为弟弟，并把舅女独孤氏嫁给李密为妻，也是想稳住他的心，可这些并不能满足李密的欲望，未过多久，他便与王伯当勾结，起兵反唐，结果被唐将彦师打败，全军覆没，李密、王伯当也都被杀死。

军事谋略

刘邓大军挺进中原

1947年6月，我刘、邓大军千里挺进大别山，在敌人心脏插上一把尖刀。我军跃入大别山后，与东北、华北、西北、华东等战略区的反攻和进攻相配合，形成了对敌人的全国规模的巨大攻势。从此，中国人民解放军由内线作战转为外线作战，由战略防御转入战略进攻，扭转了整个战场形势，为夺取全国胜利创造了极为有利的条件。

大别山是敌人战略上最敏感而又最薄弱的地区，攻占大别山，就可以东慑南京，西逼武汉，瞰制中原。我军攻占大别山后，蒋介石必然调动其进攻山东、陕北的部队同我军争夺这块战略要地，这就是“攻其所必救也”。

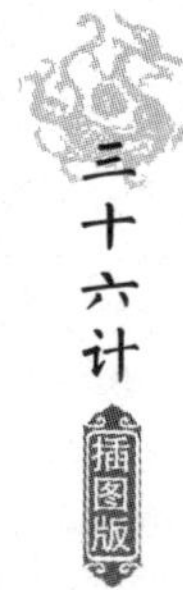

刘伯承站在黄河边上，看着水流湍急的黄河水，对邓小平政委说："蒋介石利用黄河从陕北到山东所构成的'乙'字形天然形势，把主力集中于陕北、山东两翼，实施进攻，企图将我军压缩到'乙'字形的弧内，然后聚而歼之。"

邓小平说："蒋先生是白日做梦啊，我看，突破黄河天险的时机成熟了。"

6月30日夜，正当豫皖苏两战场我军虚张声势、积极行动的时候，我军在阿濮县横宽300里的地段上，突然发起了渡河作战，在南岸我预设部队的接应下，在当地群众的支援下，我军一、二、三、六等四个纵队共12万大军，以偷渡与强渡相结合的战术，一举突破黄河天险。敌河防部队立刻全线崩溃。

刘、邓大军强渡黄河后，蒋介石急忙抽调部队，仓皇从豫北战场调集三个整编师和一个旅作为增援，并由山东调来的王敬久担任兵团司令，统一指挥。分左、右两路，向定陶、巨野推进，企图把我军消灭在鲁西南或重新逼过黄河。

我刘、邓首长识破敌人阴谋，将计就计，反客为主。即一面令一纵坚决攻歼郓城之敌，吸引敌人继续北进；一面令二纵、六纵从两路敌人之间向西南猛插，乘敌一五三旅在定陶立足求稳、与菏泽敌人还没合拢之际，一口吃掉它，使敌人左翼陷入瘫痪。与此同时，我三纵向正南跃进，迅速转到敌人的侧背去。这样，很快改变了战局形势，接连消灭了郓城、定陶的敌人，使战役顺利地向纵深发展。

我军以锐不可当之势，粉碎了蒋介石的前堵后追，先后跨越了陇海路、黄泛区、沙河、涡河、淇河、汝河、淮河等重重障碍，经过二十多天的艰苦跋涉和激烈战斗，终于在8月末先后进入大别山区。

我军挺进大别山，把战场引进敌占区，吸引了其他战场的敌人，达到了预期的战略目的。毛泽东说："我刘邓、陈粟、陈谢三路野战军……纵横驰骋于江淮河汉之间，歼灭了大量敌人，调动和吸引了蒋军南线全部兵力一百六十多个旅中约九十旅左右于自己周围，使蒋军处于被动地位，起了决定性的战略作用。”

商战谋略

日本抢占美国汽车市场

二战后，美、日汽车生产和技术水平差距极大。堪称“汽车王国”的美国，拥有底特律的“三巨头”，即通用、福特和克莱斯勒三大汽车公司，它们不仅垄断了国内汽车市场，还称霸世界市场。

可是，在几十年后的今天，日美汽车企业的力量对比发生了显著变化。日本汽车工业蓬勃发展，雄视世界。据美国《幸福》杂志统计，在1986年世界20家最大的汽车公司中，日本占9家。

到了21世纪第一个十年的中后期，日本汽车更是快要占领了美国市场的半壁江山，每年销售四五百万辆，令美国三大汽车厂招架不住。2008年7月，日本汽车制造商在美国市场的总体份额升至43%，超过了美国汽车三巨头通用、福特和克莱斯勒的42.7%，这也是日本汽车公司的单月销售成绩首次超过美国汽车“三巨头”。其中，丰田发展最快，2008年超过福特，成为美国市场上的“老二”。

战后的日本认定汽车业有巨大的发展前途，将发展汽车工业作为开发日本出口潜力的关键行业之一。日本人向美国人发动汽车战是在20世纪60年代。

日本人在调查研究中发现美国人对汽车的需求已大有变化。过去美国人偏爱大型的、豪华的汽车，但由于美国汽车越来越多，城市越来越拥挤，大型汽车转弯及停车都不便，加上油价上涨，人们感到用大型汽车耗油多不合算。因此，美国人的偏爱已转向小型汽车，即喜欢价廉、耐用、耗油少、维修方便的小汽车，并要求汽车易驾驶、行驶平稳、腿部活动空间大，等等。

丰田正是根据美国人的喜爱和需要，制成一种小巧、价廉的汽车，迅速在美国市场上树立起物美价廉的良好形象，终于打进了美国市场。

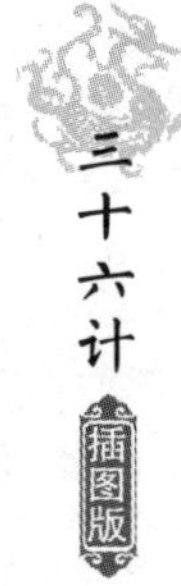

接着，日本在研究了美国汽车的制造技术、设计优缺点、消费者的口味以及市场环境后，于20世纪60年代初推出蓝鸟牌汽车，也成功地打进了美国市场。

进入美国市场后，日本汽车公司并不满足，而是不断调研，不断改进，提高质量，满足顾客所喜所需，因而能不断扩大市场占有率。

日本小汽车打入美国市场时，并未引起美国公司的注意，日本小轿车销量猛增时，底特律还是忙于生产大型豪华轿车。因底特律既没有防御，也没有阻击或迎战，结果大大方方地让出了小汽车市场，让日本人大摇大摆地进来了。

直至21世纪的今天，日美汽车大战仍然打得不可开交，战场不只在美国，还在欧洲、南美洲。但美国人要赶上日本人，非短期可办到，至于要把日本汽车公司挤出美国市场已是不可能的了。

日本汽车业敢于向美国汽车业挑战，并能反客为主，取得后发制人的效果，在于他们了解对方的致命弱点——麻痹大意，看准了小汽车市场这个空隙，乘隙出击，生产出质高价低的小型节油车，从而稳操胜券。日本对美国汽车战的胜利，是商战反客为主的典型范例。

第六套　败战计

第三十一计　美人计

【原文】

兵强者，攻其将；将智者，伐其情。将弱兵颓，其势自萎。利用御寇，顺相保也。

【译文】

对强大的敌军，要笼络、打击他们的将领。对足智多谋的将领，就设法消磨他们的意志。只要将领与士兵失去斗志，战斗力自然萎缩。这就如同渐卦象辞所启示：将对方的弱点掌握在手，借以顺利地保全自己。

【按语】

兵强将智，不可以敌，势必事之。事之以土地，以增其势，如六国之事秦，策之最下者也。事之以币帛，以增其富，如宋之事辽、金，策之下者也。唯事之以美人，以佚其志，以弱其体，以增其下之怨。如勾践以西施、重宝取悦吴王夫差，乃可转败为胜。

【译文】

对于实力强大而将帅又明智的敌人，不能和他死拼硬打，势必要暂时侍奉、顺应他。以割让领土的做法讨好他，这使他的势力更强大，这就如同六国割让土地给秦国一样，是最下的谋策了。拿金钱绸缎侍奉他，就会使他的财富增加，这就如同宋朝对待辽国、金国那样，也是下策。只有用美女侍奉他，借以消磨他的意志，削弱他的体力，并且加深部下对将领的抱怨，这就如同越王勾践以美女西施和国内的贵重宝物来侍奉吴王夫差那样，使其贪图安逸，放松警惕，才能转败为胜。

【计谋精解】

所谓美人计，就是用美人对付敌人。爱美之心人皆有之，有人因爱美而痴迷。甚至为了得一美人，不惜牺牲金钱、地位乃至放弃道德、法律、原则。美人计在很早以前就被兵家利用，作为胜敌的一个重要策略。

但是，美人计只是实施军事目的的一种辅助手段，绝非人人见效，只对于意志放荡者有奇效。中计者往往是好色之徒。

对于用军事行动难以征服的敌方，要使用“糖衣炮弹”，先从思想意志上打败敌方的将帅，使其内部丧失战斗力，然后再行攻取。就像本计原文所说，对兵力强大的敌人，要制服它的将帅；对于足智多谋的将帅，要设法去腐蚀他，将帅斗志衰退，部队肯定士气消沉，就失去了作战能力。利用多种手段，攻其弱点，就能顺势保存实力，由弱变强，以达到彻底战胜它的目的，这是一种以柔克刚的损敌谋略。

美人计可以理解为以下含义：

（一）以柔克刚，克敌制胜。也就是用柔和的办法来制服刚强的敌人。强和弱是一对矛盾，具有辩证统一的关系。强的可以“克制”弱的，反过来弱的也可以战胜强的。如果我们是强者，就可以用强硬的办法来制服弱小的敌人；如果我们是弱者，就应该用柔和的办法来制服刚强的敌人。强和弱是相对的，它们会随时相互转化，所以斗争的形式也要随时变换。以柔克刚并不是消极地向敌人称臣，是使对方的刚锐融化在自己的柔情万种里，而不是与其硬拼，导致惨败。没有硝烟的战争总比血流成河强千倍万倍。

（二）糖衣炮弹，杀敌无血。在敌强我弱的情况下，如何才能转败为胜？如何巧妙地将强大的敌人制服最为关键。采用糖衣炮弹攻击敌人是上策。大家都知道炮弹是致人死命的杀人凶器，糖衣是包裹着炮弹的，用糖做成外壳。糖衣炮弹不带火药味，但它的威力很强，可以从根本上击倒敌人，又因其特殊的形式常常为对方所积极主动接受，所以，运用这种方式攻击敌人，成功率极高。

（三）动心动情，消磨斗志。可以简单地理解为首先要从心理上对敌人进行干扰和打击，从意志上对敌人进行瓦解和摧毁，这是克敌制胜的关键。

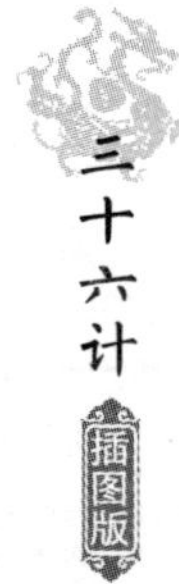

一支军队，无论其实力多么强大，一旦丧失了勇气和意志，必然会不战而败。“用兵之道，攻心为上”，这是自古以来兵家作战的原则，他们都很强调心理战的重要意义。在敌强我弱的情况下，动心动情的谋略是取得成功的不二法宝。

我们在使用美人计时应注意的问题：

（一）要根据对方的喜好，巧选“美人”。俗话说：“萝卜青菜各有所爱。”讲的是人的喜好各不相同，要依对方的好恶，选择他乐于接受的“美人”。美人计中所用的“美人”，只有被对方接受的时候，才能产生威力，也就是“美人”只是外因，它必须通过内因才能起作用。如果对方不接受，“美人”又不具有强攻的能力，就只能算作一厢情愿罢了。

（二）要巧设迷魂阵，引敌入圈套。“美人”能否为对方所接受，我们所侍奉的方式也很重要。如果方式巧妙，一切都做得顺理成章，天衣无缝，敌人就不会产生疑惑，便可放心大胆地接受过来。

（三）“美人”只是克敌制胜的工具，而无法决定成败。美人计一般是作为达到最终目的的辅助手段，它的主要目标是摧毁精神壁垒。但它达不到彻底歼灭敌人的目的，要想达到彻底歼灭敌人的目的，常常还要进行武力决战。所以在施用美人计的时候，要积极创造或寻找时机发动武力进攻。这也就是说仅有巧妙的方法是远远不够的，还必须发挥主观能动性，该出手时就出手，切不可侥幸依靠此一计谋获取胜利。

如果敌人运用美人计，我们应采取如下对策加以应对：

（一）提高警觉，勿入圈套。我们要始终坚信“天上不会掉馅饼而只会掉陷阱”。如果有人在不欠我们人情的情况下，突然主动地送“美人”上门，那么我们就要认真分析在这“美人”之后是否有阴谋。如果发现有可疑之处，就应立即警觉起来，以防落入敌人圈套。

（二）反其道而行之，巧妙运用反间计。一旦发现敌人用美人计来“窃取”我们的重要情报，我们可用反间计来应对。所谓反间计，就是指收买或利用敌方派来的间谍为我效力。这里所说的间谍就是“美人”，美人是一个宽泛的概念，它可以指人，也可以指物。如果是人，我们就采用“攻心”之术，人是感情动物，“美人”也非冷血动物，我们可晓之以理，动之以情，进行收买和感化。如果敌人送来的是物，我们可假装中计而收下，暗中实施反间计，给敌人来个措手不及。

（三）分析“美人”利害，采取果断应对策略。要善于分析，为采取灵活的应对策略做准备。如果发现“美人”对壮大我们的实力是不可缺的，我们不妨先收下来，但要严加防范。假如“美人”对我们并非至关重要的话，就要毫不犹豫地坚决拒之门外，以防其挤进门来施展妖法，难以降服。在已掌握了一定的证据时，也可当场拆穿敌人的阴谋，绝不可手软，更不可被其迷惑。

（四）修炼身心，锻炼钢铁般的意志，能抵御各种诱惑。“苍蝇不叮无缝的蛋”，如果蛋完好，没有变质和发臭，怎会引来苍蝇呢？且不论苍蝇追腥逐臭的本性，就蛋本身而言，它是变质的发臭的，而不是完美的，所以被苍蝇叮咬的悲惨命运是它自己一手造成的。人也是如此，只要一点香饵就可引你上钩，那么你必然会被叮咬；如果心诚志坚，不贪声色，思想上筑起一道钢铁的壁垒，无论何种糖衣炮弹，都不可摇撼。所以，防范美人计的重要环节就是培养自己钢铁般的意志，使自己无缝可叮。

政治谋略

陈平白登山解围

公元前200年，汉高祖刘邦率领大军与匈奴交战。刘邦求胜心切，带领小股骑兵追击匈奴人，不料中了敌人的埋伏，被困在白登山。这时，汉军的后续部队已被匈奴人阻挡在各要路口，无法前去解围，形势万分危急。

到了第四天，被困汉军的粮草越来越少，刘邦君臣急得就像热锅上的蚂蚁，坐立不安。谋士陈平灵机一动，从匈奴单于的夫人阏氏身上想出了一条计策。

在得到刘邦允许之后，陈平派一名使者带着一批珍宝和一幅画秘密会见了阏氏。使者对阏氏说：“这些珍宝是大汉皇帝送给您的。大汉皇帝欲与匈奴和好，特送上这些珍宝，请您务必收下，望您在单于面前美言几句。”使者又献上一幅美女图，说道："大汉皇帝怕单于不答应讲和的要求，准备把中原的头号美人献给他。这是她的画像，请您先过目。"

阏氏接过来一看，真是一个貌似天仙的美女：眉似初春柳叶，脸如三月桃花；玉纤纤葱枝手，一捻捻杨柳腰；满头珠翠，引得蜂狂蝶浪；双目含情，令人魂飞魄舞。阏氏心想：如果丈夫得到了她，还有心思宠爱自己吗？于是，阏氏说："珍宝留下吧，美女就用不着了，我请单于退兵就是了。"阏氏打发走了汉军使者后，立即去见单于，她说："听说汉朝的援军就要到了，到那时我们就被动了。不如现在接受汉朝皇帝的讲和要求，乘机向他们多索要一些财物。"单于经反复考虑，觉得夫人的话很有道理。

双方的代表经过多次谈判，终于达成了协议。单于得到物质上的满足后，放走了刘邦君臣。陈平因这次谋划有功，后来被刘邦封为曲逆侯。

陈平利用阏氏的争宠心理，虚献美女，从而达到了讲和的目的。陈平的美人计妙就妙在根本没有美女，但同样收到了良好的效果。

王允献貂蝉

汉献帝 9 岁登基，朝廷由董卓专权。董卓为人阴险，滥施杀戮，并有谋朝篡位的野心。满朝文武，对董卓又恨又怕。

司徒王允十分担心，朝廷出了这样一个奸贼，不除掉他，朝廷难保。但董卓势力强大，正面攻击，还无人斗得过他。董卓身旁有一义子，名叫吕布，骁勇异常，忠心保护董卓。王允观察这"父子"二人，狼狈为奸，不可一世，但有一个共同的弱点：皆是好色之徒。何不用美人计，让他们互相残杀，以除奸贼？

王允府中有一歌女，名叫貂蝉。这个歌女，不但色艺俱佳，而且深明大义。王允向貂蝉提出用美人计诛杀董卓的计划。貂蝉为感激王允对自己的恩德，决心牺牲自己，为民除害。

在一次私人宴会上，王允主动提出将自己的女儿貂蝉许配给吕布。吕布见这一绝色美人，喜不自胜，十分感激王允。二人决定选择吉日完婚。

第二天，王允又请董卓到家里来，酒席筵间，要貂蝉献舞。董卓一见，馋涎欲滴。王允说："太师如果喜欢，我就把这个歌女奉送给太师。"老贼假意推让一番，高兴地把貂蝉带回府中去了。

吕布知道之后大怒，当面斥责王允。王允编出一番巧言哄骗吕布，他说："太师要看看自己的儿媳妇，我怎敢违命！太师说今天是良辰吉日，决定带回府去与将军成亲。"

吕布信以为真，等待董卓给他办喜事。过了几天没有动静，再一打听，原来董卓已把貂蝉据为己有。吕布一时也没了主意。

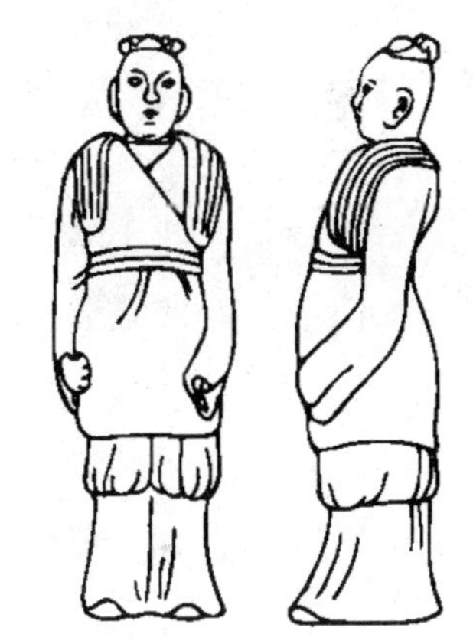

一日董卓上朝，忽然不见身后的吕布，心生疑虑，马上赶回府中。见到在后花园凤仪亭内，吕布与貂蝉抱在一起，他顿时大怒，用戟朝吕布刺去。吕布用手一挡，没被击中。吕布怒气冲冲离开太师府。原来，吕布与貂蝉私自约会，貂蝉按王允之计，挑拨他们父子的关系。

王允见时机成熟，邀吕布到密室商议。王允大骂董卓强占了女儿，夺去了将军的妻子，实在可恨，吕布咬牙切齿，说："不是看我们是父子关系，我真想宰了他！"王允忙说："将军错了，你姓吕，他姓董，算什么父子？再说，他抢占你的妻子，用戟刺杀你，哪里还有什么父子之情？"吕布说："感谢司徒的提醒，不杀老贼誓不为人！"

王允见吕布已下决心，他立即假传圣旨，召董卓上朝受禅。董卓耀武扬威，进宫受禅。不料吕布突然一戟，直穿老贼咽喉。奸贼已除，朝廷内外，人人拍手称快。

美人卖弄风情窃情报

艾米·帕克是第二次世界大战期间最杰出的英国女间谍之一，她不仅美貌诱人，且聪敏非凡。她凭着这些资本，令众多的男人拜倒在自己的脚下，从而为英国获取了大量重要的军事或外交情报。她曾通过与波兰外交部部长助理的亲近，获得有关德国正在研制的最新式密码机的情报。

大战爆发后，她化名“辛西娅”，被派往美国纽约，受命刺探法国维希政府驻美使馆的秘密，了解他们在搞哪些亲德活动。“辛西娅”先靠卖弄风骚结识了一些法国外交官，后来，她赢得了一位维希政府驻美使馆官员的信任和有力支持。当时该使馆的机要室看守得很严，“辛西娅”说服那位官员帮助她设法盗取使馆的密码本。

“辛西娅”估计，法国男人都会同情情侣的。因此她和那位官员恳求看守人允许他们在大使馆的沙发上过夜。她塞了许多钱给看守人，那人果然上了钩。“辛西娅”连续几个晚上使用同一计策。

一天夜里，这对情人携带几瓶香槟酒来到使馆，请看守人喝酒。那酒中掺有少量麻醉药，因此看守人喝酒后倒下呼呼大睡了。趁他酣睡之际，艾米和她的朋友打开使馆的门，放进一个锁匠，那锁匠找到了打开机要室保险箱的方法。两天后，这一对情人又回到使馆，发现看守人很谨慎小心。艾米意识到他可能已经产生怀疑，会严密监视他们的活动。于是，她赤身裸体，在沙发上摆出一副挑逗人的样子。看守人偷偷开门窥探室内动静，一见艾米的样子，顿时感到尴尬窘迫，一溜烟似的跑开了，当晚再也见不到他人影。这一对情人搂着打开窗户，放进锁匠。就这样，保险箱被打开了。艾米取出密码本拍了照，然后把它们放回原处。法国人全然不知此事，仍然一直使用那些电码和密码。

英国政府这种利用美女姿色来取得敌情并带有女间谍性质的计谋，可算是“美人计”中较完美的一种。略有不同的是，美人计重在用女人的姿色麻痹敌人，消磨敌之斗志。而我们所说的“女间”重在用美女取得情报。在现代社会中，在政治、经济、军事、外交等场合，美人计在实施中，一般兼两种功能于一身。

商战谋略

未来广告公司的新奇“广告”

新奇独特的事物最能吸引消费者的目光。对企业来讲，在市场开拓、产品开发以及广告宣传方面都要把握求新求奇的原则，力求树立起自己的特色。如果一味地追随在别人的后面，不求新意，最终只能被市场淘汰。

法国的未来广告公司在创业之初就曾经推出了一幅别具一格的广告，而凭着这幅广告，这家广告公司竟然一举成名。未来广告公司曾在某繁华的街区张贴了一幅巨大的海报，海报上只有一个漂亮的女郎和一行文字。女郎身着泳衣，双手叉腰，体魄健美，笑容可掬，女郎的身边有一行字：9 月 2 日，我将脱去上面的。从此路过的人们看到后议论纷纷，都期待着 9 月 2 日能有什么变化。

等到 9 月 2 日的清晨，人们发现，漂亮女郎依旧双手叉腰，依旧向路人散发着迷人的微笑，但“上面的”果然没有了，裸露的是健美的胸部，女郎身边的一行字也换成：9 月 4 日，我将脱去下面的。如此一来，更加引起了人们的好奇心，甚至有些记者也闻讯而来，纷纷抢拍下这一新闻素材。这下子吸引了更多的人前来目睹这个“大胆的女郎”，而且他们看后都急切地盼望着 9 月 4 日这一天的到来。

9 月 4 日凌晨，许多人都早早地起来，想看看那幅海报究竟会发生什么变化。果然，漂亮女郎“下面的”不见了——女郎背向行人，一丝不挂，身材修长、匀称，是健与美的完美融合。女郎的身边照旧写着一行字：未来广告公司，说得到，做得到！未来广告公司顿时家喻户晓，声名远扬。

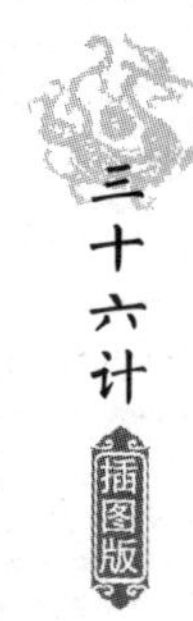

未来广告公司的海报，创意新奇独特，妙用“美人计”，紧紧地抓住了人们的好奇心理，尤其是最后一幅海报，简直绝妙到了极致。

第三十二计　空城计

【原文】

虚者虚之，疑中生疑，刚柔之际，奇而复奇。

【译文】

本来兵力空虚却故意显示不加防守的样子，使敌人难以揣摩；在敌众我寡的情况下，这种用兵之法显得更加奇妙。

【按语】

虚虚实实，兵无常势，虚而示虚，诸葛而后，不乏其人。如吐蕃陷瓜州，王君焕死，河西汹惧。以张守珪为瓜州刺史，领余众，方复筑州城。版干栽立，敌又暴至。略无守御之具，城中相顾失色，莫有斗志。守珪曰：“彼众我寡，又疮痍之后，不可以矢石相持，须以权道制之。”乃于城上，置酒作乐，以会将士。敌疑城中有备，不敢攻而退。又如齐祖珽为北徐州刺史，至州，会有陈寇，百姓多反，珽不关城门。守陴者，皆令下城，静坐街巷，禁断行人鸡犬。贼无所见闻，不测所以。或疑人走城空，不设警备。珽复令大叫，鼓噪聒天。贼大惊，登时走散。

【译文】

虚中有实，实中有虚，用兵没有固定不变的模式。本来兵力空虚，却要把不加防范的样子显示给人看，自从诸葛亮以后，运用此计的人为数不少。比如唐玄宗时，吐蕃人攻陷了瓜州，守将王君焕战死，河西的老百姓十分惊慌。这时朝廷任命张守珪为瓜州刺史，他率领一部分民众，重新修复城墙。筑墙夹板两端的木桩刚刚立好，吐蕃人又来突袭。当时没有防御的武器，城里众人面面相觑，不知所措，丧失了战斗的勇气。这时张守珪对大家说："敌众我寡，战乱的创伤还没有平复，不能用弓箭、礌石等武器去硬抗，必须用智谋来制服敌人。"他于是在城墙上面，设置酒席大宴众将领和士兵。吐蕃人因此怀疑城中有埋伏，不敢进攻，反而撤退了。又比如，北齐祖珽被任命北徐州刺史，刚到任就遇南陈大军侵入，当地的百姓大多数也起来造反。祖珽下令不关城门，让守城的士兵都到城内去，静坐在大街小巷，街道上禁止行人通行。全城顿时寂然无声，鸡鸣狗叫声音不乱。南陈军因此探听不到城中的情况，也摸不清城中到底是怎样的一种情形，因此怀疑是一座空城。就在敌人疑惑不定之时，祖珽命令城中士兵突然大声喊叫，同时锣鼓喧天，南陈军队大吃一惊，纷纷逃散了。

【计谋精解】

空城计，采用的是一种心理战术。在己方无力守城的情况下，故意向敌人暴露我城内空虚。就是所谓"虚者虚之"。古人用兵，讲究的是"虚者实之，实者虚之"的逆反用计，空城计却打破了以往兵家的常规用计格局，以"虚者虚之"的反常之计，使虚虚实实变幻无穷，不再有固定模式。在这种情况下，敌方产生怀疑，更会犹豫不前，就是所谓"疑中生疑"。敌人怕城内有埋伏，怕陷进埋伏圈内。

空城计是在形势特别危急的情况下而布置的疑阵，借以迷惑敌人，渡过险关。使用此计的关键是要清楚地了解并掌握敌方将帅的心理状况和性格特征，敌方指挥官越是小心谨慎多疑，所得的效果就会越好。这种方法多是在兵力不足的情况下所采取的一种应急措施，如果被敌人识破，敌军乘虚而入，是十分危险的。因而，它是悬而又悬的"险策"。

此计谋有以下特点：

（一）"虚而虚之"，以便使敌人"疑中生疑"。本来是空虚的，偏偏显现出更加空虚的样子给敌人看，其目的就是使敌人"疑中生疑"。何为"疑中生疑"呢？一般地说双方交战，总是要互相隐瞒真实情况，所谓"兵不厌诈"，即使遇到正常情况，也要反复地进行分析研究，不能完全凭自己的直觉，随便作出判断。这种不轻易相信对方的做法即为"疑"。在遇到反常用兵的情况时，除了要进行正面的分析外，还要进行反面的分析，这就是所谓的"疑中生疑"。心理学上讲人的心理常常有一种固定的模式，即心理定式。

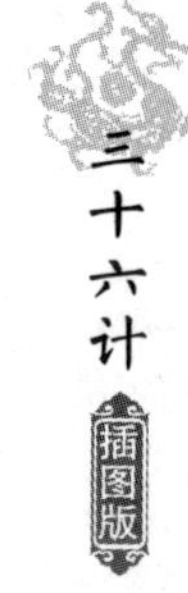

当这种定式被打破之后，人们往往会心无定向，难免会心有余悸，惶惶然不知所措。

（二）“实而虚之”，以便迷惑敌人，使其中计。本来是强大的、准备充分的，却偏偏装出空虚无力的样子，使敌人误以为我兵力空虚而且有空隙可乘。“实而虚之”主要有两个目的：积蓄力量，以待时机。为了更大或者是更远的目的，暂时隐蔽起自己的实力和锋芒。这种暂时的隐藏是为了等待时机，积蓄力量，一旦时机成熟，就会发动突然进攻，使对方措手不及，防不胜防，这是其一。诱惑敌人进入自己设计的圈套。在我方兵力强大，并已设好埋伏的情况下，就希望敌人能够进到我们的包围圈内，如果这时我们不表现出弱小可欺的样子，敌人就必然惧而远之，只有让敌人觉得在我们身上有利可图时，才有可能被引诱过来，这是其二。

当敌人运用空城计时，我们可采用如下措施加以应对：

（一）多次试探以明虚实。俗话说：“兔子尾巴藏不了。”意思是说无论多么狡猾的兔子，它都无法逃过猎人的眼睛。我们的敌人就如同狡猾的兔子，无论他使用什么伎俩，“虚而虚之”也罢，“实而虚之”也好，都无法逃过我们的反复试探。试探的方法很多，我们可以用打草惊蛇之法进行试探，所谓的“角之而知有余不足之处”，就是进行战斗侦察，以求探明敌人兵力部署的虚实强弱。这种试探最好反复几次，因为一次两次敌人可能伪装得很像，不会露出破绽，但绝对经受不住多次的来自各个方面的试探。如果敌人对我们的试探一直不作任何反应的话，就说明他们已发现了我们的意图，我们可以将计就计，看准部位和机会来一个“无中生有”，使之措手不及，无力应对，只得乖乖束手就擒。

（二）与敌相持以定虚实。在我们经过多次试探之后，依然不能作出正确判断的话，可以采用在“空城”之外，耐心等候，以静观变化的方法来探其虚实。凡采用“虚而虚之”计谋的人，因自身的力量弱，所以在心理上也是“虚”的，他时时刻刻都承受着强大的心理压力。所以这就决定了敌人不可能伪装太久，时间一长他就坚持不住了，难免会露出马脚。这时我们守在敌人周围，不攻不撤，打起无烟的“持久战”，敌人就会因坚持不住而暴露自己的真面目，这样一来我们就可识破敌人，进而采取攻打他的策略，敌人因兵力虚弱，自然不堪一击。

（三）全面分析以辨虚实。为了辨别敌人向我们展示的情况是真是假，我们要作全面的分析。所谓的全面分析，就是既要从时间上进行纵向分析，又要从空间上进行横向分析；既要根据各种情况分析其绝对力量，又要根据敌我的对比分析其相对力量。只有进行全面的分析，我们才能作出正确的判断，才不至于被敌人的假象所蒙蔽。

智慧典例　政治谋略

叔詹退敌

公元前666年，楚文王去世，王后息妫是一位倾国倾城的美人，楚文王的弟弟公子元想讨好嫂嫂，得到美人的欢心，在息妫寝宫附近的馆台中日夜歌舞，奏靡靡之音。息妫知道公子元的用意，感叹道："我的丈夫文王，不问军事，未曾向国外扬威，致使声望日下。阿叔身为令尹，不奋发图强，重振国威，却沉醉于靡靡之音中，真令人担心！"

息妫的话传到公子元耳朵里，公子元想炫耀一下楚国的武力，讨好嫂嫂，决定派军队出去打几个胜仗。于是，他率领大军去攻打邻邦郑国。楚国大军一路连下几城，直逼郑国国都。郑国国力较弱，都城内更是兵力空虚，无法抵挡楚军的进犯。

郑国危在旦夕，群臣慌乱，有的主张纳款请和，有的主张拼一死战，有的主张固守待援。这几种主张都难解郑国之危。上卿叔詹说："请和与决战都非上策。固守待援，倒是可取的方案。郑国和齐国订有盟约，而今有难，齐国会出兵相助。只是空谈固守，恐怕也难守住。公子元伐郑，实际上是想邀功图名，讨好文夫人。他一定急于求成，又特别害怕失败。我有一计，可退楚军。"

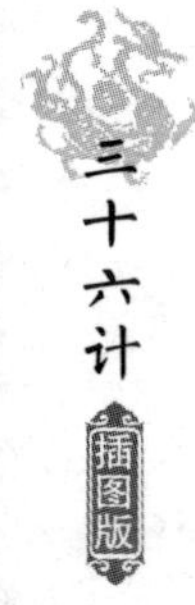

郑国按叔詹的计策，在城内作了安排。命令士兵全部埋伏起来，不让敌人看见一兵一卒。令店铺照常开门，百姓往来如常，不准露一丝慌乱之色。大开城门，放下吊桥，摆出完全不设防的样子。

楚军先锋到达郑国都城城下，见此情景，心里起了怀疑，莫非城中有了埋伏，诱我中计？不敢妄动，等待公子元。公子元赶到城下，也觉得好生奇怪。他率众将到城外高地观望，见城中确实空虚，但又隐隐约约看到了郑国的旗兵甲士。公子元认为其中有诈，不可贸然进攻，先进城探听虚实，于是按兵不动。

这时，齐国接到郑国的求援信，已联合鲁、宋两国发兵救郑。公子元闻报，知道三国兵到，楚军定不能胜。好在也打了几个胜仗，还是赶快撤退为妙。他害怕撤退时郑国军队会出城追击，于是下令全军连夜撤走，人衔枚，马裹蹄，不出一点声响。所有营寨都不拆走，旌旗照旧飘扬。

第二天清晨，叔詹登城一望，说道："楚军已经撤走。"众人见敌营旌旗招展，不信已经撤军。叔詹说："如果营中有人，怎会有那样多的飞鸟盘旋上下呢？他也用空城计欺骗了我们，急忙撤兵了。"

军事谋略

孔明空城抚琴退敌军

蜀国丞相诸葛亮，字孔明。他带领 5000 名士兵前往西城，准备把存放在那里的粮草运回汉中。这时十几个密探接二连三飞马来报，说魏国统帅司马懿率领一支 15 万人的军队如黄蜂一般正向西城拥来。而此时，孔明身边只有一些文官，连一名战将都没有，他率领的 5000 名士兵有一半以上已押运粮草离开了西城，现在城中只剩下不到 2500 名士兵。随行官员们得知这一消息，都大惊失色。孔明马上登上城楼观望，只见天边尘烟滚滚，司马懿的大军已离这儿不远了。孔明下令："将城上旗帜落下藏好，士兵各就各位，不准擅自离位或大声喊叫，否则斩首。城门大开，每门留二十名士兵，穿上百姓服装，清扫街道。如果司马懿的军队来了，谁也不得擅自行事。我自有计策。"

随后孔明身披鹤氅，头戴纶巾，在两个小童的伴随下，携一张古琴登上城楼。在栏杆前坐定，又点燃了几炷香，然后开始抚琴。

这时，司马懿先头部队的侦察兵已到达城下，看到这般情景，急忙回去向司马懿报告，司马懿听了大笑。他命令部队停下。自己策马向前，从远处观望城中情况。事情果然如侦察兵报告的，但见孔明面带微笑，从容不迫地端坐在城楼上抚琴，座前香烟缭绕。他左边的小童双手捧着一柄宝剑，右边小童手执拂尘，城门附近有二十几个百姓在默默地打扫街道。司马懿看后，心中顿生疑团。他策马而归，急命后军变前军掉头向北山方向退去。路上，他的次子司马昭不解地问："诸葛亮肯定手中无一兵一卒，才设下这个圈套，父帅为何命令大军撤退？"

司马懿答道："诸葛亮为人谨慎，凡事都是三思而行。他从未冒过一次风险，今天城池四门大开，其中必有埋伏。一旦我军进了城，就正中了他的计，你还不明白啊！赶快撤退不会错！"

司马懿军队撤走后，孔明抚掌大笑。官员们无不惊讶，他们问道："司马懿是魏国著名将领，今日率15万大军来犯，见了您就仓促而退，是何道理？"

孔明答道："这个人认为我思维周密，办事谨慎，不会冒风险。他看到我们城门大开，就以为有埋伏，于是便撤。我原本不愿冒险，今日用此计，实是无奈。"

在场的官员听后都赞叹不已，说道："丞相真是神机妙算！若是我们遇到此事，恐怕早就弃城而逃了。"

孔明说："我只有不到2500名士兵，若弃城而逃，那跑不了多远，司马懿就会将我们全部生擒。"

后人有诗赞说：瑶琴三尺胜雄师。

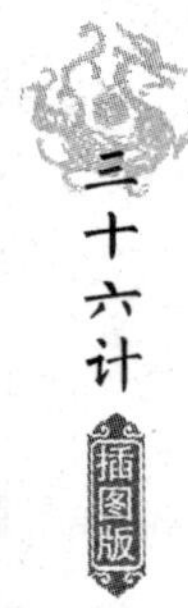

李广临危不乱退匈奴

西汉时期，北方匈奴势力逐渐强大，不断兴兵进犯中原。飞将军李广任上郡太守，抵挡匈奴南进。

一天，皇帝派到上郡的宦官带人外出打猎，遇到三个匈奴兵的袭击，宦官受伤逃回。李广大怒，亲自率领一百名骑兵前去追击。一直追了几十里地，终于追上，杀了两名，活捉一名，正准备回营时，忽然发现有数千名匈奴骑兵也向这里开来。匈奴队伍也发现了李广，但看见李广只有百名骑兵，以为是为大部队诱敌的前锋，不敢贸然攻击，急忙上山摆开阵势，观察动静。

李广的骑兵非常恐慌。李广沉着地稳住队伍："我们只有百余骑，离我们的大营有几十里远。如果我们逃跑，匈奴肯定会追杀我们。如果我们按兵不动，敌人肯定会疑心我们有大部队行动，他们绝不敢轻易进攻的。现在我们继续前进。"到距离敌阵仅二里地光景的地方，李广下令："全体下马休息。"李广的士兵卸下马鞍，悠闲地躺在草地上休息，看着战马在一旁津津有味地吃草。

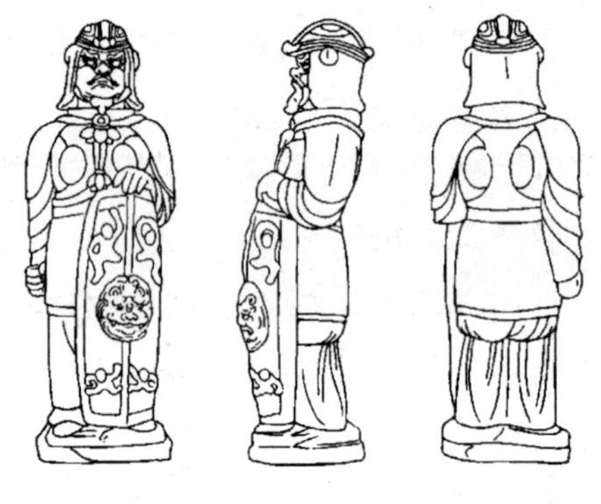

匈奴部将感到十分奇怪，派了一名军官出阵观察形势。李广立即命令上马，冲杀过去，一箭射死了这个军官。然后又回到原地，继续休息。

匈奴部将见此情形，更加恐慌，料定李广胸有成竹，附近定有伏兵。天黑以后，李广的人马仍无动静。匈奴部将怕遭到大部队的突袭，慌慌张张引兵逃跑了。

李广的百余骑安全返回大营。

石油巨子波尔格德

波尔格德是石油企业家的儿子。1914 年 9 月刚从英国牛津大学毕业回到美国，便决心从事石油开采业。

但是，他不想依靠十分富有并在美国石油界颇有影响的父亲。他要凭自己的本领，自力更生地开创一番事业。

1915 年 10 月，美国俄克拉何马州有一个石油矿井招标，参加投标的企业家很多。有不少投标者实力雄厚、财大气粗，竞争异常激烈。

波尔格德此时才成立的公司资金不足，不是那些大企业家的对手。但是，这个油矿很有潜力，对他很重要。怎么办呢？经过冥思苦想，波尔格德找到了一个高招——空城妙计。

投标那天，波尔格德租了一身十分华贵的衣服，约了一位他所熟悉的著名银行家，同他一道前往投标会场。

到了会场，波尔格德显得气度不凡，胸有成竹，加上身旁有著名的银行家陪伴，致使在场的企业家的目光都集中到了他的身上。

那些跃跃欲试，准备在投标中一决胜负的投标者，心里不免忐忑不安。想到波尔格德是石油富商的儿子，现在又有大银行家做“参谋”当“后盾”，感到自己绝非波尔格德的对手。

于是，投标会场发生了戏剧性的变化，企业家们竟三三两两地相继离开了，留下的也不敢竞价。

结果，波尔格德以 500 美元的低价就轻而易举地中标了，他这套空城妙计应验了。

四个月后，即 1916 年 2 月，波尔格德中标的那个油矿采出了优质石油。他马上以 4 万美元的价格将油矿售出，很快便获得了 3 万多美元的纯利。

波尔格德一处又一处地投资开采石油，不断成立新的石油公司。到 1917 年 6 月，23 岁的波尔格德已成为拥有 40 家石油公司的富翁。

松下幸之助妙计渡难关

松下公司是由被誉为“经营之神”的松下幸之助创办的一个电器制作所发展而来，如今它已成为一个大型电器王国。但是，松下公司在发展历史中，也多次遇到生存危机好在有松下幸之助的谋略让松下公司一次次渡过难关。

20世纪50年代，日本出现经济大滑坡，不少企业已经难以支撑。为此，松下公司召开了董事会研究对策。

会上不少人提出，公司的产品卖不出去，已经没有钱发工资了，唯一的办法是裁减一半员工。消息传出后，整个公司人心惶惶，许多职工感到，在这个时候离开松下也是没有出路的。

日本的一些别的大公司，为了减少开支，也在纷纷裁人，一时间社会上到处是失业的人。由于害怕失去工作，不少工会又组织了罢工，这样一来，劳资关系就更加紧张了。

一些与松下做生意的公司，也在观望松下如何动作，看松下用什么办法渡过难关。

可是，此时松下幸之助却因病躺在医院里。于是，商界传出许多谣传，说松下已经病倒了，松下公司对渡过难关没有什么办法了。

公司的武久和井植两位高级总裁到医院看望松下。

“松下先生，我们现在很困难，已经拿不出什么办法了。”武久说。

松下问道：“真的就没有什么好办法了吗？”

井植说：“松下先生，办法还是有的，那就是首先把公司的职员减少一半。”

松下躺在床上没有说话，但是看得出来，他的心里早已有办法了。

“我已经决定一个人也不减！”

武久和井植一听，大吃一惊。

松下看出了他们的疑惑，便说：“如果我们减人，别人就看出了我们的困难。他们就会趁机和我们讲条件，如果我们不减人，则向外界表明，我们是有实力的，也是十分自信的，别人就不敢小看我们，不敢和我们竞争。”

“松下先生，不减人当然好了，可是总要有个办法呀！”

“办法我也已经想好了，那就是改为半天上班，工资按以前发全天的。”

“这个办法怕是不行吧，这样下去，公司用不了多久，就会成了一个空架子了。”

“哈……哈……”松下笑了，“就这样办吧，你们不要担心，绝对不会像你们想的那样的！”

武久和井植半信半疑地走了。

两人回到总部，集合起全体员工，一级一级地向下传达松下先生的决定。员工们听到这个决定都高声欢呼起来。几乎所有的人，都发誓要尽全力为公司而战，公司上下出现了万众一心、共渡难关的场面。

当外界听到松下公司不减一人，而且只上半天班，发全天工资的做法，顿时感到松下不愧是日本第一大公司，定有灵丹妙药和回天之力，更重要的是，这一决定稳定了军心，人人上阵，全力工作，只用了两个月，松下的产品又全部推销出去了。不但停止了半天工作制，而且还要加班加点才能把大批订货赶出来。

第三十三计　反间计

【原文】

疑中之疑。比之自内，不自失也。

【译文】

在疑局中再设疑局，勾结敌人内部派来的间谍为我所用，可以有效地保全自己，击败敌人。

【按语】

间者，使敌自相疑忌也；反间者，因敌之间而间之也。如燕昭王薨，惠

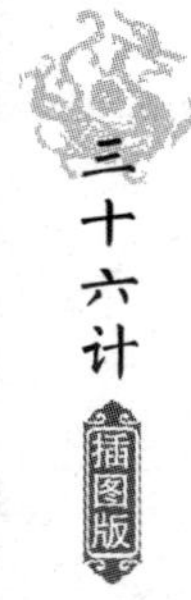

王自为太子时，不快于乐毅。田单乃纵反间曰："乐毅与燕王有隙，畏诛，欲连兵王齐。齐人未附，故且缓攻即墨，以待其事。齐人唯恐他将来，即墨残矣。"惠王闻之，即使骑劫代将，毅遂奔赵。又如周瑜利用曹操间谍，以间其将，亦疑中之疑之局也。

【译文】

所谓间谍，就是使敌人内部互相怀疑和猜忌的人；所谓反间，就是利用敌人派来的间谍转而离间敌人的计谋。如战国时燕昭王死后，其子惠王在做太子时就和大将乐毅有私仇。齐国大将田单于是乘机用反间计，故意派人到燕国散布谣言说："乐毅与燕惠王有私仇，怕惠王杀他，所以他想联合齐国军队，称王于齐国。只是由于齐人还没有投降他，所以他才不肯马上攻下即墨，目的是等待时机，成就大事。目前齐人最怕燕国改派别的大将取代乐毅，若那样即墨城早就陷落了！"燕惠王听信了谣言，于是就派骑劫为大将，取代了乐毅，乐毅被迫逃往赵国。又如三国时东吴大将周瑜曾利用曹操派来的间谍进行反间活动，使曹操斩杀了大将蔡瑁、张允，同样也是疑局中再设疑局的谋略。

【计谋精解】

反间计，原意是说在疑阵中再布疑阵，使敌内部人员之间产生矛盾，进而互相猜疑和争斗，造成不利的影响和后果，而我方则万无一失。也就是巧妙地利用敌人的间谍反过来为我所用。在战争中，双方使用间谍，非常普遍。《孙子兵法》就特别强调间谍的好处，认为将帅打仗必须事先了解敌方的情况。要准确掌握敌方的情况，"必取于人，知敌之情者也。"这里的"人"，就是间谍。

《孙子兵法》专门有一篇叫《用间篇》，指出有五种间谍：利用敌方乡里的普通人做间谍，叫因间；收买敌方官吏做间谍，叫内间；收买或利用敌方派来的间谍为我所用，叫反间；故意制造和泄露假情况给敌方的间谍，叫死间；派人去敌方侦察，再回来报告情况，叫生间。

唐代杜牧将反间计解释得特别清楚，他说："敌有间来窥我，我必先知之，或厚赂诱之，反为我用；或佯为不觉，示以伪情而纵之，则敌人之间，反为我用也。""反间"是用间的最高境界。在商战中，灵活地运用反间不仅可以节省用间成本，而且可以极为有效地改变竞争对手的行为，从而更为顺利地达到用间的目的。

反间计的含义及我们在使用本计谋时应注意的问题：

（一）收买利诱，为己所用。古人云，“反间者，因其敌间而用之”，意思是说所谓的反间，是诱使敌方间谍为我军所利用，敌人派来的间谍是为了“窃取”我们的情报，是给我们设下疑阵的，我们用敌人设下的疑阵反过来再迷惑敌人，这就是用敌人自己的人来迷惑敌人自己，这是一种“以其人之道，还治其人之身”的谋略。通俗地讲，就是借敌人自己的手来打他自己的脸，自己残害自己。

如何巧妙地利用敌人的间谍呢？这是我们必须注意的问题，因为利用敌人的间谍并非易事，巧妙地利用他们是解决问题的关键。我们要深入了解这些间谍的特点，根据他的喜好，给以好处，或金钱或权位，甚或美女，只要是他爱的我们一一满足，这样，他们就会在利益的诱惑下，忘记自己原来的立场，转而站到对自己有利的一边，为我所用。

（二）挑拨敌人，使其力量分散，转强为弱。《孙子兵法 · 虚实篇》中说：“我专为一，敌分为十，是以十攻其一也，则我众而敌寡；能以众击寡者，则吾之所与战者约矣。”意思是我军兵力集中在一处，敌人兵力分散在十处，这就是用十倍于敌的兵力去攻击敌人，这样我军就占了优势，敌人就转为劣势。能够集中优势兵力攻击处在劣势分散的敌人，那么同我军当面作战的敌人就少得多了。这里十分具体地阐述了分散敌力的重要意义。

怎样才能将敌人的力量彻底分散呢？这也是我们运用此计谋时应注意的问题。解决此问题行之有效的办法就是分化离间。所谓“分化离间”就是从心理上，即从根本上把敌人分散开来，这时无论是哪部分遇到危难，其他部分都只能袖手旁观，甚至幸灾乐祸。这样一来敌人的实力无论多么强大，都会因其内部分崩离析而最终失败。

如果敌人采用反间计，我们应采取以下防范措施：

（一）在选择间谍时要慎重，在使用间谍时要反复审查，及时发现疑点及时淘汰出局。凡我们派出的间谍，要进行全面审查，不但要求其具有做间谍的基本能力，更要有坚定的立场。要“威武不能屈，富贵不能淫”，要能

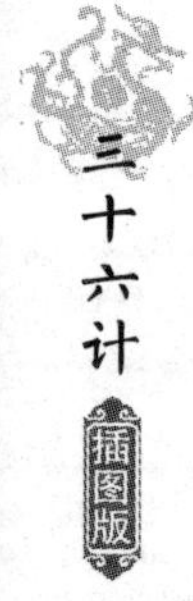

经得住各种考验。我们除了派出之时对其要考察，也要在以后的活动中反复进行考察，发现疑点要对其审问，甚至淘汰出局。只有这样，才能防止自己人残害自己的悲剧发生。

（二）为防情报泄露，将间谍“蒙在鼓里”，不让其知道信息，以防被敌人利用。古人云：“三军之事，莫亲于间”，意思是在军队的交往关系中，没有比对间谍更亲密的了，但这并不等于说什么样的信息都应该让他知道。必要的时候还要“愚士卒之耳目，使之无知”，借此来防万一。凡属重要信息，特别是关键时刻的重要信息，绝对不能随便泄露出去，对所有的无关人员都要严加封锁，特别是有可能接触对方人员的间谍更要严加保密。

（三）多方印证，多处考究，以证实所获情报的真实性及防止间谍被收买利用。我们可以多方位地派出若干间谍，让他们从不同的侧面获取情报，这样我们不但可以得到主体的信息，同时各方面的信息也可互相印证，一旦有人叛变，我们马上就可以发现，有虚假的情报我们马上就可核实，一个间谍出了问题，其余的就可立即补空缺。需要引起注意的是，尽管我们派出的间谍不被收买，他所获取的情报也不一定就是很可靠的。因为敌人很有可能已发现我方的间谍，但其假装不知，故意向我们的间谍透露虚假的情报，我们要对获取的情报反复推敲考究，并作出准确的判断，以防上当受骗。

智慧典例　政治谋略

岳飞用反间计除敌

南宋时期，金兀术与刘豫一起包围庐州。刘豫原是南宋将领，后来投降了金国。

南宋抗金将领岳飞，得知金兀术妒忌刘豫，决定借此用反间计除掉刘豫。

当时，军中恰好捉住了金兀术的一个密探，岳飞决定借这位密探实施反间计。他命人把那位密探带上大堂，没有对其用刑，而是假装认错了人。责备那密探说：“你不就是我军派到刘豫那里去的王斌吗？当时让你约定刘豫用计诱捉金兀术，你怎么迟迟不见回来？我后来又派人到刘豫那里去探问情况，刘豫已经答应以与金兀术共同进犯长江为诱饵，在清河将其活捉。你竟然一去没有消息，到现在却被人抓了回来，是何居心？还不快快从实招来！”

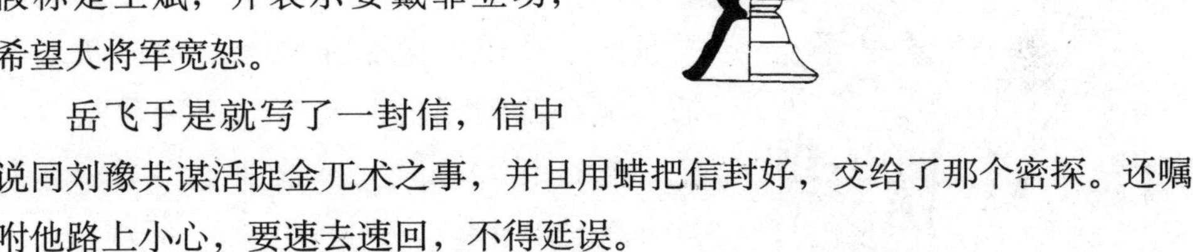

那密探听了岳飞这一番话，如坠云里雾中，但他为了求生，慌忙假称是王斌，并表示要戴罪立功，希望大将军宽恕。

岳飞于是就写了一封信，信中说同刘豫共谋活捉金兀术之事，并且用蜡把信封好，交给了那个密探。还嘱咐他路上小心，要速去速回，不得延误。

那密探回去后立即把信交给了金兀术，金兀术看后不禁大吃一惊，火速报告金主，废掉了刘豫。

岳飞不费自己的一兵一卒，就除掉了金兀术的得力帮手刘豫，手段实在高妙，这不仅节省了作战的成本，而且也为打败金兀术扫清了障碍。

种世衡巧用反间计除两害

北宋时，元昊在西北建立党项族的国家——西夏。元昊心腹大将野利旺荣和野利遇乞兄弟经常率兵侵扰宋地。宋将种世衡一心要除掉这两个祸害。这时，野利旺荣派浪埋、赏乞、媚娘三人向种世衡诈降。种世衡知道这三个人的真实意图后，认为与其杀掉他们，不如利用他们来行反间计。于是，他佯装不知，委派他们以官职，表面上十分重视，暗地里却派人对他们严加监视。

一天，种世衡对好友王嵩说：“我想派你去西夏行反间计，你能胜任吗？”王嵩欣然应允，表示决不辜负这份信任。种世衡给野利旺荣写了一封信，信中写道：“旺荣大王，你派来的浪埋、赏乞、媚娘三人，我已给他们

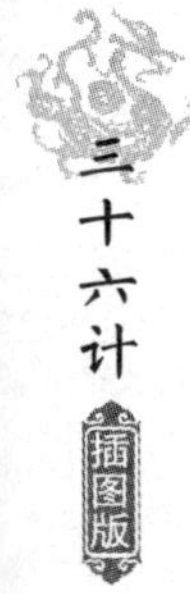

安排了官职。朝廷知道你有心归宋，已任命你为夏州节度使。你赶快行动吧！”种世衡让王嵩把这封信带给野利旺荣，并同时带去一幅乌龟与枣同席的画。

野利旺荣见到信大吃一惊，问王嵩这幅画是什么含义。王嵩说：“这幅画是早（枣）归（龟）来的意思。大王若想归来就该尽早行动。”野利旺荣冷笑道：“种世衡把我当成小孩子吗？拿这种把戏来对付我。”为表诚心，野利旺荣把王嵩带到元昊处。元昊看完信、画之后，下令把王嵩推出斩首。王嵩并不慌张，反而大笑说：“人人都说夏王多疑，我以前不相信，现在看来此话不假。野利大王如果不先派人前去投降，种使君怎么无缘无故地派我来送信？现在我朝已任命野利大王为夏州节度使，而野利大王又突然改变了主意，你们夏人真是多诈！”

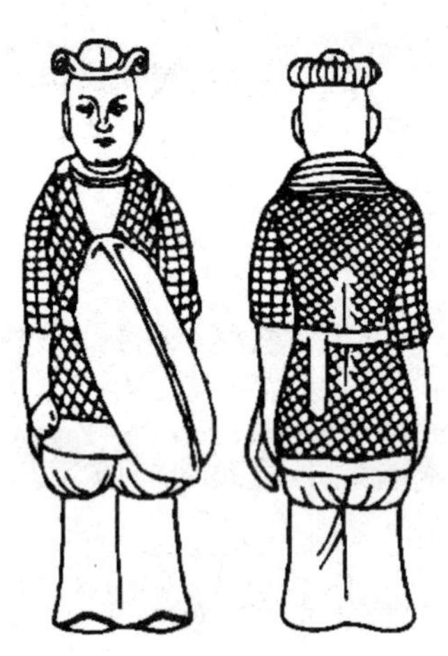

元昊不知野利旺荣派人去诈降的事，听了王嵩的话，对野利旺荣产生了怀疑。为验证自己的猜测，元昊派亲信冒充野利旺荣的人会见种世衡。种世衡通过西夏俘虏，得知了来人的真实身份，便像以往对野利旺荣的人一样热情款待元昊派来的亲信，还约定了野利旺荣投降的日期。那人回去后据实汇报，元昊大怒，杀了野利旺荣。

种世衡为让元昊再杀野利遇乞，命人在西夏边境设立祭坛，在木板上刻下如下内容的祭文：野利旺荣和野利遇乞有意归顺本朝，不想大事未成，刚浪陵大王遇害身死，在此设立祭坛悼念。

看见西夏人来了，种世衡手下的士兵慌忙点燃纸钱和木板，仓皇而去。木板上的字不会很快烧掉，西夏人拿回去交给元昊，元昊看后信以为真，把野利遇乞也杀了。

姜维识破诈降诱敌中伏

姜维听说司马昭杀了曹髦，立了曹奂，便借机第七次出兵征伐中原。大军刚在祁山下寨，便听说敌将王瓘率兵来投降。姜维令军兵阻住降兵，只放降将入帐来见。

王瓘对姜维说："我是魏国吏部尚书王经的侄儿王瓘，我叔父一家因曹髦而受牵连被司马昭杀害。今听说将军又出师伐中原，我要借将军之威，为叔父一家报仇雪恨。"姜维一听，高兴地说："将军来降，我十分高兴，昔日夏侯霸将军降我，被我军重用，卿也同样。现在我军中粮草转运是件大事，你可率本部军马三千人，去川口把几千车粮草运到祁山寨中。我用你两千军马做向导，去攻邓艾营寨。"王瓘本来是行诈降计的，知道姜维借魏朝中有变，来伐中原。王瓘便投其所好，诈称自己是王经的侄子，来投降姜维，企图使姜维像信任夏侯霸那样信任自己。现在见姜维这样安排，不答应吧，恐怕姜维会产生疑心。答应吧，带来的五千军兵一下子就分出去近一半。但为了大计只好假装痛快地答应了。

王瓘出营后，夏侯霸入帐对姜维说："我听说魏将王瓘来投降，将军怎么能信任他的话呢？我在朝中多年，未听说过王经有这样一个侄子，其中必然有诈。"姜维大笑说："我已经看出其中有诈了。司马昭的奸诈不亚于曹操。他既然在朝中杀了王经一家，怎么会让王经的亲侄子在边关统兵呢？我所以允许他投降，是要将计就计而行，你未见我已把他的兵势分开了吗？"夏侯霸知道姜维有了防备，便放心出营去。

姜维在王瓘率兵走后，派军兵在途中布暗哨设伏，切断王瓘与邓艾之间的联系。果然不到十天，巡哨的军兵捉到王瓘派往邓艾大寨的信使。姜维见王瓘在书中约邓艾八月二十日运粮到魏营。请他在坛山谷中接应。姜维把情况盘问仔细后，杀了信使。把书中八月二十日改为八月十五日，另派人扮成魏军把书信送给邓艾，同时做好在坛山谷伏击邓艾的准备。

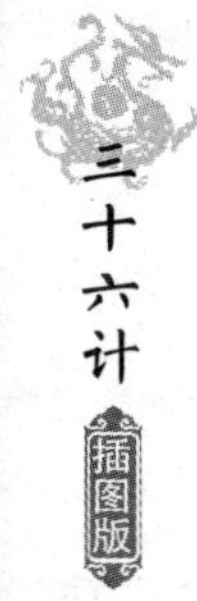

邓艾得到王瓘的书信后，仔细盘问了信使，见信无伪。便如期率五万精兵向坛山谷中进发。到了谷口，邓艾登山一看，果然远远看见有千余辆粮车，慢慢而来。邓艾见天色已晚，未敢贸然率兵入谷，便在谷口安营，准备在谷口处接应王瓘。

姜维见邓艾不率兵入谷，便又遣人扮作魏兵向邓艾报告说："现在粮车已经过界，被后面蜀军发现，正在追赶，王将军请邓将军速去接应。"邓艾听后，正犹豫不决，这时却听到谷中鼓声阵阵，杀声隐约传来。他以为这必是王瓘与后面追兵在厮杀，于是率军入谷去接应。

当邓艾深入谷中后，谷口顿时被截断，谷内草车瞬间燃起，伏兵一齐杀出，邓艾听到蜀军内大喊"捉住邓艾的可封万户侯"的悬赏令后，忙弃马丢盔，混在步兵中，爬山而逃，其余数万军马皆降。

这时王瓘在川口还等着准备二十日举事呢，突然闻讯邓艾中计大败的消息，已知诈降行径败露，于是趁夜烧了蜀军粮草，见无路可走，便率兵向汉中方向杀去。

姜维正要继续搜寻邓艾，却听说王瓘见势不妙，往汉中杀去了。姜维怕汉中有失，立即率兵抄小路截阻王瓘。王瓘见四面受敌，无路可逃，跳江自尽了。

韩世忠有意透露假情报

南宋初期，面对兵强马壮、屡屡进犯中原的金兵，宋高宗一味乞和，不敢抵抗。但主战的宋国将领宗泽、岳飞、韩世忠等坚持保家卫国、抗击金兵，使金兵不敢轻易南下。

公元1134年，韩世忠镇守扬州。南宋朝廷派魏良臣、王绘等去金营议和。扬州是北上的必经之地，魏、王二人是南宋朝廷中的投降派，为防止他们将扬州的军情向金人泄露，韩世忠将军决定将计就计，利用他们向敌人透露一些假情报。

当魏良臣、王绘途经扬州时，韩世忠故意派出一支部队向东进发，并告诉他们说是开去防守江口的先头部队。魏、王二人进城后，一再有流星庚牌送到。韩世忠故意让二人看，原来是朝廷催促韩世忠马上移营守江。次日，二人离开扬州，前往金营。为了讨好金军，他们一见金将聂呼贝勒，便将韩世忠将率部移营守江的机密全盘托出。聂呼贝勒求功心切，认为这是天赐良机，扬州城内空虚，正好夺取。于是他立即调兵遣将，亲自率精兵向扬州挺进。

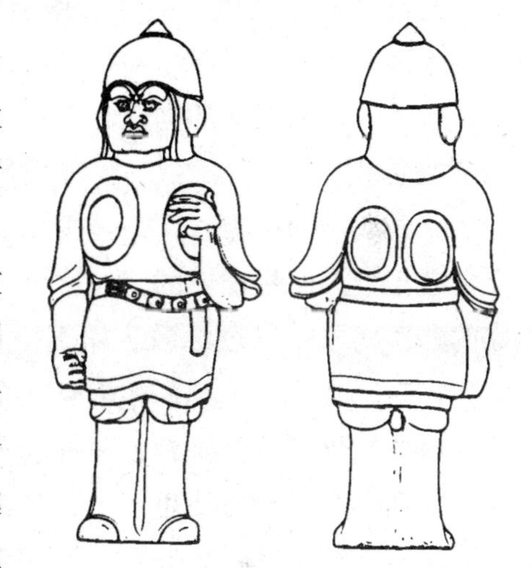

却说韩世忠送走魏良臣和王绘后，迅速调回派出的部队，在扬州北面的大仪镇多处设伏，只等金兵一到，就进行围歼。

远远望见金军后，韩世忠先率少数兵士迎战，边战边退，等进入伏击圈后，只听一声炮响，宋军伏兵四起，杀声震天，金军顿时陷入混乱，四下里夺路而逃。结果金兵先锋被擒，主帅逃窜，全军被歼。金兵主帅金兀术闻听此事后大怒，将送假情报的魏、王二人囚禁。这二人卖国求荣，只落得个搬起石头砸自己的脚，实属罪有应得。

商战谋略

韩都衣舍以“买手制”赢客户

反间计在古代的政治和军事中，是运用得极多的。在现代商业领域，反间计也在看不见的硝烟中不断上演。把自己人安排到对手企业中，或者收买对手企业中的关键人物，使其为己方提供技术情报，这是反间计在商战中的最直接运用。但是，这个意义上的运用，往往以践踏道德为前提，甚至触犯法律底线，是不光彩的。

聪明的企业就会从正面意义上去运用反间计，比如巧妙地“笼络”用户

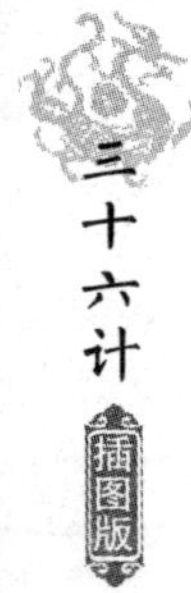

中的部分代表为我所用，并以部分代表的示范作用带动其他更多的用户成为产品或项目的忠诚客户。在这一点上，韩都衣舍集团的做法无疑是很具有代表性的。

韩都衣舍集团是一家致力于为都市时尚人群提供高品质流行服饰的企业，主营的是韩版女装，它凭借“款式多，更新快，性价比高”的产品理念深得消费者的喜爱和信赖。

在最开始进入电子商务做服装业的时候，韩都衣舍像其他初创品牌一样，也面临着没有订单、不知道如何选款、如何迎合客户个性化需求等难题。后来，韩都衣舍的创立者之一赵迎光发现，在淘宝网上，韩版女装的代购卖家众多，但同样款式、同样图片的服装价格从几十元到几百元不等，这让买家无从辨别优劣。而一旦买家从某个淘宝店家有过不错的购物体验，便会常来光顾。但是遗憾的是，这个淘宝卖家的产品更新不够快，不能满足买家的购买需求，这就导致买家不得不再去“冒险”，尝试其他卖家的产品和服务。赵迎光于是想到，如果有这么一家店，它能让买家每次去光顾时都能见到新款推出，总能挑到合适的衣服，并且能让产品品质和服务品质有好的保障，那么买家就可能忠实于这个店铺。

正是在这一想法的促动下，韩都衣舍创造性地建立了“买手制”模式。“买手”一词源于英文“Fashion Buyer”，即时尚采购员或者选款师。自2009年起，韩都衣舍开始组建买手小组，每个小组有5个成员，包括选款师、选款助理、文案制作员、订单库管员和文员。买手小组的作用是：负责跟踪诸多韩国品牌的产品动态，从中选出他们认为款式不错的产品，然后进行样衣采购、试销，再根据试销情况在中国找工厂量产。买手代表的是具有与买手特征相似的那一群人，经过买手挑选出来的款式，在很大程度上能够获得与买手有相似心理的那一群人的喜欢。由于买手队伍庞大，且每个买手小组每天要看上千款衣服，韩都衣舍的款式就非常多，每天都能推出几十个新款，并且产品品质和服务品质都有基本的保障。

韩都衣舍的买手小组具有很大的自主性，在企划部的协调下，由买手小组自主选款、自主下单生产、自主上架、自主选择促销时机。在激励机制上，韩都衣舍根据各个买手小组的毛利润以及库存周转率计算提成。因此，韩都衣舍的衣服尽管每一个单品的销售都不是很多，但因为买手队伍庞大，销售成绩非常好，库存压力很小。

韩都衣舍的做法是典型的“策反”用户的案例。通过用户中具有代表意义的人辅助选择款式、定价等，从而达到迎合这类型客户的目的，进一步实现了高流转的销售交易，这正是韩都衣舍将兵法与商业结合的高妙之处。

第三十四计　苦肉计

【原文】

人不自害，受害必真。假真真假，间以得行。童蒙之吉，顺以巽也。

【译文】

人一般不会故意伤害自己，如果遭受伤害必然会被认为是真的受到了别人的伤害。若能以假乱真并使敌方深信不疑，那么离间计就可得以施行了。这是从《周易·蒙卦·彖传》“童蒙之吉，顺以巽也”一语中领悟出的道理。

【按语】

间者，使敌人相疑也；反间者，因敌人之疑，而实其疑也。苦肉计者，盖假作自间以间人也。凡遣与己有隙者以诱敌人，约为响应，或约为共力者，皆苦肉计之类也。如郑武公伐胡，而先以女妻胡君，并戮关其思；韩信下齐而郦生遭烹。

【译文】

用间，就是利用矛盾，使敌人内部互相猜疑；反间，就是利用敌人的猜疑心理，以假乱真，造成他真正怀疑自己；苦肉计，就是装作自己内部有矛盾，骗取敌人的信任，打入敌方内部离间敌人，或乘机进行间谍活动。凡是派遣与自己内部有矛盾的人去取信、诱骗敌人，约定里应外合，

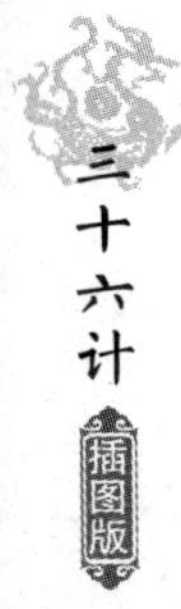

或约定协作行动的，都属于苦肉计一类。像春秋时期，郑武公想征伐胡国，先把女儿嫁给胡君，又杀了主张征伐的大臣关其思。胡国对郑武公毫无戒心。郑国因此灭了胡国。汉朝时，刘邦派郦食其去劝齐王降汉，使齐王松懈了战备，韩信乘机攻齐，齐王因而烹杀了郦食其。

【计谋精解】

苦肉计是用自我残害的办法取信于敌，以便对敌人施行间谍活动的一种谋略。“人不自害”是人们的一种心理定式。苦肉计就是利用这一心理定式，造成受迫害的假象，“自害”是真，“他害”是假，以真乱假。己方要造成内部矛盾激化的假象，再派人装作受到迫害，借机钻到敌人心脏中去进行间谍活动。

施行苦肉计一定要慎重，自我伤害是非常痛苦的事情，成功率较低，如果敌人是铁石心肠或者多谋善断，就不易上钩。即使成功了，胜利果实中也包含着自己的血泪，付出的代价太惨重，而且它的危险性很大，一旦此计被识破，不但要白白忍受自我伤害之苦，而且连性命也可能保不住，落了个弄巧成拙的可悲结局。这是一个非常危险的计策，一般不提倡使用。

此计可以理解为以下含义：

（一）自我残害以骗取敌人的信任。人都不会伤害自己，当血淋淋的事实摆在敌人面前的时候，他怎么也不会想到，这是骗取信任的伎俩。谁会舍得拿自己的身体开玩笑呢？这是人自爱的本性使然。

（二）利用对方的同情心骗取信任。人是情感动物，敌人也是人，也有情感，有同情心。我们如果把自己伤害得非常痛苦和可怜，就会博得对方的同情，这是情理之中的事，正所谓“恻隐之心，人皆有之”。

（三）运用离间计，将敌人彻底击毁。这是苦肉计的第二步，即骗取信任成功后实施的第二步，打入敌人内部后暗中进行离间分化活动，达到出奇制胜的目的，这是实施苦肉计的关键一环。

（四）自我残害以加害于人。偷偷伤害自己，然后嫁祸于人，使人蒙辱或受到惩罚，甚至置人于死地，以达到自己的目的。这是一种卑鄙的阴谋，一般用于权位相争者之间。

当敌人运用苦肉计时，要采取如下措施加以应对：

（一）莫做第二个“东郭先生”。东郭先生和狼的故事妇孺皆知，讲的是一只狼落难了，它可怜兮兮地向东郭先生求救，好心的先生救了它，狼脱离危险后，把自己的救命恩人吃掉了。这个故事告诉我们，在施与同情和怜悯时，一定要看准对象，不可盲目施之以怜悯。不要说对方是要通过自害来欺骗我们，就是真的受到些迫害，我们也应有防备，在一般情况下，我们一时很难分辨真假，此时，宁可把真当成假，也绝不把假当成真，而错施怜悯。东郭先生的可悲结局不能在我们身上重演。这是对付敌人苦肉计最直截了当的办法。

（二）要进行全面分析以辨别真伪。敌人在运用此计谋时常常会打着投降的幌子，来蒙骗我们，这时我们一定要小心警惕，以防上当受骗。对那些以受迫害为名前来投降的人，我们要进行全面的分析，看其是真降还是诈降，经过反复的分析判断后，方可确定敌人的真实意图。

（三）对于降敌我们只可利用不可重用。对投降过来的人，如果对其真假一时把握不准，而其又有利用价值的时候，那么我们对他只可利用而不可重用。利用他为我们服务，这样可以变害为利，使敌人反为我所用，对投降过来的人，不予重用，则可使其很难找到可乘之机，其苦肉计无法得以实施，白流了血，白受了罪，白费了心机，最后只得落个“竹篮打水一场空”。这是对付敌人苦肉计最有效的办法。

智慧典例

政治谋略

武则天扼死亲生女

武则天 14 岁时被唐太宗召入宫中，立为才人。唐太宗死后，武则天被迫削发为尼。不日，唐高宗在寺中见到她，为她的美貌吸引，又把她召入宫中，拜为昭仪。武则天想扳倒皇后，自己取而代之。她暗中搜集皇后的“黑材料”，待时机成熟时，施行了一条苦肉计。

当时武则天有个女儿，尚在襁褓之中。高宗和皇后都很喜欢这个孩子，

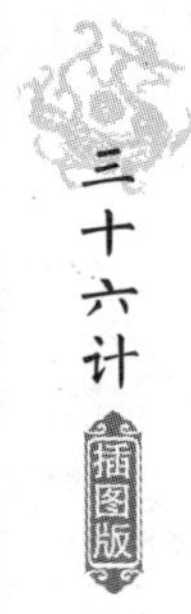

常来探望。一次，皇后又来看孩子。武则天借故走开，皇后独自一人逗孩子，玩了一会儿就离开了。皇后一走，武则天马上回来，偷偷地将自己的亲生女儿扼死，再用被子原样盖上。恰巧这时高宗来看孩子，武则天说说笑笑地把高宗迎了进来。她掀起被子，突然大叫大喊，痛哭起来。高宗上前一看，小公主已手足冰凉。高宗龙颜大怒，把太监、宫女叫来询问刚才有谁来过，大家都说只有皇后来看过孩子。悲痛欲绝的武则天趁势把平时搜集到的皇后过失一一向高宗陈诉，高宗从此有了废黜皇后的打算。永徽六年(655)，武则天终于以杀死亲生女儿为代价，当上了皇后。因高宗多病，她长期把持朝政，直到后来废唐立周。

要离断臂助君王

春秋时期，阖闾杀了吴王僚，夺得王位。他十分惧怕吴王僚的儿子庆忌为父报仇。庆忌正在卫国扩大势力，准备攻打吴国，夺取王位。

阖闾整日提心吊胆，要大臣伍子胥替他设法除掉庆忌。伍子胥向阖闾推荐了一个智勇双全的勇士，名叫要离。阖闾见要离矮小瘦弱，说道：“庆忌人高马大，勇力过人，如何杀得了他？”要离说：“刺杀庆忌，要靠智不靠力。只要能接近他，事情就好办。”阖闾说：“庆忌对吴国防范最严，怎么能够接近他呢？”要离说：“只要大王砍断我的右臂，杀掉我的妻子，我就能取信于庆忌。”阖闾不肯答应。要离说：“为国亡家，为主残身，我心甘情愿。”

吴都忽然流言四起：“阖闾弑君篡位，是无道昏君。”吴王下令追查，原来流言是要离散布的。阖闾下令捉了要离和他的妻子，要离当面大骂昏君。阖闾假借追查同谋，未杀要离，只是斩断了他的右臂，把他夫妻二人关进监狱。

几天后，伍子胥让狱卒放松看管，让要离乘机逃出。阖闾听说要离逃跑，就杀了他的妻子。

这件事不久传遍吴国，邻近的国家也都知道了。要离逃到卫国，求见庆忌，要求庆忌为他报断臂杀妻之仇，庆忌接纳了他。

要离果然接近了庆忌，他劝说庆忌伐吴。要离成了庆忌的贴身亲信。庆忌乘船向吴国进发，要离乘庆忌没有防备，从背后用矛尽力刺去，刺穿了庆忌的胸膛。庆忌的卫士要捉拿要离。庆忌说："敢杀我的也是个勇士，放他走吧！"庆忌因失血过多而死。

要离完成了刺杀庆忌的任务，家毁身残，也自刎而死。

军事谋略

周、黄导演"苦肉计"大败曹军

诸葛亮草船借箭后，又不谋而合地与周瑜一起提出了火攻曹操水旱大营的作战方案。恰在此时，已投降曹操的荆州将领蔡和、蔡中兄弟，受曹操的派遣，来到周瑜大营诈降。心如明镜的周瑜装聋卖傻，将计就计，接待了二蔡。一天夜里，周瑜正在帐内静思，黄盖潜入帐中来见，也提出火攻曹军的作战方案。周瑜告诉黄盖：他正准备利用前来诈降的蔡中、蔡和为曹操通报消息的机会，对曹操实行诈降计。并说：要使曹操堕于诈降计，必须有人受些皮肉之苦。黄盖当即表示：为报答孙氏厚恩和江东的事业，甘愿先受重刑，而后再向曹操诈降。

第二天，周瑜召集诸将于大帐之中，他命令诸将各领取 3 个月的粮草，分头做好破曹的作战准备。黄盖打断周瑜的话茬，抢先说："不要说 3 个月，就是支用 30 个月的粮草，也无济于事。如果这个月内能打败曹操，那再好不过了；如一月之内不能击溃他，倒不如依了张子布的主意，干脆束手投降。"周瑜听到这种灭自家威风、长他人志气、动摇军心的投降论调后，勃然大怒，喝令左右将黄盖推出帐

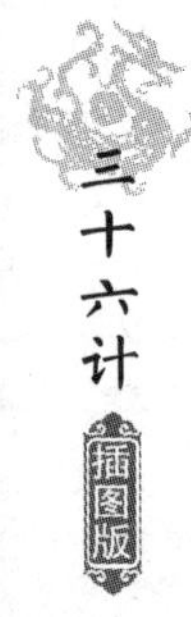

外，斩首示众。黄盖也不示弱，他以江东旧臣的资格倚老卖老，根本就没把周瑜放在眼里。这就越发使周瑜怒不可遏，他立命从速斩决。周、黄矛盾的升级使诸将惶恐不安。大将甘宁以黄盖乃东吴旧臣为由，替黄盖求情，被一阵乱棒打出大帐。众文武一见大都督火冲脑门，唯恐老将黄盖死在眼前，就一齐跪下，苦苦为黄盖讨饶。看在众人的面子，周瑜这才松了口，将立即斩决改为重打 100 脊杖。众文武还觉得杖罚过重，仍苦求周瑜抬手。周瑜此次寸步不让，他掀翻案桌，斥退众官，喝令速速行杖。行刑的士兵把黄盖掀翻在地，剥光衣服，狠狠地打了 50 脊杖。众官员见状再次苦苦求免，周瑜这才恨声不绝地退入帐中。周瑜和黄盖导演的双簧苦肉计，几乎瞒过了所有的文武官员。

这 50 军棍将黄盖打得也真够惨的，他皮开肉绽，鲜血迸流，一连昏死几次。其他将领来探视时，黄盖守口如瓶，只是长吁短叹，似乎有许多难言之隐。当他的密友阚泽抱着怀疑的态度前来视疾时，黄盖才道出了实情，并转请素有忠义和胆识的阚泽替他潜去曹营代献诈降书信。富有阅历、老谋深算的曹操，面对潜至的阚泽和诈降书，将信将疑。但阚泽也绝非等闲之辈，他既具胆识，又能言善辩，最终使曹操不得不信。恰在此时，已混入周瑜帐下的蔡中、蔡和两人也遣人送来了周瑜怒杖黄盖的密报。阚泽离开曹营回去之后，又使人给曹操带去了密信，进一步约定了黄盖来降时的暗号和标识。这期间，蔡和、蔡中也从江南岸为曹操暗通消息。这一切，做得天衣无缝，更使曹操对黄盖“投降”一事深信不疑。

曹操水军多由北方人组成，他们不适应水上生活，不少人因颠簸晕船而染上疾病。另外，周瑜等虽然确定了火烧战船的作战方案，但曹操水军战船各自独立，一船着火，他船尚可以迅速离去。为了为火攻创造更有利的条件，周瑜又巧妙地让庞统潜至曹营，为曹操献上了将战船拴到一起的“连环计”。这样一来，曹操的战船或 30 艘一队，或 50 艘一组，都用铁锁连到了一起，并在船上铺了木板，士卒战马往来如履平地。晕船的问题解决了，不仅士卒为之欢呼雀跃，就连久经战阵、深明兵法的曹操，面对稳如泰山的船阵，也自以为得计。

建安十三年（208）十一月二十日，孙刘联军方面已作好大战前的准备与部署。诸葛亮设坛祭风三日，是夜将近三更时分，果然东南风渐起，并越来越急。黄盖也将准备好的 20 只大船，装满芦苇和干柴，浇上鱼油，铺好引火用的硫黄、焰硝等物，然后用青布油单遮盖好，船头还钉满大钉，船上又树起诈降的联络标识“青龙牙旗”。每条大船后面各系着一条行动便捷的小船“走舸”。黄盖还特派小卒持书与曹操约定当晚来降。周瑜也安排好接应黄盖的船只和进攻的后续队伍。

江北的曹操，正在大寨中与诸将等待消息时，黄盖的密信送到。信中称：因周瑜关防甚严，黄盖一时无计脱身。巧遇鄱阳湖运粮船队到寨，周瑜遂命黄盖巡逻，这才有了出营的机会。于是，定于当晚二更来降，插着青龙牙旗的船队就是来降的粮船。曹操见书大喜，与诸将来到水寨的大船之上，专等黄盖的到来。

黄盖座船的大旗上，写着“先锋黄盖”四个大字。他指挥着诈降的船队，趁着呼呼的东南风向北岸疾进如飞。当曹操看到黄盖的船队远远驶来时，高兴异常，认为这是老天保佑他成功。但曹操的部下程昱却看出了破绽，他认为满载军粮的船只不会如此轻捷，恐怕其中有诈。曹操一听有所醒悟，立即遣将驱船前往，命令黄盖来船于江心抛锚，不准靠近水寨。但为时已晚。此时，诈降的船队离曹军水寨只有二里水面，黄盖大刀一挥，前面的船只一齐放火。各船的柴草、鱼油立即燃烧起来，火乘风威，风助火势，船如箭发，冲入曹操水寨。曹军战船一时俱燃，因各船已被铁锁连在一起，所以水寨顿时成为一片火海。大火又迅速地延及北岸的曹军大营。危急中，曹操在张辽等十数人护卫下，狼狈换船逃奔北岸。孙刘的各路大军乘胜同时并进，曹军被火焚水溺、着枪中箭而死的不可胜数，曹操本人也落荒而逃。周瑜、黄盖的“苦肉计”、“诈降计”，至此取得重大成果，它是孙刘联军取得赤壁大战胜利的重要计谋之一。

王永庆巧用苦肉计

1983 年，世界前 50 名企业家的排名榜上，第一次出现了一个华人企业家的名字：台湾塑胶集团企业董事长王永庆。

20 世纪 50 年代，台湾亟须发展纺织、水泥、塑胶工业。当时在化学工业方面基础很强的是企业家何义。台湾省政府请他出面建立台湾的塑胶工业，何义一开始满口答应，当他到国外考察一番之后，决定不再投资。他认为台湾生产的塑胶产品与日本产品竞争，只有死路一条。

这时，还是一个小商人的王永庆决定投资塑胶。有一位老化学家听说后，说："他连什么是塑胶都没有弄明白就想办工厂，肯定是要赔本的。"王永庆的朋友也认为他是昏了头，异想天开。但是，这一下子更坚定了他的信心。他在 1954 年筹借了 50 万美金，与赵廷箴合作开办了第一家工厂。三年之后开始生产，月产 100 吨，可台湾只能销 20 吨，同时还有物美价廉的日本产品的竞争，他的产品全都堆到了仓库里。

许多股东见状，以为真如当初别人所说，这是死路一条了，于是，纷纷退股，王永庆一下子被逼上了绝路。

当时的出路只有一条，那就是减少生产，或者是改变品种。可王永庆却反其道而行之，进一步扩大生产。他变卖了自己所有的家产，全都投到塑胶生产上来了。这是一条大胆的苦肉计，如果失败，那就会一贫如洗。

王永庆下了很大的功夫，要靠提高产量来压低成本和价格，但是没有成功。由于技术落后，出口十分困难。为了解决这个问题。他找到了一个外国工程师，白送给他一个厂子，请他帮助解决技术问题，这又是一条苦肉计，正如俗话所说，舍不得孩子套不住狼。

经过一连串的努力，台湾市场的形势开始有了好转。

到了第二年，王永庆进一步扩大生产，他成立了自己的加工厂，从而建立了塑胶原料和加工相连贯的生产线。另外，产品也开始进入了海外市场，一步一步地压过了日本的产品。

王永庆知难而上，克服了重重困难，使他经营的塑胶事业，不但起死回生，而且有了长足的发展。从 1956 年年产 1200 吨开始，发展到现在年产 100 万吨，增长了 800 倍，一跃成为世界上最大的 PVC 塑胶粉粒生产厂家。

台塑目前已经发展成为一个庞大的工业集团，除国内有十几家大公司之外，在美国还经营着几家大小公司，总资本达到了 30.7 亿美元。

到这个时候许多人才明白，当年王永庆敢于走别人不敢走的路，敢于使用苦肉计，不看重小的得失，实在是高明之举啊！可是这一步，也不是常人敢走的。许多比王永庆资金雄厚的人也不敢走这一步，这就充分体现了王永庆过人的胆识。

王永庆冒着巨大的风险向海外发展，与他的民族感情是分不开的。他经常说："办企业就要给中国人争口气，日本人当年欺侮中国人真是太过分了，今天日本人不敢动中国人了，有些地方他们还有点怕了，还要拍拍马屁。那就是因为，我们把企业搞上去了。"

自我残害"以形服人"

1986 年，江苏省射阳县沙发床垫厂生产一种"苏鹤"牌席梦思床垫，初时销售冷落，默默无闻。当年 11 月，厂供销人员把产品运到马鞍山市，铺在大街上，当众用一辆载重 10 吨的卡车碾压，而毫无损伤，顿时名噪全市。

不到半年，"苏鹤"畅销上海、南京、无锡等几十个大中城市。

闻名遐迩的世界名表"西铁城"问世之初并没受到消费者赏识。如何打开这一局面？常用的广告宣传与雄踞世界手表业霸主宝座百年的对手竞争，一时难以奏效，必须用重型炸弹才能攻进这一坚固的城堡。

于是，"西铁城"发出一条令人咂舌的消息：某时将有一架直升机在某地抛下一批手表，谁拾到归谁。

果然，时刻到了。一架直升机飞临好奇而来的人群上空，在百米高处向就近空地上撒下一片"表雨"，人们争奔过去捡表，发现这些"大难不死"的手表居然走动正常，无不为这些表的精良耐用吃惊。

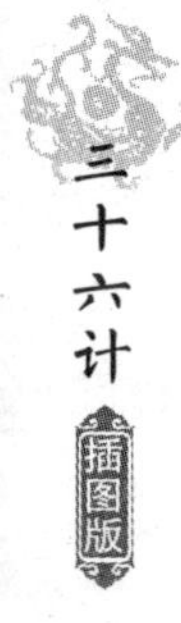

没多久，“西铁城”名声大震，轰动了整个钟表业。

功能性展销是指通过橱窗、柜台及其他方式，将产品运转，给人以性能可靠之感。1979 年，江苏吴县防爆电机厂转产电扇。小厂如何在强手名牌争雄的上海赢得市场和信誉?

厂领导根据消费者关心电机温度高低的心理，将一台电扇摆在上海百货公司商店的柜台上，连续运转，从春到秋共转 171 天。有些顾客路过，还伸手摸摸电机是否发热，并向营业员打听该牌电扇有关情况。因此，“小骆驼”叩开了上海市场大门。

产品本身是最有说服力的广告，用户最信服的是自己亲眼看到的。因而，一种产品能否征服用户，最有效的手段是让产品本身说话。

在以用户为主的市场竞争中，使顾客对产品各种质量指标放心非常重要。为消除购买者种种疑虑，必要时可施展“苦肉计”，以产品受苦为代价，吸引顾客的目光。

对产品当众进行破坏性的实验，这是“苦肉计”在商战中引申的应用，它可以巧妙地赢得顾客的信任，从而产生购买欲望。

第三十五计　连环计

【原文】

将多兵众，不可以敌，使其自累，以杀其势。在师中吉，承天宠也。

【译文】

敌军兵力强大，不可与之死打硬拼，应当想方设法使其自相钳制，借以削弱其战斗力。将帅处于险象时，仍能刚而得中、指挥巧妙得当，用兵就如得天神相助一般。这是从《周易》师卦“在师中吉，承天宠也”一语中领悟出的道理。

【按语】

庞统使曹操战舰勾连，而后纵火焚之，使不得脱。则连环计者，其法在使敌自累，而后图之。盖一计累敌，一计攻敌，两计扣用，以摧强势也。如宋毕再遇尝引敌与战，且前且却，至于数四。视日已晚，乃以香料煮黑豆，布地上。复前搏战，佯败走。敌乘胜追逐。其马已饥，闻豆香，乃就食，鞭之不前。遇率师反攻之，遂大胜。皆连环之计也。

【译文】

庞统怂恿曹操用铁链把大小船只统统连接在一起，然后派人纵火焚烧，使之无法逃散。所谓连环计，就是设法使敌人互相钳制，然后再去进攻敌人的计谋。前一计使敌人自己束缚自己，后一计配合进攻敌人，两计谋一环扣一环，灵活运用，摧毁强敌的势力。例如，宋代抗金将领毕再遇，曾设计引诱敌人来战。他时进时退，如此三番五次地引诱敌人。见天色已晚，就把用香料煮过的黑豆撒在阵地上。又前去与敌人搏斗，不多时，又假装败走。于是敌人乘胜追击，战马又累又饿，嗅到遍地豆子的香味，只顾争着吃，任凭鞭子抽打也不肯往前跑。这时，毕再遇率领大军进行反攻，大获全胜。这也是用的连环计。

【计谋精解】

连环计是一种谋略，主要是让敌方互相拖累，互相钳制，或者通过巧妙的方法使敌人不战自乱，减弱敌人的力量，或乘机进攻，或乘机撤退。

此计的关键是要使敌人“自累”，就是指互相钳制，背上包袱，使其行动不自由。这样，就给围歼敌人创造了良好的条件。

一般地说，连环计不管是两计相扣也好，还是多个计谋相配合，其好处无非有两个：一个是让敌人自相钳制；一个是更有效、更迅猛地攻击敌人。

战场形势复杂多变，对敌作战时，使用计谋，是每个优秀指挥员的本领。而双方指挥员都是有经验的老手，并用一计，往往容易被对方识破。而一计套一计，计计连环，不但能迷惑敌人而且能收到很好的效果。

在使用此计谋时应把握的要点如下：

（一）巧妙地将各环有机地联系起来。连环计的基本特点就是环环计谋的相扣运用，而不是单一的计谋独自使用。单一的计谋往往无法达到预期的目标，运用连环计可以弥补这一缺憾，做到各计谋之间相辅相成，这样可做到一条计策失败，另一条计策马上紧接着实施，一个计谋跟着一个计谋、环环紧扣，不留任何漏洞。

（二）掌握各环的特点使其形成有机的整体。任何奇谋妙计，都需要为其创造出相应的条件，所以计谋要讲究连贯，讲究配套，要有系统性和系列性。切不可胡乱搭配，否则只会形成“驴头不对马嘴”的滑稽下场，甚或以失败告终，根本收不到出奇制胜的效果。

（三）巧使敌人“自累”以耗其力。使敌人“自累”是此计谋的关键，使敌“自累”就是运用计谋，在敌人内部制造矛盾，并扩大或激化他们的矛盾，使其内部发生变乱，在内乱中产生内耗，进而削弱其力量。使敌“自累”对我们而言，有其固有的优点，它不但方便省力而且对敌人的破坏性极强，效果极佳。

（四）以利诱敌，使其无法发挥自身优势。当我们不能在敌人内部制造矛盾使其“自累”时，我们就要根据敌人贪利的心理特点，主动给敌人准备某些利益，使他们被这些利益所引诱，为了捞取利益而干扰和破坏其原来的行动计划；或把这些留而无用，弃而可惜，没有什么大价值的利益背在身上，形成一个难以卸掉的大包袱。这就是“以利累敌”。

当敌人运用连环计时，可以采用如下措施加以应对：

（一）“走为上”，逃离敌人环环相扣的计谋。敌人在使用此计时，我们往往会一时无法察觉而被敌人所施的相互扣用的多个计谋所困扰，难免会陷于应接不暇的被动状态，一旦陷入这种极端被动的局面，我们要及早逃离现场，以“走为上”，保存自己的实力。如果和敌人一味蛮拼蛮干，吃亏的不是敌人而是自己，陷入敌人的连环圈套也就在所难免，因此，见机逃走是保全自己实力的良策。

（二）要搞好内部团结，绝不可“窝里斗”耗费自己的实力。《孙子兵法》中说：世代为仇的吴人和越人，当乘坐同一条船在江心遇到大风大浪的时候，也能像左右手那样互相救援。这不能不给我们一些启示：为了共同的敌人，怀有深仇大恨的人都能联合起来共同对敌，何况我们自家人呢？鹬蚌相争，渔翁得利。我们不能自相残害，而让敌人从中取利。所以在自己内部发生矛盾的时候，不要总是想着非要把对方置之死地而后快，而要看到双方所共同面对的严峻形势，想着互相之间的共同利益。在大敌当前的时候，矛盾的双方谁也不会独自幸存，只有联合起来才能克敌制胜，而不至于被敌人利用，陷入敌人设置的阴谋里无法脱身。

（三）不要贪图小利，抵挡各种诱惑，以防上当受骗，误了战局。敌人使我们“自累”的企图无法得逞时，他们就会换用别的伎俩，比如他们抓住我们贪图小利益的心理加以利诱，如果我们意志薄弱，被一些小恩小惠所诱惑，而见利忘义，同室操戈，就会正中其下怀；或者敌人利用小的恩惠迷惑我们的内心，使我们一时糊涂作出错误的决断，甚或打破我们的行动计划和战局，都将因小失大。为了抵挡敌人的诱惑，我们要严格要求自己，做到“富贵不能淫，威武不能屈”，使敌人的计谋无法顺利实施。

智慧典例　政治谋略

扫除异己，处理酷吏

武则天为了在登上皇帝宝座之前彻底消灭异己力量，除掉潜在威胁，便诏令天下：无论什么人，都可以直接到京城面见皇帝，告发大逆不道的贪官污吏。凡告发属实，则授给官职，即使告发不实，也不予追究。

诏令一下，告密者蜂拥而至，其中有效忠皇帝的，有为了求得一官半职的，有为了借机报仇的……一时积案如山。武则天便选拔一些狡诈残忍之人来处理这些案件，这些视人命如草芥的家伙，凭着武则

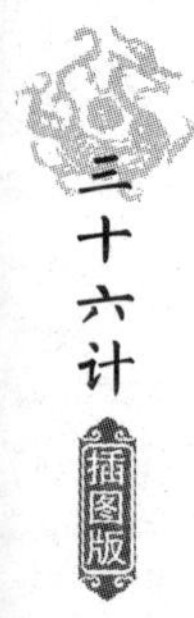

天的权势，把天下搞得血雨腥风，人人自危，武则天也借机扫除了异己力量，十分顺利地当上了女皇。由于告密不实和酷吏肆虐，天下很不安宁。为了安抚民心，稳定政局，武则天又下令限制告密，并利用酷吏之间互相罗列罪名的办法，把他们一个一个地处理掉了。

武则天借酷吏之手，扫除异已，接着又借用酷吏之头来缓和危机。这里连用两计，是两计扣用，这是连环计中的“机巧贵连”，同时武则天利用互相告密的办法来达到互相牵制、互相削弱的目的，又属“使敌自累”的计谋。另外，无论是借用酷吏之手，还是借用酷吏之头，又都属“借刀杀人”之计，所以，这一案例属连环计中两计扣用中套用“借刀杀人”之计。

军事谋略

曹操平定马韩之乱

公元211年，马超、韩遂举兵反叛曹操，杀奔关中重镇潼关。7月，曹操领兵前来平叛。

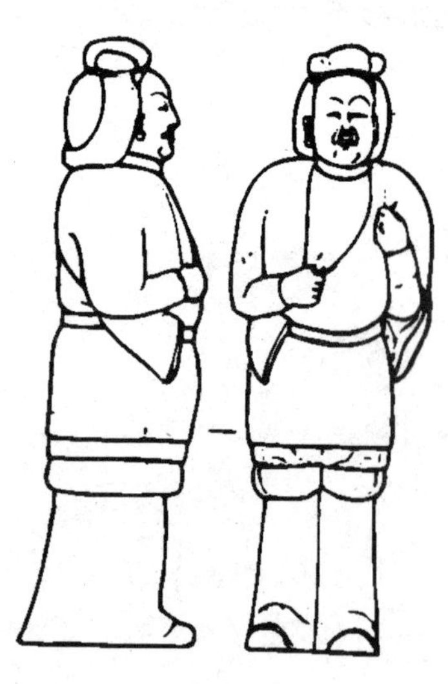

曹操屯兵潼关附近后，做出一副强攻的架势，暗地里派大将徐晃、朱灵趁夜偷渡蒲阪津，在西河扎起营寨。然后，曹操引兵渡河北上，占据渭口，并多设疑兵，把兵力偷偷运过河集结于渭地。在表面上，曹操令士兵挖掘甬道，设置鹿寨，做出防守的样子。马超多次挑战未能成功，又不敢轻易发动进攻，不得不请求割地讲和。曹操听从贾诩之言，假装同意了马超的求和条件。

这时，韩遂求见曹操。韩遂与曹操本是同年孝廉，又曾于京中一起供职。韩遂此行的目的是游说曹操退兵，但曹操与他只言当年旧事，握手欢笑。马超得知后，对韩遂起了疑心。几天后，曹操送给韩遂一封多处涂改的书信，令马超疑心更大了。

就在马超处处防备韩遂时，曹操突然对马超发动大规模进攻，先是轻兵挑战，然后以重兵前后夹击，终于大败马超、韩遂。

战斗胜利后，有人向曹操询问作战意图。曹操说："敌人把守潼关，我若进入河东之地，敌人必然引军把守各个渡口，那样的话我们就无法渡过西河。因此，我先把重兵会集在潼关，吸引敌人全部兵力来守，这样敌人在西河的守备就空虚，徐晃、朱灵得以轻易渡河。我再率军北渡时，因徐晃、朱灵已占据有利地形，敌人便不敢与我争西河了。过河之后挖掘甬道，设置鹿寨，坚守不出，不过是假装示弱，以骄敌人之兵。待敌人求和时，我假意许之，使敌人不做防备。而我军一旦发动进攻，敌人便丢盔卸甲，无力抵抗了。用兵讲究变化，不能死守一道。"

从曹操的这段故事里可知，在平定马、韩之乱中，曹操用了暗度陈仓、反间计、调虎离山计等计谋，曹操不愧是善用连环计的老手。

契丹伏击胜唐军

唐朝武则天登封元年（696），北方少数民族不断骚扰唐朝边境。营州（在今辽宁西部）都督赵文翙刚愎自用，奴役契丹人，逼反了契丹松漠都督李尽忠和归州刺史孙万荣。他们杀死赵文翙，占领了营州。李尽忠自称可汗，以孙万荣为先锋，进攻河北，一时攻城略地，所向披靡，不久便积聚了数万之众。长安的武则天闻听大惊，急令曹仁师、张玄遇等 28 员大将领兵征讨。

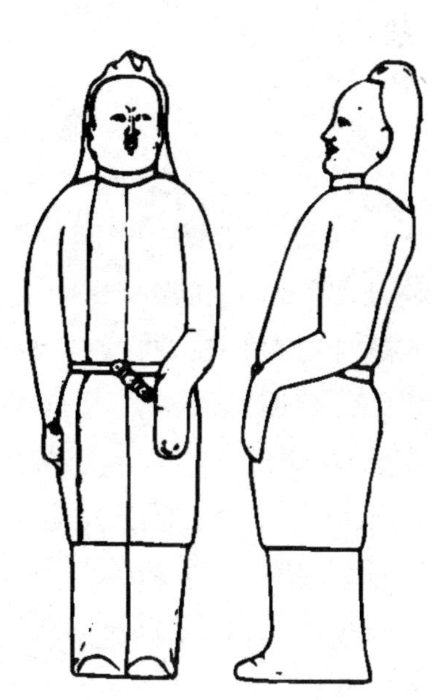

契丹人攻占营州时，俘虏了数百名唐军，把他们囚禁在地牢中。李尽忠听说唐军前来攻打，不由心生一计。他吩咐看守牢狱的士兵当着俘虏的面谈论说："我们的家属饥寒交迫，难以为生，等官兵一到，我们就出城投降。"然后把俘虏放出来，给他们粥喝，对他们说："我们没有东西给你们吃啦，

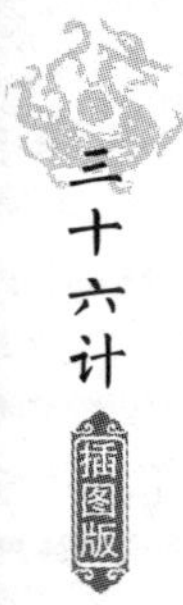

可又不忍心杀死你们，现在放了你们，去自谋生路吧。”

这些唐军俘虏不知是计。他们逃回幽州后，把所见所闻如实地报告了曹仁师。唐军认为契丹人已经草尽粮绝，不堪一击，众将纷纷请求进攻契丹人。曹仁师、张玄遇也认为这正是出击的好时机，于是率领唐军向契丹人发起进攻。唐军杀到黄麞谷时，契丹军故意在路边丢弃了一些老牛瘦马，并派一部分老弱残兵投降唐军。这样，曹仁师更确信契丹人已疲于奔命，毫无斗志。于是，为加速前进，他扔下步兵，率骑兵孤军深入，在硖石谷（今河北卢龙东）陷入契丹人包围。唐军孤立无援，被全歼，曹仁师等人也被俘虏。

契丹人在打扫战场时缴获了曹仁师的帅印，李尽忠想，何不借印诱敌深入，设伏再歼敌军？于是，他给唐军后续部队写信说：“我军已打败贼军，占领了营州，见信火速前来。”然后盖上帅印，派人送给唐军。唐军后续部队收到信后，确信不疑，认为大功将要告成，都想前去争功。于是，一路上顾不上睡觉、吃饭，昼夜兼程。等来到营州时，人马劳顿，疲惫不堪。契丹军乘唐军不备突然从四面将唐军团团包围，迅速全歼。硖石谷一战，契丹人妙计迭出，全歼前来平叛的唐军。

商战谋略

“良愿”旧货店施计抢占商机

“良愿”店铺是美国妇孺皆知的处理旧衣服的地方。这些衣服经过修补整理后就放在满是霉味的旧货店里卖给穷人。然而随着老式陈旧的衣服逐渐时兴，在“良愿”这样的旧货店里买二手货，越来越成为一种时髦的、聪明的做法，因为这些便宜货往往是独一无二的，而且制作工艺要比新货好。

为了使“良愿”商店更兴旺，1983 年得克萨斯州奥斯汀市的一家“良愿”实行一个扩展改建计划，以吸引更多顾客。商店花了半年和 8 万元费用，扩大了两倍。1983 年 5 月明亮崭新的商店已装修就绪，准备开张迎客了。

为了让任何一个具有“节约意识”的顾客——即宁愿多花一点时间或通过以前没有尝试过的途径去寻找便宜货的人——不管其经济地位如何都愿意来买二手货，“良愿”运用了“连环计”。

首先“良愿”组织新开张庆祝活动，这种活动一是为了推出一家面貌一新的商店，还有更重要的是推出一种“节省意识”。不管是“良愿”的经常性（熟客）顾客还是“潜在性”的顾客，有了这种“节约意识”便不管自己经济地位如何，都来买二手货。庆祝活动的主题是“再看一眼”，运用各种宣传品吸引人“再看一眼”并重新审视与调整对买旧货和对“良愿”的态度与看法。

在庆祝活动中组织了由职业模特表演“良愿”服装展卖晚会。来宾的请帖中注明为宾客的身份保密，并为那些羞于在“良愿”旧货店露面的宾客准备黑色太阳镜。

时装表演与“良愿”董事长发言完毕后，来宾可以在店里信步漫游，一边参观和审视商品，一边品尝著名厨师准备好的丰富食品。每一位来宾都有一份海报，海报中醒目地印有“良愿”的“再看一眼”标记，另一面是“良愿”组织领导与行政领导人员的照片与年度工作报告。当晚新打开了现金出纳机，有几位被打动了的来宾有生以来头一次在“良愿”买下了便宜货：一块 20 美元的浪琴女式表、一条 2.5 美元的名牌牛仔裤、一件 15 美元的高级西服。

次日清晨报刊刊出照片与特写，大力赞扬二手货的好处，并详细介绍“良愿”旧货店开张第二天可供选择的便宜货，还组织了当地名人身穿“良愿”服装，进行“超级巨星时装表演”。此时顾客们立即争先恐后把名人所穿的“良愿”时装抢到手，结果不得不在表演现场进行拍卖。

一天之内“良愿”销售额就达历史上最高水平，其他 5 家商店也获得了高额利润。到年底，所有 6 家奥斯汀的“良愿”旧货店比上一年利润增加了 29%，不论老主顾或还是新主顾都来购买二手货，“节省意识”已渗透到各阶层。

立普顿的条条妙招

风行世界的立普顿（Lipton）红茶开山祖师立普顿先生本来是个雇工，在渐有积蓄后，开设了一家小杂货铺贩卖各种食品。因为其专擅各种心理宣传，因此小店铺逐渐建立声誉，立普顿也很快成为食品批发商。

有一年圣诞节前，立普顿先生为使其乳酪畅销，乃依照欧美传统——“圣诞节前后所吃苹果中若含有 6 便士的铜币，来年将终年吉利如愿”，在每 50 块乳酪中择一块装进 1 英镑金币，同时用氢气球从空中散发宣传单，造成声势。

于是成千上万的消费者在气球的刺激与金币的诱惑下，拥进贩卖立普顿乳酪的经销店。然而立普顿的发达却招来同业的联合抵制，并向苏格兰政府控告立普顿的做法有赌博的嫌疑。

但是立普顿先生并没有因同业的抵制与警察的干涉而退缩，反而以退为进，在各经销店前张贴广告——“亲爱的顾客，感谢大家食用立普顿乳酪。发现乳酪内有金币者，请将金币送回。谢谢您的合作。立普顿乳酪敬启。”

果不出立普顿所料，消费者不但没有退还金币，反而更在“乳酪含金币”的声浪中踊跃地前来购买。而苏格兰警察亦认为其纯粹是娱乐活动而不再干涉。

然而，立普顿的竞争同行并不罢休，又以安全理由要求苏格兰政府取缔立普顿乳酪的危险行为。

在警方的再度调查下，立普顿又在报纸上刊登了一大页广告：

“警方又来一道命令，故敬请各位食用者在食用立普顿乳酪时，注意里面有个金币，不可匆忙，应十分谨慎小心，才不至吞下金币，造成危险。”

这个广告表面上虽是应付警方及同业的抗议，实际上却是一个更厉害的计策，使得其竞争同行在金币的压力下毫无招架之力。

第三十六计 走为上

【原文】

全师避敌。左次无咎，未失常也。

【译文】

为了保全全军的实力而避开强敌。实行全军撤退并没有罪过，因为这并不违背用兵的常理。

【按语】

敌势全胜，我不能战，则必降、必和、必走。降则全败，和则半败，走则未败。未败者，胜之转机也。如宋毕再遇与金人对垒，度金兵至者日众，难与争锋。一夕拔营去，留旗帜于营，豫缚生羊悬之，置前二足于鼓上，羊不堪倒悬，则足击鼓有声。金人不觉为空营。相持数日，乃觉，欲追之，则已远矣。可谓善走者矣！

【译文】

敌人的兵力处在绝对优势的情况下，我方不能与之死拼硬打，而应采取投降、媾和与撤退三条谋略。投降就是彻底的失败，媾和是失败一半，撤退不等于失败。没有失败，就会有转胜的机会。例如，宋代毕再遇和金兵对抗，因为金兵强大，宋营兵少，他便在一天傍晚把队伍全部撤走了，只留下旗帜飘扬在营房前，并预先把羊吊起来，把羊的前腿放在鼓面上，羊不堪倒悬，两腿乱蹬，就把鼓敲得咚咚作响。金兵没能察觉，就这样相持了好几天，当金兵发觉情况异常时，宋兵已走远了。这可以称得上是善于撤退的战例。

【计谋精解】

三十六计，“走为上”计。意思不是说“走”在三十六计中是上计，而是说，在敌强我弱的情况下，我方有四种选择，即求和、投降、死拼、撤退。在这四种选择中，前三种是行不通的，其结果必然会导致失败。只有撤退才是最明智的选择，因为撤退不但可以保存实力，而且可以卷土重来，转败为胜。因此说，“走”为上。原作者以此计为三十六计之总结是别有用意的。因战场上胜败乃兵家常事，即使是常胜将军也都有失败经历，所以人们总结，没有打过败仗的人，是不能成为将军的。因此转败为胜之计，乃是计中之绝妙之计。

我们在运用此计时应注意的问题：

（一）不要拿鸡蛋碰石头。敌人实力强大而我方实力弱小，敌人就如同石头，而我们如同鸡蛋，如果与之死拼，必然会弄得自己头破血流，敌人却不会受太大的损失。我们何苦要损兵折将、以失败告终呢？何不一走了之？“留得青山在，不怕没柴烧”，不妨来个大撤退，保留住实力，以备东山再起。

（二）要知难而退，绝不可一味莽撞。这里所说的知难而退，不是主张消极，不是让我们一遇到困难就退却，缩手缩脚，前怕狼后怕虎，这里所说的困难是有一定限度的困难，一旦超过了这一极限，就如同上面说的以卵击石，最后必然以“蛋破”收场。这里必须强调的是一旦发现事情实在做不成，就不要硬着头皮去做，要见机而动，尽早放弃。不要白白浪费时间和精力。我们要做到“见可而进，知难而退”，“知其不可为”而不为，也就是要按客观规律办事，不能盲目蛮干，要“实则斗，虚则走”，要见机行事，不可不顾实际情况，一味乱闯。

（三）要把握时机，急流勇退。在与敌人作战时，要善于观察战机，做到进退自如，不可盲目和被动。否则只会落个身败名裂，战场如此，官场亦如此，很多正面的例子向我们证实了急流勇退的重要意义。如越王手下的范蠡，他宁愿舍弃荣华富贵，而“走”到乡间去生活，为什么呢？因为那里没有谋害，没有钩心斗角。他是明智的，是懂得急流勇退的典范。然而要做到急流勇退并非易事，它不但要求我们果断行事，而且要有勇气和魄力，更重要的我们要能够克服自身的弱点，割舍既得的利益，选择适当的时机，匆匆“走”掉，让敌人捕捉不到我们的影子。

（四）要分散敌人的力量，以退为进，各个击破。我们应清楚地认识到撤退不是目的，退却是在为下一轮的进攻做准备，“走”分两种情况，一种是如前面所述敌人强大，我方没有能力与之对抗，以“走”避之，保全实力。另一种情况下的“走”，并不主要是因为力不可支，而是出于引诱和调动敌人的需要。这是一种以迂为直的迂回战术。通过伪装的退却，可以诱敌深入，使其误入我们事先设计好的包围圈。通过伪装的退却，可以诱进分敌，使我们能各个击破，以少胜多。这种退却还能制造一种惧怕敌人的假象，迷惑敌人，麻痹敌人。

如果敌人运用此计，我们应采取如下措施加以应对：

（一）严加看管，不让敌人逃脱。我们都听过渔人和魔鬼的故事，在这里我们就是渔人，敌人就是魔鬼，对于魔鬼，我们要严加看管，绝不能有丝毫的松懈，一丁点的麻痹大意都会留下祸患。对于捉到手的敌人，我们要立即就地处决，不给他留任何喘息的机会，更不能让其逃走。

（二）堵截敌人，切断敌人退路。我们如果不小心，让狡猾的敌人溜走了，不要急于追赶，而要赶到前面，在敌人的必经之路上堵截，在其前面将他们消灭，或者赶回原来的地方。如果我们只是跟在敌人的后面追，就只会处于被动的地位，尽管我们是强者，但却要受制于人。因为敌人可能会在撤退的路上设下埋伏，可能把我们拖垮，也可能转到敌人有利的环境中，还可能同他们的援军会合起来，那时我们就会自取灭亡。我们在影视作品中常常看到这样的镜头：一个警察追一个小偷，他不会采取直接追赶的方式，而是迅疾跑到另一个胡同去，小偷必然从此处经过和警察撞个正着，我们应向警察一样抄近路截住敌人。

（三）放纵敌人，任其逃脱，最后来个“大扫荡”。我们一旦发现阻截已迟，追也追不上了，干脆让他逃跑好了。因为他逃跑后必然会心存侥幸，直至麻痹大意、放松警惕，这时我们再来个“大扫荡”，可谓最好的时机。如果我们一味跟在敌人后面拼命追赶，肯定会被敌人拖瘦拖垮，甚至会陷入敌人的圈套。当然，任敌人逃跑并不是彻底放弃，而是选择良机一举擒获敌人。

姜维走为上计巧避祸

当姜维在祁山一带同魏将邓艾殊死战斗时，后主刘禅在成都，听信宦官黄皓的话，贪恋酒色，不理朝政。朝中大臣因后主荒淫，不免对国家前途忧心忡忡，一时之间，贤人逐渐离去，而小人却乘虚而入。当时有个名叫阎宇的右将军，什么功也没立，只因善于巴结宦官黄皓，居然爬得很高。他听说姜维在祁山战斗失利的消息，便求黄皓对后主刘禅说："姜维一次又一次出兵都毫无建树，可以让阎宇代替他。"后主自然听从，便派出使臣，携了诏书，召回姜维。姜维正在祁山进攻魏军的营垒，忽然之间一天连来三道诏书，命他班师。他无可奈何，只好从命。

回到汉中以后，姜维安排好人马，便同使臣一起到成都去面见后主。可后主一连十天都不上朝。姜维心中十分疑惑。这一天来到了东华门，正好遇见郤正。姜维问他："天子要我班师，你知道是什么缘故吗？"郤正笑着回答："大将军怎么还不知道，这是黄皓为了让阎宇立功，请求朝廷，发出诏书召回将军。后来又听说邓艾善于用兵，估计阎宇不是他的对手，这事才又搁下不提了。"姜维一听此言，不由大怒说："我一定要杀掉这个奴才！"郤正制止他说："大将军继承诸葛武侯的事业，责任大，职权重，怎么能那么感情用事？如果闹得天子都容不下你，那可就不妙了。"姜维很感激地说："先生的话很有道理。"

第二天，后主与黄皓在皇宫后花园设宴饮酒，姜维领几个人直接进去了。早有人向

黄皓通风报信，黄皓慌忙躲到花园的一角。姜维来到亭下，叩拜后主，流着泪说：“臣已将邓艾围困在祁山，陛下接连降下三道诏书，召我回朝，不知陛下是什么意思？”后主默默不语。姜维又说：“黄皓奸邪狡猾，专擅朝政，与东汉末年那些祸乱国家的宦官没什么两样。只有早早杀掉此人，朝廷才可以安宁，中原才可以恢复。”后主笑着说：“黄皓不过是一个供使唤的小臣，就算他专权，也不能有什么作为。你又何必把他放在心上？”姜维叩头说：“陛下今日不除黄皓，灾祸很快便会降临了！”后主说：“爱一个人便愿意他活下去，恨一个人便要他死，你怎么连一个宦官也容不下？”说着便命人到花园一侧去找来黄皓，让他向姜维叩头请罪。黄皓哭鼻子抹眼泪地说：“我不过是伺候皇上罢了，并不曾干预国政。将军千万不要听信外人的传言，想要杀我。我这条小命就掌握在将军的手里，还请将军可怜可怜我。”说罢，又是叩头，又是哭号。

姜维愤愤而出，见郤正，将这些情况详细地告诉了他。郤正说：“将军将要大祸临头了。将军若有个三长两短，国家也就完蛋了。”姜维说：“请先生教我保国安身的办法。”郤正说：“陇西有一个地方，名叫沓中，那里土地十分肥沃。将军何不仿效诸葛武侯屯田，上报天子，前往沓中屯田？这样，一可以收获粮食以供军中之用，二可以夺取陇右大片土地城池，三可以使魏国军队不敢对我汉中轻举妄动，最后，将军在外，谁也不敢算计你，可以避祸。这就是保国安身的办法，将军应早早实行。”姜维大喜，道谢说：“先生的话真是金玉良言。”

第二天，姜维上表后主，要求去沓中屯田，仿效诸葛亮，后主答应了，他便回到汉中，一场灾祸终于得免。

刘备借口脱身

建安三年（198），刘备被吕布打败，在不得已的情况下率众投靠了曹操。曹操表奏汉献帝，封刘备为左将军，让他留在许都。刘备表面上得了官职，实际上无权无势，时时处处受曹操的控制。

刘备深为自己壮志难酬而苦恼，恨不能生双翅膀飞出许都。为迷惑曹操，刘备故意学圃种菜。曹操觉得刘备胸无大志，渐渐地对他失去了

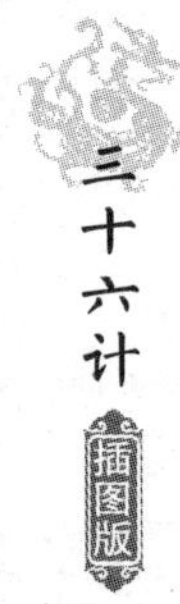

戒心。

一天，刘备与曹操闲坐，军兵报告说袁术欲弃淮南而投河北。刘备听罢暗想：曹操欲灭袁术已经很久，我何不以此为借口逃离许都呢？于是，刘备对曹操说："袁术北上必然经过徐州。我打算率一彪军马在半路截击他，置袁术于死地。"曹操犹豫了一下，然后说："明日奏请天子后再起兵吧！"

次日，刘备恐曹操中途变卦，亲自奏请献帝，要求率兵去讨伐袁术。献帝应允后，曹操令刘备总督五万兵马出征。

刘备回府后连夜收拾鞍马，挂上将军印，催促关羽、张飞立即起程。关、张二人问其故，刘备答道："吾在许都乃笼中之鸟，网中之鱼。这次出征，乃鱼入大海，鸟上云霄，再也不受笼网的羁绊了。"关、张听罢，如梦初醒，随刘备率兵马疾行而去。

刘备刚出许都，谋士郭嘉就得到了消息，他向曹操进言："丞相为何遣刘备去讨袁术？刘备一去可就不复返了。此乃放龙入海，纵虎归山啊！"曹操遂起后悔之心，急令许褚率五百精兵截回刘备。

刘备在出师前为防止曹操变卦，不仅得到了曹操的将令，而且在献帝那里得到了钧旨。此刻许褚来拦截，刘备三言两语便把许褚说得无言以对。许褚无奈，只得率众回许都向曹操复命。

刘备这一走，如同笼中之鸟重返山林。此后，他招兵买马，礼贤下士，请诸葛亮出山，联合东吴，在赤壁之战中大胜曹操。后来，曹操每每想起刘备出走，便嗟然长叹，悔之不已！

晋文公以退为进败楚军

走为上，指敌我力量悬殊的不利形势下，采取有计划地主动撤退，避开强敌，寻找战机，以退为进。这在谋略中也应是上策。

春秋初期，楚国日益强盛，楚将子玉率师攻晋。楚国还胁迫陈、蔡、郑、许四个小国出兵，配合楚军作战。此时晋文公刚攻下依附楚国的曹国，明知晋楚之战不可避免。

子玉率部浩浩荡荡向曹国进发，晋文公闻讯，分析了形势。他对这次战争的胜败没有把握，楚强晋弱，气势汹汹，他决定暂时后退，避其锋芒。对外假意说道："当年我被迫逃亡，楚国先君对我以礼相待。我曾与他有约定，将来如我返回晋国，愿意两国修好。如果迫不得已，两国交兵，我定先退避三舍。现在，子玉伐我，我当实行诺言，先退三舍。"（古时一舍为三十里）

他撤退九十里，已到晋国边界城濮，仗着临黄河，靠太行山，足以御敌。他已事先派人往秦国和齐国求助。

子玉率部追到城濮，晋文公早已严阵以待。晋文公已探知楚国左、中、右三军，以右军最薄弱，右军前头为陈、蔡士兵，他们本是被胁迫而来，并无斗志。子玉命令左右军先进，中军继之。楚右军直扑晋军，晋军忽然又撤退，陈、蔡军的将官以为晋军惧怕，又要逃跑，就紧追不舍。忽然晋军中杀出一支军队，驾车的马都蒙上老虎皮。陈、蔡军的战马以为是真虎，吓得乱蹦乱跳，转头就跑，骑兵哪里控制得住。楚右军大败。晋文公派士兵假扮陈、蔡军士，向子玉

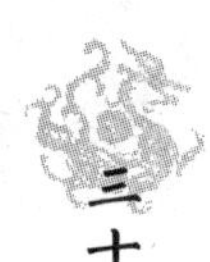
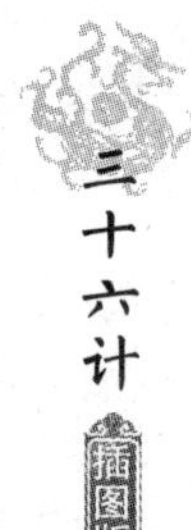

报捷："右师已胜，元帅赶快进兵。"子玉登车一望，晋军后方烟尘蔽天，他大笑道："晋军不堪一击。"

其实，这是晋军诱敌之计，他们在马后绑上树枝，来往奔跑，故意弄得烟尘蔽日，制造假象。子玉急命左军并力前进。晋军上军故意打着帅旗，往后撤退。楚左军也陷于晋国伏击圈，又遭歼灭。等子玉率中军赶到，晋军三军合力，已把子玉团团围住。子玉这才发现，右军、左军都已被歼，自己已陷重围，急令突围。虽然他在猛将成大心的护卫下，逃得性命，但部队伤亡惨重，只得悻悻回国。

这个故事中晋文公的几次撤退，都不是消极逃跑，而是主动退却，寻找或制造战机。所以，"走"是上策。

敦刻尔克大撤退

希特勒占领波兰之后，并不像英、法所希望的那样，立刻去进攻苏联，而是加紧准备向英、法的欧洲地盘夺取生存空间。为了迷惑英、法，达到突然袭击的目的，希特勒故伎重演，一再呼吁"和平"，暗地里却加紧对英、法的战争准备。

1939 年 10 月 9 日，希特勒签发了准备对西欧各国发动进攻的黄色方案，1940 年 3 月 1 日又签发了代号为威塞演习的作战指令。从 1940 年 4 月 9 日至 1940 年 5 月 14 日，希特勒先后袭击和占领了丹麦、挪威、荷兰、比利时、卢森堡，并越过马其诺防线，攻入法国，将英法联军压缩包围在敦刻尔克海滨一块很小的三角地带，40 万英法联军岌岌可危。

英国首相丘吉尔果断下令撤退，于 5 月 26 日全国组织 870 余艘各种类型的船云集敦刻尔克协助英法联

军撤退，其中有巡洋舰、驱逐舰，有皇家豪华游艇和垃圾船，还有各种帆船、划艇等。从5月27日起，经过9昼夜的苦战，将33.8万名盟国士兵运过海峡，撤入英国。担任掩护任务的4万名法国士兵未及撤退当了俘虏，英法联军约700辆坦克、2400门大炮和13万辆汽车等军械辎重都留给了德军。这就是历史上著名的敦刻尔克大撤退。

敦刻尔克大撤退是成功的，它保存了盟军仅有的生力军，许多法国飞行员及时弥补了随后的英德空战中英军飞行员数量的不足，与英国人民携手抗击德军。在1944年6月开辟第二战场时，这30余万盟军士兵又成为诺曼底登陆的主力，为扭转战局作出了贡献。难怪丘吉尔在撤退成功后便说："我们将战斗到底，我们将在海滩上战斗，在农田和街道上战斗，我们绝不投降。我相信今天敦刻尔克的成功撤退，将是明天胜利的开始。"

商战谋略

日立公司的战略撤退

20世纪50年代，日本经济起飞，随着连续几年的经济高速发展，所有企业都在拼命扩大自己的经营规模。为此，日本日立公司也投入了大量的资金。60年代初，整个日本经济进入了萧条时期。面对产品滞销，新建厂房的钢架已经搭起，新添置的一些机器设备已经运抵码头和车站，日立公司内部对下一步应该怎么办产生了两种不同的意见：一种是继续投资；一种是立即停止投资。为了统合各种意见，公司内部发生了激烈的争论。

"我们不能短视，只看到眼前的萧条，萧条之后就是回升。如果我们现在停下，将来就会比别人慢一步。根据了解，东芝还在继续积极投资！"前者阐述自己的理由。

"停止这方面的投资绝不是短视。投资进去，萧条到来收不到丝毫效益。不如把这些资金投入其他有效益的方面，哪怕只有微利也比压死在这上面强。将来经济一回升，我们就有大量的活动资金可资利用。"后者针锋相对

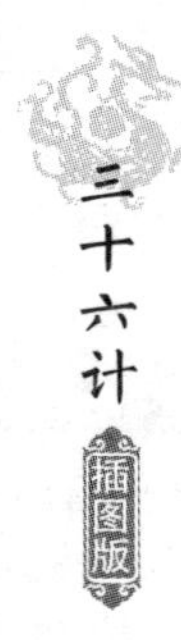

地应道。

“还有，正因为像东芝这样的大公司在继续积极投资，我们更不能继续投资下去。请想一想，我们目前能和他们比吗？仅靠实力，我们有获生的希望吗？何况现在投资竞争是拼老本。”后者的支持者接着补充说明。

“如果停止投资和施工，那么现有的半截工程和大批的设备搁置在那儿，不是很大的浪费吗？你们算过这笔账吗？”前者的支持者提出了新的论调。

“好吧，就算继续投资，施工完毕后，工厂形成了新的生产力，又如何解决新吸收的工人的开支和生产出来的产品销路问题呢？”后者尖锐地发问。“新的浪费无疑将比现在停下来更大！”

“立即停止投资施工！”最后公司作出了果断的决策。这次日立的决定是正确的。

从营业额来看，1962 年开始，日本三大电器公司中的东芝和三菱有明显的下降，但是日立则一直到 1964 年仍在继续上升。

从分红来看，1962 年上半年，日立、东芝、三菱都维持在 13%左右，1963 年下半年，出现了 1%的差距；到了 1964 年下半年，差距扩大到 4%，日立达到 10%。

20 世纪 60 年代后期，一个新的经济繁荣时期来到了，蓄势已久的日立积极投资，1967 年投入了 102 亿日元，1968 年上升到 160 亿日元，1969 年上半年就突破 1000 亿大关，达到 1220 亿日元。效益呢？1966 年至 1970 年，5 年内销售额提高了 1.7 倍，利润提高了 1.8 倍。

由此可见，正是日立当年明智地主动停止投资，果断地作出战略撤退的重大决策，才使它在经济萧条时期能得以保存实力，到了经济回升期，才得以巨大的实力迅速东山再起吗？答案不难得出。

“本田”公司开拓新市场

战争中没有常胜的将军，商战中亦没有永远的胜利者，要想在竞争中始终保持优势、处于主动，就必须不断增强自己的实力，想办法开拓新的市场。

本田公司是世界著名汽车制造商，全球每 80 辆轿车中就有一辆是“本田”。在竞争如此激烈的轿车市场，本田公司能取得如此好的成绩，靠的是“本田式的危机管理”。当初本田在世界范围内打开市场靠的不是轿车而是摩托车，最初本田生产的轿车并没有多大名气，而摩托车却在世界上首屈一指。20 世纪 70 年代，本田摩托车在美国市场上正走俏时，本田宗一郎却突然提出了“东南亚经营战略”，建议开发东南亚市场。此时，欧美摩托车市场角逐正激烈，而东南亚的经济刚刚起步，人们对这一高档消费品还有些敬而远之。所以公司总部大部分人不赞成这一提议。然而本田宗一郎却拿出了一份详尽的调查报告，证明美国将进入新一轮的经济衰退，这将对摩托车市场产生不良影响。一年以后美国经济果然急转直下，本田摩托车大量积压。而与此同时，东南亚对摩托车的需求量却开始稳步上升，本田宗一郎立即根据当地的条件，对库存产品进行改装后销往东南亚。由于提前作了打算，本田摩托车投放东南亚市场后，销量剧增。

没有永久盈利的产品，也没有一成不变的市场。本田宗一郎准确洞察市场先机，在美国经济即将进入新一轮衰退的情况下，提前做好了战略转移的准备，非但没有受到不良影响，而且创下了销售新高。

参考文献

[1] 毛元佑，徐楚桥.《三十六计》解读［M］. 北京：解放军文艺出版社，2003.

[2] 肖侃风. 跟我玩孙子兵法和三十六计［M］. 北京：当代世界出版社，2005.

[3] 冯殿忠. 三十六计白话通解［M］. 郑州：中州古籍出版社，1991.

[4] 吴兆基. 孙子兵法与三十六计［M］. 北京：京华出版社，2003.

[5]（明）罗贯中. 三国演义［M］. 长沙：岳麓书社，2004.

[6] 翟文明. 二十五史故事［M］. 北京：华文出版社，2008.

[7] 吴时红，刘志庆. 孙子兵法·鬼谷子·三十六计：一本书读懂兵书三绝［M］. 北京：中国纺织出版社，2014.